◆ 湖北民族学院民族社会发展学科群成果
◆ 湖北民族学院博士启动基金项目（MY2017B010）结项成果

■ 民族社会发展研究丛书

# 土家族武术文化及其传承研究

刘尧峰 著

中国社会科学出版社

图书在版编目（CIP）数据

土家族武术文化及其传承研究／刘尧峰著.—北京：中国社会科学
出版社，2018.10
（民族社会发展研究丛书）
ISBN 978－7－5203－3424－2

Ⅰ.①土…　Ⅱ.①刘…　Ⅲ.①土家族—武术—文化研究—中国
Ⅳ.①G852

中国版本图书馆 CIP 数据核字(2018)第 243239 号

| | | |
|---|---|---|
| 出 版 人 | 赵剑英 | |
| 责任编辑 | 孔继萍 | |
| 责任校对 | 李　剑 | |
| 责任印制 | 李寡寡 | |

| | | |
|---|---|---|
| 出　　版 | 中国社会科学出版社 | |
| 社　　址 | 北京鼓楼西大街甲 158 号 | |
| 邮　　编 | 100720 | |
| 网　　址 | http://www.csspw.cn | |
| 发 行 部 | 010－84083685 | |
| 门 市 部 | 010－84029450 | |
| 经　　销 | 新华书店及其他书店 | |

| | | |
|---|---|---|
| 印　　刷 | 北京明恒达印务有限公司 | |
| 装　　订 | 廊坊市广阳区广增装订厂 | |
| 版　　次 | 2018 年 10 月第 1 版 | |
| 印　　次 | 2018 年 10 月第 1 次印刷 | |

| | | |
|---|---|---|
| 开　　本 | 710×1000　1/16 | |
| 印　　张 | 17.25 | |
| 插　　页 | 2 | |
| 字　　数 | 265 千字 | |
| 定　　价 | 75.00 元 | |

# 总　序

　　湖北民族学院地处神奇美丽的恩施土家族苗族自治州，东连荆楚，南接潇湘，西邻渝黔，北靠陕渝，是一所湖北省政府和国家民委共建的省属普通本科院校。进入 21 世纪以来，学校在科学研究方面取得了显著成绩，同时学科建设形成了特色，服务民族地区经济社会发展的水平得到了较大提升。2003 年，学校"南方少数民族研究中心"获批为湖北省普通高校人文社会科学重点研究基地，以此为依托，该校以"大民族学"学科视域开展科学研究，建设了多个科研平台，如"武陵山少数民族经济社会发展研究基地""武陵山民族理论政策研究基地""鄂西生态文化旅游研究中心""湖北民族研究所"；等等。2012 年，由湖北民族学院牵头，协同华中师范大学、三峡大学等高校，联合恩施州相关政府部门以及武陵山片区旅游企业共同组建了"武陵山民族文化与旅游产业发展湖北省协同创新中心"；2015 年，学校以民族学学科为主干学科，法学、经济学等为支撑学科，获得了"民族社会发展"省级学科群建设项目，同年还获得了"武陵山民族文化传承与创新"博士点建设对口支持项目。近年来，湖北民族学院民族学学科团队直接服务于国家区域发展战略，积极发掘和整理研究武陵山民族民间文化资源，在区域经济发展、民族文化传承、生态文明建设以及民族区域治理等领域产生了一批具有重大影响的成果，受到学术界以及地方政府部门的高度关注。

　　武陵山片区集革命老区、民族地区和贫困地区于一体，是跨省交界面大、少数民族聚集多、贫困人口分布广的连片特困地区，也是中国区域经济的分水岭和西部大开发的最前沿。近二十年来，在国家的大力支持和当地群众的共同努力下，武陵山片区经济社会发展取得了引人瞩目的成就，特别是在非物质文化遗产挖掘、申报、保护以及文化产业发展方面取得的成绩可圈可点。但我们也清楚地认识到，全面振兴武陵山片区的任务依然还很艰巨，前进的道路还很漫长，如何促进该地区又好又快地发展一直是政府、学者以及当地群众共同面临的主要现实问题。因此在进行经济文化建设的同时，还必须加强对武陵山片区社会发展中的相关问题进行调研与探究，提前规划，为该地区的发展提供参考。

在湖北省"民族社会发展"学科群建设项目和湖北省协同创新中心经费的支持下，呈现在广大读者面前的这套《民族社会发展研究丛书》是湖北民族学院民族学学科团队继《文化多样性与地方治理丛书》编纂之后的又一个跨学科协同研究成果。该系列成果涉及民族学、政治学、法学、经济学、艺术学等多个学科领域，研究区域主要在武陵山片区，研究对象主要为武陵山片区的少数民族，研究内容涉及非物质文化遗产、特色村寨、文化产业、民间信仰以及和谐社会建设；研究成果既有基础理论研究，还有直接服务于民族地区经济社会发展的应用型成果。

丛书的作者大多是接受过系统专业学习和学术训练的高层次研究人员，既有已经在学界崭露头角的中青年专家，也有初出茅庐的青年才俊，虽然有的著作可能还略显稚嫩，但都显示出了每一位研究者较为扎实的基本功底和严谨务实的精神。我们期待该丛书的出版能对民族地区社会发展有所裨益，同时也期望圆满完成"民族社会发展"项目建设任务，在学科基础条件建设、团队建设、创新水平等方面有较大程度的提升。

谭志满

2017 年 3 月 12 日

# 序

　　我与刘尧峰初识于 2011 年 3 月，适逢我受邀至湖北民族学院讲学，其间他向我请教有关民族传统体育文化研究的相关论题。是年 5 月，尧峰来汉向我表达了读博深造的愿望，为其作为寒门子弟"勤奋而志于学"的品行所感动，在他顺利通过上海体育学院博士研究生入学考试后，我们于 2012 年 9 月正式结为师生良缘，继而开始了他的博士求学生涯。鉴于尧峰在民族高校工作的优势，我建议他扎根少数民族体育文化，借鉴文化人类学的理论视角选取论文研究方向。随着深入的科学调研，不断的学术积淀和对土家族传统文化认识水平的提高，最终确定以《土家族武术文化研究》作为其博士论文题目，本书即是在其博士学位论文的基础上进一步修改、丰富和完善而成。

　　土家族武术文化是广大土家族人民在其民族的发展历程中，在适应与改造自然的实践中所创造和凝聚而成的一切与武术相关的物质、制度和精神产品的总和。《土家族武术文化及其传承研究》一书，以翔实的史料、精美的图片、缜密的论证，详尽展示出了极具民族特色的土家族武术文化，纵观这本 20 余万字的论著，有以下几点特别引人注目。

　　首先，在本体武术文化层面上，本书揭示了土家族武术宏富而深邃的文化内涵。认为土家族武术的文化特色突出体现为浓郁的民族性、鲜明的地域性、文化的交融性、独特的技击性以及武德的制约性，同时选取了土家族余门拳、铁木拳及其稀有武术拳械作为个案，从源流、传承、功法、套路、技击特色等层面进行了深度的个案解析。在空间场域上，土家族的图腾信仰、英雄崇拜、神话传说、巫傩祭仪、丧葬习俗、神歌戏曲以及民族舞蹈等民俗文化事象中都深深地纹刻着武术文化的印迹，土家族的民风遗俗为其武术文化提供了广阔的生存空间。

其次，在相关武术文化层面上，书稿纵向寻绎了土家先民尚武的历史记忆，认为土家族的历史是一部尚武的历史，崇武尚勇、贵兵轻死是自巴人至土家一以贯之的民族性格，尚武精神成为这个民族生命发展的神经中枢。土家族人锐气喜武，在历史上曾先后参与了一系列的民族自卫之战和抵御外侮的国家正义之战，彰显了其民族刚烈的武风和赤诚的爱国情怀；早期巴人的兵器文化发达，他们创制了巴式剑、戈、箭镞和板楯等武器，并拥有精湛的射技和精妙的剑术本领。土司制度时期，由于实行全民皆兵的军事体制，土家族地区习武之气蔚然成风，严酷的武艺训练使得土兵具有空手搏虎之本领，土兵所创制的镰钩枪弩武技、灵活多变的宝塔阵法及其独特的武艺训练手段等，成为研究土家族武术文化的重要历史素材。与此同时，在土家族的历史上也涌现出了一大批可歌可泣的英雄人物，成为土家族武术人文精神的生动实录。

再次，提炼出了土家山地民族崇武尚勇民族性格的形成原因。认为土家族豪放野蛮、刚猛坚毅、崇武尚勇性格品性的形成是与其民族生活的自然人文环境紧密相关的。就自然环境来说，土家族长期生活于莽莽苍苍的武陵山区，要想在险峻的高山大川中生息繁衍，就必须具备强健的体魄和百折不挠的勇武精神。就社会环境而言，土家族作为偏隅一方的少数民族，历史上始终摆不脱被压迫、受剥削和被征调的命运，其历史是与军事战争相生相伴的，战争的残酷性决定了土家族对尚武精神的极度重视。同时又由于他们长期受到强健彪悍之民风遗俗的熏陶，"野蛮"对他们的性格来说也就是情理之中的事情。对土家族人来说，"柔美"和"文雅"相对于"勇猛"和"力量"而言就显得那么微不足道了。

最后，本书理性分析了社会变迁背景下土家族武术文化不断弱化的现实归因，认为随着社会变迁的不断加剧，由于生存土壤的缺失和代际传承的脆弱无力，在现代体育的强势冲击下，脱胎于军事战争和原始狩猎活动的土家族武术文化遭遇到了前所未有的生存危机。保护土家族武术的文化空间，拓展土家族武术的生存空间，是土家族武术传承与发展的必由之路。

刘尧峰博士所撰写的《土家族武术文化及其传承研究》能够如愿公开出版发行，毋庸置疑必将会对土家族厚重的历史文化研究添上浓墨重彩的一笔，同时也打开了一扇研究少数民族武术文化的学术窗口，确实可喜可贺。但对其本人来说，这只是其学习和运用民族学、人类学等跨学科的相关理论与方法研究武术文化的开始与起步。学海无涯勤为舟，希冀以此书为新的起点，今后能看到他更多的科研成果问世。

教授、博士生导师
教育部全国高等学校体育教学指导委员会原委员
蔡仲林　教育部基础教育体育教材审定委员会原委员
中国武术九段、中国武术国际 A 级裁判
湖北省武术协会主席

# 目　录

# 绪　　论

## 一　研究缘起与目的意义

### （一）研究缘起

#### 1. 文化繁荣与文化强国的时代背景

文化是一个较为抽象的概念，笼统地说，它是指人民大众在社会历史进程中所创造的各种物质财富与精神财富的总和，是广大民众集体智慧的结晶。在中华民族的伟大历史进程中，各族人民共同创造了博大精深的传统文化。党的十七大、十八大相继提出了文化建设与文化强国的重要性，认为"文化是民族的血脉，是人民的精神家园。全面建成小康社会，实现中华民族伟大复兴，必须推动社会主义文化大发展大繁荣，兴起社会主义文化建设新高潮，提高国家文化软实力"①。2013 年 12 月 30 日，习近平总书记在中共中央政治局第十二次集体学习期间提到"要推动社会主义文化大发展大繁荣，增强全民族文化创造活力，推动文化事业全面繁荣……朝着建设社会主义文化强国的目标不断前进"②。2017 年 10 月 18 日，党的十九大进一步指出："文化是一个国家、一个民族的

---

① 胡锦涛：《坚定不移沿着中国特色社会主义道路前进，为全面建设小康社会而奋斗》，新华网（http：//www. xj. xinhuanet. com/2012 – 11/19/c_ 113722546. htm）。
② 习近平：《建设社会主义文化强国，着力提高国家文化软实力》，新华网（http：// news. xinhuanet. com/politics/2013 – 12/31/c_ 118788013. htm）。

灵魂。文化兴国运兴，文化强民族强。没有高度的文化自信，没有文化的繁荣兴盛，就没有中华民族伟大复兴。要坚持中国特色社会主义文化发展道路，激发全民族文化创新创造活力，建设社会主义文化强国。"①从宏观上构建了我国文化建设的宏伟蓝图，指明了文化建设的基本方向，从而使得文化大国、文化强国建设的目标唱响了现阶段时代发展的主旋律。在这种大的时代背景下，研究中国传统文化、武术文化及其少数民族武术文化等，是文化繁荣与文化强国建设的需要，是与我国大力提倡文化软实力，建设文化大国、文化强国战略目标一脉相承的。

2. 完善土家族传统文化系统研究的需要

中国的少数民族，迄今为止已经确认的共有 55 个，由于历史和社会发展等多方面原因，这些少数民族大多生活在祖国的边陲，如北方的莽莽戈壁、大漠荒原，南方的崇山峻岭、激流险滩，生活于祖国内陆腹地的相对较少。而土家族作为一个勤劳勇敢、骁勇善战的山地民族，长期以来就一直聚居于湘、鄂、渝、黔边的武陵山区，生活于祖国的内陆腹地。历史上，土家族曾拥有灿然可观的文治与武功，他们既桀骜又忠诚，曾数度帮助中央王朝完成统一大业，对中华民族大一统的形成与巩固做出了极大的贡献。土家族的先民巴人早在两千多年前就曾协助周武王讨伐商纣王，并充当汉王刘邦部队的前锋，冲锋陷阵，战功卓著；为了保卫祖国的海疆，土家将士临危受命，死不旋踵，成为东南抗倭的劲旅。他们在抗倭战场上屡破顽敌，成就了"东南战功第一"的传奇，以实际行动谱写了一部慷慨悲歌的历史篇章。正因为此，民族学家张正明先生认为："应当把这个民族的名称用擘窠大字写在中华各民族的'凌烟阁'上。"② 其功绩可谓彪炳千秋。

长期以来，在学术界似乎已经形成了一种定论，即认为黄河作为华夏文明的发祥地，是中华文明的唯一"摇篮"，从而形成了所谓的黄河中心论和中原中心论这一根深蒂固的观念。20 世纪 80 年代以来，随着长江

---

① 实录：《习近平总书记在党的十九大的报告》，中国青年网（http：//news. youth. cn/sz/20171018 - 10888424 - 4. htm）。

② 周兴茂：《土家族的传统伦理道德与现代转型》，中央民族大学出版社 1999 年版，第 1 页。

流域越来越多的考古发现，引起了众多学者对长江流域各地区文化形态研究的重视，特别是著名学者季羡林先生在其《中国古史应当重写》的文章中指出："长江流域古文化至少可与同期的黄河文化并驾齐驱。"① 从而掀起了一股研究长江文化的热潮。在这种大的背景下，土家族作为分布于我国地势自西向东这条文化沉积带②中部的少数民族，自然也就格外受到学术界的关注。近年来相关部门和单位还成立了专门的土家族研究中心和研究阵营，例如中南民族大学、吉首大学和湖北民族学院等高等院校，其中湖北民族学院于1994年就成立了土家族研究中心，并于1997年创办了《土家学刊》来专门进行土家族研究。学者们从多学科角度出发对土家族的政治、经济、历史、文化、社会发展等领域做了深入而细致的探究，特别是在传统文化领域，关于土家族的族源、哲学、宗教、图腾、艺术、语言、文学直至衣食住行等方面的研究成果都堪称宏富。作为一个崇武善战的民族，土家族的迁徙与征战历史印证了其民族尚武精神的浓烈，崇尚武勇是其民族性格的鲜明特征。与此同时，在严酷恶劣的生存环境及其战争的磨砺下，土家族人民创造出了独具特色的武术文化。土家族的尚武精神和武术文化是土家族文化系统不可分割的有机组成部分，它们与土家族其他文化共同构成了土家族武术文化整体。因此，研究土家族武术文化乃是土家族文化系列研究的应有之义，土家族文化研究中如果缺少了武术文化这块领域将是不完整的。

3. 丰富武术文化理论宝库的需要

中国武术博大精深、蔚为壮观，其文化更是意蕴深厚、源远流长，是中华各族人民集体智慧的结晶。具体而论，各民族又有各个民族的武术特色，有其民族独特的武术文化，这是由其民族赖以生存的文化特质所决定的。例如北方游牧民族由于长期生活于广袤的草原大漠，这里地

① 季羡林：《中国古史应当重写》，《科技文萃》1993年第4期，第121页。
② 中国的地形，从西到东，从高到低，大致可分为三级阶梯。长江上游与长江中游的交接地带，位于第二阶梯中段的东缘和第三阶梯中段的西缘。这里是连山叠岭和险峡急流，地僻民贫，易守难攻，历史的节拍比外围地区舒缓。北起大巴山，中经巫山，南越武陵山，止于南岭，是一条文化沉积带。而土家族聚居的武陵山区地带正好处于这一文化沉积带的中部，古代的许多文化事象，在其他地方已经绝迹或濒临绝迹了，在这个地方却尚有遗踪可寻。这么长又这么宽的一条文化沉积带，在中国是绝无仅有的。

势开阔、一马平川，作为马背上的民族，决定了其武术以骑射著称。例如羌族"鞍马为居，射猎为业"（《后汉书·陈龟列传》）。匈奴"天性骁勇，弓马便利，倍于氐羌"（《晋书·江统传》），[①] 骑马射箭是其民族日常生活的鲜明写照；南方少数民族长期生活在沟壑纵横、草茂林密的山区，这里地势险要，野草、杂石处处掣肘，故而其武术则突出表现山地民族以短兵格斗为主的特征，由于地势的险要，习武者要在狭路、险峰、绝壁之处克敌制胜，故其武术只可能表现为动作紧凑、灵巧快速的特点，体现出"拳打卧牛之地"的特色；[②] 而生活于我国中部地区的少数民族其武术则更多地体现为一种长江中下游地区南拳的风格特点。

土家族在长期的征战历程以及与严酷恶劣的自然环境斗争中创造了种类繁多、风格独具的武术文化，其祭祀、舞蹈、巫傩、图腾崇拜、神话传说以及丧葬习俗等民俗文化事象中都蕴含着丰富的武术文化因子。其创造的余门拳、铁木拳、鸡形拳、十二埋伏拳等传统武术拳术，其特有的宫天梳、燕尾斧、八角拐、烟斗杆子、蛮刀藤牌等稀有武术拳械，以及其民族炽烈的尚武精神等，构成了蔚为壮观的土家族武术文化事象，这无疑是值得并有待深入挖掘与探究的。因此，研究土家族武术文化无疑会在一定程度上丰盈武术文化理论宝库。

（二）研究目的与意义

1. 研究目的

其一，从历史学的角度解析土家族的尚武精神，具体包括土家族历史上的军事活动、兵器文化、军事武艺以及征战疆场的武将与武人，解析土家族崇武尚勇民族性格形成的自然与社会历史归因。

其二，从民俗学与文化学的视角审视土家族武术与特定民族心理、民族性格以及民族地区自然文化生态的关系，解读土家族武术的文化空间场域。

其三，系统研究土家族本体武术文化，包括土家族武术发生、发展、

---

① 王新荣：《中国少数民族武术》（http://www.zhuangquan.net/read.php?tid=311）。

② 刘尧峰、蔡仲林：《少数民族武术文化研究探微》，《贵州民族研究》2014年第12期，第219页。

演变的历史脉络；土家族山寨武术的整体风貌及其文化特色；土家族典型拳种的历史渊源、文化内涵、练功方法、套路特点及其技击法则；土家族稀有武术拳械的文化内涵。

其四，从社会学的角度理性看待文化全球化与社会变迁的时代背景下土家族传统武术传承与发展的现实困境，探寻其发展的路径走向，从而为土家族武术及其他传统文化的传承与发展提供建设性的意见与发展思路。

2. 研究意义

（1）理论意义

其一，将历史学、文化学、民俗学和社会学等相关学科的理论与方法引入研究课题，采用多维视角来探讨武术文化，将有助于拓宽与深化武术研究的理论视野。从历史与文化的深层挖掘土家族武术文化的内涵，推衍其发生发展与流变的规律，超越了单纯的技术研究的表浅，从而使研究更具深度与广度。

其二，少数民族武术文化是我国武术文化巨系统不可分割的一个重要组成部分，研究少数民族武术文化，展现少数民族武术文化的丰富内涵与独特魅力，揭示其个性特征，挖掘整理其稀有武术拳械等，将增强武术研究的系统性与整体性，有助于丰盈武术文化理论宝库。

（2）实践意义

其一，土家族武术文化与土家族其他文化诸如艺术、宗教、伦理、哲学等，共同构成土家族文化系统整体。因此，对土家族武术文化的研究是土家族文化系列研究的有机组成部分，对于丰富和完善土家族文化系统研究具有重要的现实意义，同时对其他民族武术文化及其传统体育文化的研究也具有一定的参考价值。

其二，在文化软实力博弈的今天，对少数民族武术文化的研究将有助于弘扬民族文化、促进民族认同、凝聚民族情感，提升民族与国家形象，从而在现代化进程中能够获取更大的生存空间。


二　研究设计

（一）研究对象

本课题的研究对象为土家族的武术文化事象，即包括土家族历史上以及土家族聚居范围内，由土家族人民所创造的一切与武术相关的精神与物质文化成果的总和以及这种创造活动过程本身。

（二）研究方法

正确合理的方法体系是科学研究的前提，同时也是科学研究取得成功的关键所在。研究少数民族武术文化不仅需要以辩证唯物主义方法论做指导，同时也需要以文化人类学、社会学等实证性的方法为依托。唯物辩证法要求我们在研究少数民族武术文化时不能僵化地看问题，而应用发展变化的眼光来分析问题，要学会一分为二，在对立与统一的矛盾中探寻事物发展的本质与规律。故而，本课题的研究在总体上是以辩证唯物主义为方法论指导，而在具体的实施过程中则采用以下几种研究方法。

1. 文献资料法

根据研究的需要，参阅上海体育学院图书馆、上海市图书馆、复旦大学图书馆、中南民族大学图书馆、湖北民族学院图书馆以及恩施州图书馆中有关文化人类学、民族学、社会学、武术文化、武术历史、土家族历史、土家族文化、土家族军事史等方面的学术专著，同时通过中国知网学术论文检索系统检索相关文献资料，为本课题的开展奠定理论基础。另外在深入田野期间，到相应县市图书馆和博物馆查阅相关的族谱、地方县志、地方志史等资料，以佐证、丰富和充实相关研究内容。

2. 历史研究法

"历史研究法是运用历史资料，按照历史发展的顺序对过去事件进行研究的方法，亦称为纵向研究法。"① 本课题在研究土家族尚武精神时，需要对土家族先民的征战历程有一个清晰的把握，因此需要借助于历史工具来还原相关史实。研究的时间跨度从先秦时期直至封建社会晚期，具体包括对巴人协助周武王讨伐商纣王的战争、参与汉高祖刘邦平定三秦的战争以及土司制度时期土兵奉诏南征倭寇与北拒满骑等战争史实的研究。

_____

① 焦佳凌：《中国反贫困行动中国际资源利用问题研究》，硕士学位论文，复旦大学，2008年，第9页。

3. 田野调查法

文化人类学的一个重要研究方法就是田野调查法，通过实地的田野考察以获取大量原始的第一手资料是文化人类学研究的重要手段。由于土家族聚居地主要分布于湘鄂渝黔四省交界的武陵山区，根据研究的需要，本课题采用的是"多点式"的田野调查方法，具体选取了恩施土家族苗族自治州咸丰县、来凤县、巴东县、宣恩县、鹤峰县；湘西土家族苗族自治州的吉首市、永顺县、龙山县、古丈县、保靖县，张家界市；贵州的印江、沿河土家族自治县；重庆的酉阳县、秀山县、彭水县、石柱县以及四川达州的宣汉县等县市进行了实地调研工作。

4. 专家访谈法

访谈法是研究者通过与被访问者进行口头交谈的方式收集调查资料的一种研究方法。在课题的研究过程中，针对本课题的相关内容访谈了国内部分民族传统体育及其传统文化的专家学者，同时对相关土家族武术非物质文化遗产传承人进行访谈，以了解他们对少数民族武术文化现状、传承与发展对策的看法，从而能够更好地把握研究方向。

5. 个案研究法

个案研究法即"麻雀解剖法"，是现代社会科学研究中比较成熟的一种研究方法，实证性的个案研究业已成为一个重要的学术趋势。根据土家族相关拳种的文化内涵及文化负载量，本研究选择了具有典型代表性的土家族余门拳、铁木拳作为个案进行剖析。另外还解析了鸡形拳、蛮刀藤牌、燕尾斧、宫天梳、烟斗杆子、八角拐等土家族稀有武术拳械，并将其置于土家族特定的历史与文化空间进行深度描写，分析其独特的技术特色与文化内涵。

（三）研究思路

本课题主要采用纵向与横向两条线索对土家族武术文化进行解读。其中纵向研究主要体现在三个方面：其一，从民族学的视角对土家族的族源、早期发展及其聚居区域进行总体概貌的阐释。其二，从历史学的角度探寻土家族武术发生发展的演变历程，揭示其在各个历史时期所展现出的文化特征。其三，寻绎土家族尚武精神的历史记忆，解析土家族历史上的军事战争、兵器文化、军事武艺及其涌现出的武将与武人，探寻土家族崇尚武勇的归因。

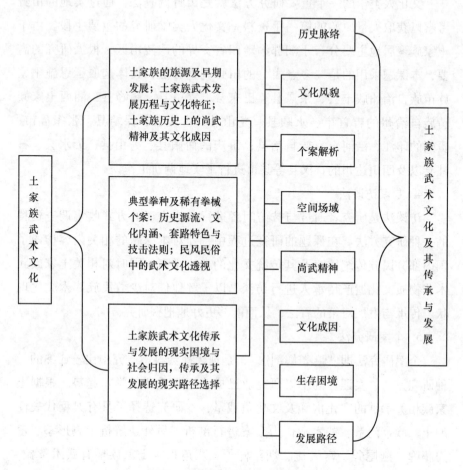

图1  土家族武术文化内容结构

就横向研究而言，其一是从民俗学的角度系统梳理土家族传统文化及其民风民俗中蕴含的相关武术文化因子，探讨土家族武术文化存在的空间场域。其二是采用理论联系实际的方法，在文献查询、田野考察的基础上，勾勒出土家族本体武术文化的整体风貌，对土家族现有武术拳械的技术风格、文化内涵、技击法则等进行细致入微的阐释，并选取具有典型代表性的土家族武术拳种作为个案进行剖析，以便更好地解读土家族武术文化体系。其三是理性看待社会变迁背景下土家族武术不断弱化的事实，探讨影响土家族武术生存与发展的现实困境和社会归因，提出切实可行的发展路径，从而为土家族武术文化的传承与发展提供建设性的意见与发展思路。

（四）研究的创新点

1. 研究内容的创新

已有资料显示，目前学者们对少数民族武术文化的研究涉猎较少，关注度普遍不高，还没有形成较为系统而全面的研究体系。本课题以我国中部地区土家族武术文化为切入点，深入探究土家族武术文化的起源、发展与流变历程，解析土家族历史上的尚武精神及其成因，梳理土家族传统文化及其民风民俗中所蕴含的武术文化因子，解读土家族武术的文化空间场域，阐释土家族典型武术拳种及其稀有武术拳械的文化特色，并在此基础上探寻土家族武术传承与发展的现实路径等，其研究内容具有一定的新颖性。

2. 研究视角的创新

武术文化研究长期以来一直都是学界炙手可热的一个重要研究领域，但以往有关武术文化的研究，大多都是以行政区划为界限，探讨某一区域内的武术文化事象，即地域武术文化研究，例如上海体育学院武术学院博士生所完成的中州、燕赵、荆楚、齐鲁、岭南、陇西、滇黔、关东、闽台、漠南、青藏等一系列地域武术文化研究。还有就是针对武术拳种所进行的研究，系统阐释与该拳种相关的武术文化事象。而专门以某一个民族的武术文化为对象的研究则相对较为鲜见。本课题以土家族武术文化为对象进行研究，从纵（土家族武术文化发展脉络）与横（土家族武术文化整体风貌）两个层面对土家族武术进行全方位的文化透视，其研究视角具有一定的新颖性。

（五）研究假设

其一，土家族聚居地区独特的自然地理环境与人文社会环境造就了其拳种浓郁民族文化特征的形成，其拳械大多携带着土家族文化基因的印迹。

其二，土家族的民风民俗诸如图腾崇拜、巫傩祭仪、丧葬习俗、神话传说、神歌戏曲以及传统舞蹈中蕴含着大量的武术文化元素，民风民俗是土家族武术独特的文化空间场域。

其三，土家族是一个天性韧勇的少数民族，其祖先巴人的征战历程以及土兵南征倭寇、北拒满骑等丰功伟绩诠释了其民族浓烈的尚武精神，其昌明的兵器文化及其高超的军事武艺成为其民族尚武精神的鲜明体现。

其四，严酷的自然生存环境、频繁征战的社会历史背景及其强健彪悍的民风遗俗等造就了土家族豪放野蛮、刚猛坚毅、崇武尚勇的民族性格。

其五，社会的发展与变迁，导致了土家族武术赖以生存之文化土壤的缺失，继而直接导致了现阶段土家族武术的生存危机。保护土家族武术的文化空间，拓展土家族武术的生存空间，是土家族武术得以传承与发展的现实路径。

### 三 研究的理论基础

科学研究的实践业已充分证明，在现代科学研究中，单一学科的理论与方法已经远远不能满足研究的需要，因为单一学科视野的闭塞性及其理论方法的单一性等使得研究结果的科学性大打折扣。因此，跨学科与多学科的综合运用，多种研究方法相结合成为现代科学研究的趋势与主流，尤其是在人文社会科学的研究中，必须打破学科壁垒，取长补短，综合运用。鉴于此，在本课题的研究过程中需要借鉴国内外先进的学术理论成果作为支撑，研究将涉及文化人类学、社会学、历史学、宗教学以及民俗学等相关交叉学科的理论知识与方法，在论文的研究与写作过程中，拟采用的相关理论视角主要包括如下几点。

（一）文化人类学理论

"文化人类学是人类学学科体系的有机组成部分，它是一门研究、理解人类文化相似性及差异性，进而探讨人类文化本质的学科。其研究对象为他者的文化，即与自己文化迥然相异的充满异质特征的文化。"[①] 在文化人类学的发展历程中，19 世纪是一个极为重要的历史时期，先后出现了几种较有影响的理论学派，如进化论、传播论、功能论及解释论等，

---

① 蒋立松：《文化人类学概论》，西南师范大学出版社 2008 年版，第1—4 页。

进化论的代表人物是英国的泰勒和法国的摩尔根，其基本观点为人类社会的发展同自然界的发展规律一致，是一个由简单到复杂、由低级向高级不断进化演变的过程；传播论的代表人物为德国的格拉布纳和英国的史密斯，该理论认为："文化变迁的过程主要是文化采集的结果，不同文化间的相同性是许多文化圈相交的结果。"① 即当一种文化形态形成以后，便会向其外围进行传播，进而会对周边其他文化产生影响，这是文化所具有的一种特性。此外，功能论、解释论等其他学派也都在不同程度上对文化人类学的发展产生过一定的影响作用。

文化人类学的这些理论学派，对 20 世纪文化人类学的发展与繁荣产生了深远的影响，推动了文化人类学学科的茁壮成长，同时也催生了一大批文化人类学研究成果。而文化人类学田野考察等方法也越来越成为现代人文社会科学研究中的经典方法。文化人类学的理论体系和方法，为土家族武术文化研究提供了重要的理论支撑，例如根据其中的传播论，便可以清晰地解释土家族武术文化因受到外来武术文化影响而具有文化交融性特征的原因。

（二）文化空间理论

"文化空间"是当前学术界使用频率较高的一个热门词语，其最初是在亨利·列斐伏尔的著作《空间的生产》中出现，作者在该书中列举了众多的空间种类，诸如抽象空间、绝对空间、具体空间、共享空间以及文化空间等。而现今"文化空间"一词则主要用于非物质文化遗产领域中，是联合国教科文组织在保护非物质文化遗产时使用的一个专用名词，它是指"定期举行传统文化活动或集中展现传统文化表现形式的场所，兼具空间性和时间性"②。在首批人类口述和非物质文化遗产的 19 个代表作中，就有五个文化空间类项目，分别为乌兹别克斯坦的博恩逊文化空间、多米尼加的维拉·麦拉康果斯圣灵手足情文化空间、俄罗斯的塞梅斯基口述文化及文化空间、几内亚的尼亚加索—苏苏—巴拉文化空间和摩洛哥的 Djamaael – Fna 广场文化空间。

---

① 庄孔韶：《人类学概论》，中国人民大学出版社 2006 年版。
② 郭玉成：《武术传承的文化空间》，《搏击·武术科学》2007 年第 2 期，第 2 页。

依据文化空间的定义，我们可以将武术的文化空间界定为："某个集中展示武术文化活动或武术文化元素的地点，或确定在某一周期举办与武术文化有关的活动的一段时间。"① "武术'文化空间'可分为空间性武术'文化空间'和时间性武术'文化空间。'"② 土家族的武术文化是依托土家族所特有的时空领域而展现的，因此，文化空间理论无疑将为土家族武术文化的研究提供厚重的理论支撑。

（三）社会变迁理论

"社会变迁是指一切社会现象发生变化的动态过程及其结果，是社会的发展、进步、停滞、倒退等一切现象和过程的总和。社会变迁既包含社会的进步和退步，又包括社会的整合和解体。"③ "社会变迁除了最终取决于社会生产力的发展之外，还取决于自然环境、人口、社会制度、观念、社会心理、文化传播等多方面因素的影响，它是多种因素相互作用的结果。"④

变迁是人类社会发展的常态，是不以人的主观意志为转移的。特别是自20世纪70年代末以来，中国社会总体上进入了全面转型的加速变迁过程，踏上了从传统社会向现代社会转轨的步伐，在这股势不可当的历史潮流中，广大民众的生活方式、价值观念、行为准则等都在发生着巨大的转变，传统文化的生存土壤受到了前所未有的冲击，而传统文化其本身也处在不断的变迁过程中。武术作为中国传统文化的一个重要组成部分，同样经历着这种变迁的历程。因此，对土家族传统武术文化的研究将离不开社会变迁相关理论的支撑。

## 四 研究现状评析

科学研究都是建立在前人的学术基础上，是在已有学术成就基础上

---

① 吉灿忠：《传统武术"文化空间"委顿与雄起》，《武汉体育学院学报》2011年第9期，第51页。

② 吉灿忠、邱丕相、李世宏：《传统武术"文化空间"所遭遇的抵牾及其理论调试》，《天津体育学院学报》2010年第6期，第475页。

③ 互动百科：《社会变迁》（http://www.baike.com/wiki/）。

④ 王建斌：《新疆博湖托茂人的社会文化变迁》，《北方民族大学学报》（哲学社会科学版）2009年第5期，第45页。

对知识的继续探索，了解本学科的研究现状是确定选题的必要步骤，因为只有这样才能"明确自己研究的起点、创新要求和思路，以及通过与前人的对话，激发自己的思维与灵感，促使自己在探索的基础上有所前进"①。正是基于这样的认识，本研究梳理了与课题紧密相关的三个主题，即关于武术文化、土家族文化以及土家族武术文化的研究作为综述的内容，通过对相关文献资料的收集、归类、总结与分析，探讨出相关主题研究的进展与动态情况，理性看待其研究的不足之处，并以此为研究的逻辑起点，从而提出进一步的研究方向与研究展望。

（一）关于武术文化的研究综述

1. 关于武术文化内涵的研究

（1）关于武术概念的研究

作为在中国历史上传承了千百年的身体文化，武术到底该如何定义？其内涵和外延又当如何界定？通过文献检索发现，截至目前，专门探讨武术概念的文献总计74篇，但对于武术概念的界定，至今仍然没有形成一个统一的定论。学者们从多个角度对武术概念进行了探讨，邱丕相教授从武术与军事技艺、体育运动及其民族文化的关系层面深入探讨了武术的性质。② 蔡仲林教授从传统文化的视角出发，认为武术是一种社会文化活动。③ 杨建营则从武术概念的内涵、外延以及上位概念的基础上对武术概念进行提炼，认为武术是一种围绕技击展开的运动技术体系。④ 郭志禹教授认为，对于武术概念的理解，应该具有发展的眼光，要站在时代的前沿，不能仅仅"停留在'古代军事技击术'的理解上"。对当代武术概念的界定，要从"武术是技击术；武术是传统的民族体育项目；武术是中华民族优秀的文化遗产之一"三个层次上来判断。表明了武术的概

---

① 谢建平：《二十世纪太极拳的变迁之研究》，博士学位论文，上海体育学院，2004年，第13页。

② 邱丕相：《对武术概念的辨析与再认识》，《上海体育学院学报》1997年第2期，第7—9页。

③ 蔡仲林、汤立许：《对武术概念的再认识》，《湖北大学成人教育学院学报》2004年第1期，第79页。

④ 杨建营：《武术概念之研究》，《西安体育学院学报》2008年第4期，第98页。

念的界定具有的时代性。① 不难看出，上述学者都从不同的视角对武术的概念进行了界定，但其中作为技击的武术、作为传统文化的武术以及作为民族传统体育项目的武术仍然是绝大多数学者秉持的观点，毋庸置疑，对于武术概念的探讨与争鸣将是一个与时俱进的过程，而随着人类认识水平的不断深入，对武术概念的认识也将会越来越科学。

（2）关于武术价值体系的研究

中华武术自诞生之日起便有了其原始的价值体系，在兵戎相见、金戈铁马的烈火硝烟里，在宗族械斗、秘密结社的社会氛围里，武术所固有的军事价值与自卫健身价值等被体现得淋漓尽致。② 早在民国时期，由于其内忧外患的特殊政治时局，为改变国弱民弱的积弊，中国武术被提升到强国强种的高度而备受各界的青睐，并被冠以"国术"这一殊荣，这是基于人们对武术所具有的强身健体、培养品格以及振奋民族精神等价值体系的认识基础上的。例如，1935 年，著名学者范振兴就曾撰文从德育、品性、群育等几个方面论证了国术的价值体系。③ 这是较早研究武术价值体系的专门文献。

近年来，中华武术所具有的价值体系更是学术界关注的热点问题。学者们仁者见仁、各抒己见，汇集学者们集体的观点，中华武术的价值体系主要体现为技击、健身、竞技、教育、经济、休闲、文化、养生、娱乐审美、医疗保健等方面④，呈现出多元化的价值取向。不难看出，其中某些价值在冷兵器时代表现得较为突出，而有些价值则在现代文明社会体现得更为明显；有些是其固有的价值，有些又是潜在的价值。关于武术价值体系的特征，陈光玖认为中华武术价值体系的特征主要体现为

---

① 郭志禹：《武术理论的辩证思维论析》，《上海体育学院学报》1997 年第 4 期，第 48—49 页。

② 刘尧峰、夏德明：《民国武术多元化价值体系探骊》，《搏击·武术科学》2008 年第 6 期，第 7 页。

③ 范振兴：《我对于国术的所见》，《体育杂志》1935 年第 3 期，第 252—260 页。

④ 王永生、赵岷、李翠霞：《传统武术价值取向的文化学思考》，《搏击·武术科学》2004 年第 3 期，第 25—28 页；徐香梅：《传统武术价值取向的现代化走向》，《搏击·武术科学》2005 年第 7 期，第 5—7 页；谷晓红：《对传统武术价值和功能的再认识》，《茂名学院学报》2008 年第 1 期，第 80—83 页。

多样性、关联性、等级结构性、动态平衡性等特征，① 具有一定的学术见地。但通过分析发现，许多学者在对武术价值体系进行表述时并不是很规范，例如没有注意各种价值的上下位概念以及包含与被包含之间的关系，同一价值体系用不同的方式表达，价值与功能混为一谈等现象严重，显得含混不清，容易让人产生误解。

（3）关于武德的研究

"武德即尚武崇德的精神，它是武术界共同信仰的一种言行准则"②，武德是武术伦理价值观的核心体现。"拳以德立，德为艺先"，千百年来广大习武之人以其来规范自己的言行，并以武德标准来评判一个武人的道德水准。通过收集相关文献发现，目前学术界对武德的研究主要包括：武德概念的阐释、武德的历史发展、武德的内容体系、武德的价值功用、武德与传统文化的关系、武德的教育方法探析、武德的构建途径以及武德与社会主义精神文明建设等，③ 其研究的范围较为广泛。总体来看，现有研究反映出关于武德的基础性研究较为丰富，学者们普遍青睐于对武德的概念、内容、价值及其武德与传统伦理道德的关系等相关理论的阐发，但应用性的研究显得较为单薄，因而有关武德修养、运行以及构建的探讨将是进一步研究的趋势所在。

2. 关于武术文化传播的研究

国学大师费孝通在描述 20 世纪局面时说："20 世纪是一个世界性的战国世纪……未来的 21 世纪将是一个多元一体的国际社会。"④ 经济一体化、政治多极化、文化多元化标志着全球化时代的到来，在这样的大背景下，中华武术的传播便成为学者们普遍关注的又一个热门话题。

---

① 陈光玖：《构建武术价值系统的理论研究》，《武汉体育学院学报》2008 年第 3 期，第 51—52 页。

② 全国体育院校教材委员会：《武术理论基础》，人民体育出版社 1997 年版，第 181 页。

③ 徐德正、徐明全：《武术文化中的道德规范》，《武汉体育学院学报》2000 年第 1 期，第 37 页；石华毕：《浅析现代武德的内涵》，《吉林体育学院学报》2004 年第 3 期，第 130—131 页；黄佑琴：《论大学生武德教育与和谐社会的构建》，《搏击·武术科学》2008 年第 9 期，第 60—62 页；程啸斌、盛敏：《传统武德与人文精神》，《江西社会科学》2005 年第 2 期，第 135—137 页。

④ 费孝通：《从反思到文化自觉和交流》，《读书》1998 年第 11 期，第 8 页。

对于传播主体的研究，郭玉成教授认为，"凡是直接传播武术或是对传播武术具有指导和管理作用的个人和组织都是武术传播者"①。已有资料显示，目前相关研究主要集中在组织传播者方面，而对个人传播者的研究相对较少。在传播的内容方面，主要集中在技术和文化两个方面，而大多数研究者都指出，当前在武术教育领域，多数传播者只注重了对技术的传播，而忽视了理论的传授及对文化的传承，在某种程度上来说是舍本逐末的做法。通过搜索发现，以武术传播途径为主题的研究成果较为丰富，主要集中于网络、赛事、书刊、舞台以及影视传媒等传播途径。同时，学者们在研究以上传播途径的过程中，也理性地看待了其中的一些消极因素，例如他们普遍认为网络以及影视传媒是一柄双刃剑，其在有效传播武术文化的同时也带来了一定的消极影响。例如影视暴力、网络色情、网络武侠游戏成瘾等会对青少年身心产生较大的危害。同时，一些电脑数码特技的运用也使得人们对武术产生了误读，认为其与现实中的武术大相径庭，从而阻碍了人们对武术的认识。②

关于中国武术的国际传播，蔡仲林教授从文化软实力的视角对武术文化国际传播的障碍进行了深入的分析，具有一定的创见。③虞定海教授则从技术与文化两个层面深入地探讨了武术国际化传播的现实路径，具有较强的理论与现实意义。④总之，有关武术国际传播的研究一直是学术界关注的重点与热点领域，涌现出了一批极具开拓性与创造性的学术成果，助推了武术国际传播的进程。

3. 关于传统武术保护、传承与发展的研究

随着时代的发展与社会的变迁，产生并孕育于传统农耕文明的中国

---

① 郭玉成：《中国武术传播论》，复旦大学出版社 2008 年版，第 89 页。

② 刘尧峰：《影视传媒——武术发展道路上的一柄双刃剑》，《博击·武术科学》2005 年第 10 期，第 7—9 页；梁斌：《网络传播对武术发展的影响及对策研究》，《博击·武术科学》2009 年第 5 期，第 9—10 页；张振中：《武术影视对我国武术运动的影响及发展对策研究》，硕士学位论文，西北民族大学，2010 年，第 1—37 页。

③ 蔡仲林、汤立许：《武术文化传播障碍之思考——以文化软实力为视角》，《天津体育学院学报》2009 年第 5 期，第 379—382 页。

④ 虞定海、郭玉成、李守培：《武术国际传播研究综述》，《体育文化导刊》2011 年第 2 期，第 82—84 页。

武术也遭遇到了前所未有的危机，传统武术的生存土壤不断缺失，传统武术异化现象严重，中华武术能否延续其曾经强大的生命力继续前行，这是关系到其生存与发展而不可回避的现实问题，也是目前学术界关注度最高的一个主题。

随着国家对非物质文化遗产保护的重视，目前一批传统武术拳种被收录进国家级非物质文化遗产名录，使得传统武术的保护与发展上升到了国家政策的高度。与此同时，一些具有敏锐学术嗅觉的学者们也开始从非物质文化遗产的视角来研究传统武术的保护与传承，一大批极具学术价值的研究成果相继面世，学者们从保护的内容、保护过程中需注意的问题，传承机制、传承主体、传承对象、传承方式、传承途径、评价方法等方面，较详细地阐述了传统武术的保护与传承问题，[1] 为传统武术的保护与传承提供了翔实的理论依据。

关于传统武术的发展，学者们亦从多个角度提出了一些极具建设性的思路，诸如采取两条腿走路，使竞技武术与传统武术协调发展；开展传统武术的理论研究；进入学校教育阵营，扩大武术人口；以竞赛促发展，建立合理的武术竞赛体制；刺激有效需求，开发武术市场；重视可持续发展，加强武术后备人才的培养；加强对外合作与交流等。[2] 全方位、多角度、深层次探讨了传统武术的发展方略，具有一定的前瞻性。但其中由于某些观点过于宏观，缺乏具体的细致入微的策略剖析，可操作性不强，因此在现实中往往会被束之高阁而无法实施。

① 牛爱军、虞定海：《非物质文化遗产保护视野下传统武术传承制度研究》，《体育文化导刊》2007 年第 4 期，第 20—21 页；牛爱军、虞定海：《非物质文化遗产视野下传统武术保护问题》，《文化遗产》2007 年第 3 期，第 144—147 页；牛爱军、虞定海：《对传统武术的保护问题的探讨——以非物质文化遗产名录中的传统武术为例》，《中国体育科技》2008 年第 3 期，第 138—140 页；牛爱军、虞定海：《传统武术的知识产权保护——从非物质文化遗产的视角》，《山东体育学院学报》2008 年第 3 期，第 12—14 页；张云崖、牛爱军：《传统武术的非物质性传承研究——从非物质文化遗产的视角》，《成都体育学院学报》2008 年第 7 期，第 54—57 页。
② 栗胜夫：《论我国传统武术的传承与发展》，《武汉体育学院学报》2007 年第 4 期，第 43 页；徐向东：《从武术的本质特点看中国传统武术的发展策略》，《沈阳体育学院学报》2005 年第 4 期，第 121—123 页；刘建国：《传统武术的发展思路与对策研究》，《湖北体育科技》2006 年第 3 期，第 340—342 页。

4. 关于地域武术文化的研究

公允地说，关于中国地域武术文化的探索最早可追溯到民国时期有关武术史学考证的研究。20世纪20年代，以唐豪为代表的武术史学研究者较早地涉足了地域武术文化领域。唐豪先生在广泛查录文献、收集民间武术抄本并深入实地考察的基础上发表了《少林武当考》《少林拳术秘诀考证》等系列考证著作，可视为地域武术文化研究的萌芽，为中国地域武术文化的研究奠定了基石。

20世纪80年代，在国家体委的统一部署下，全国掀起了一场规模空前的武术挖掘整理工作，开启了地域武术文化研究的新篇章，在挖掘整理的基础上各地相继出版并形成了一系列的成果，如《湖北武术拳械录》《浙江武术拳械录》《四川武术大全》等。而学术界发表的与地域武术相关的成果则有蒋松卿《楚文化与楚国武术》（1990）、陈荣亮《闽台武术文化渊源管窥》（1991）、高正《武当山与武当武术》（1991）、刘绥滨《四川武术与武当拳的渊源》（1993）、刘汉杰《沧州回族武术文化探源》（1997）、李成银《子午门功夫与齐鲁文化》（2002）等文章，其特点是由单一的地方拳种挖掘逐渐上升到地方拳种与地域文化的理论结合。但总体而言，科研成果数量偏少，研究的主题也较为局限，还没有形成系统的研究规模和成熟的研究范式。

21世纪初，随着地域文化研究的不断升温，中国武术所具有的地域性文化特征越来越引起学界的关注。2003年，上海体育学院郭志禹教授以敏锐的学术嗅觉，将武术历史与文化及地域武术基本理论作为研究的基点，提出了"地域文化—武术文化—地域武术文化"的研究新思路。①"工欲善其事，必先利其器"，2006年，郭志禹教授在《体育科学》上发表了题为《中国地域武术文化研究策略构想》的文章，从地域文化学的视角分析了中国地域武术文化的研究现状，并提出了合理划分"武术文化圈"，正确把握"武术文化丛"，重点研究"武术文化特质"的地域武

---

① 有关"地域武术文化研究的基本理论"，参见郭志禹《武术文哲子集——基本理论与思维的探新》，现代教育出版社2010年版，第190—204页。

术文化研究战略构想。① 继而，以韩雪为代表的一大批以地域武术文化为题材的博士学位论文及其科研论文相继面世，掀起了 21 世纪初期地域武术文化研究的学术浪潮。例如韩雪在其博士学位论文《中州武术文化研究》中，对中州武术的分布、地域特征、文化成因及其文化认同等做了详细的探讨，并将中州武术文化分为主体文化和客体文化两个部分。② 张胜利从地域文化的研究视角宏观地构建了中国地域武术文化的"立"字研究模式，③ 具有较强的理论建树。申国卿则在陇上、荆楚、巴蜀、齐鲁、燕赵和吴越武术文化发展特征的基础上阐释了中国地域武术文化的转型机制，论证了当代地域武术文化转型的指导思想、基本原则、现实路径和全新动力，并提出了地域武术文化当代转型的战略意义。④

百里异习、千里殊俗，我国疆域广阔、民族众多，各地地理环境、气候水土及其历史人文背景的不同导致了其文化的多样性和差异性，同时也导致了地域武术文化的丰富性。可以预言，地域武术文化研究仍将是当前乃至今后一段时间内武术文化研究的重要学术领域。

5. 关于少数民族武术文化的研究

我国是一个统一的多民族国家，除汉民族外，在我国辽阔疆域上共生活着 55 个少数民族。由于社会历史等诸多方面的原因，历史上我国少数民族大多都生活在祖国的边陲。与中原地区的汉民族相比，各少数民族大多都是以游牧渔猎为生，生存环境极其恶劣，社会经济发展水平相对较为落后。然而，正是在严酷的生存环境及其各种战争的长期磨砺下，各少数民族逐渐养成了崇武尚勇的社会风习，并创造了一些独具民族特色的武术文化。

（1）少数民族武术文化的文献检索分析

随着地域武术文化研究的不断升温，一部分学者开始将目光聚焦到

① 郭志禹、郭守靖：《中国地域武术文化研究策略构想》，《体育科学》2006 年第 10 期，第 87—90 页。

② 韩雪：《中州武术文化研究》，博士学位论文，上海体育学院，2005 年。

③ 张胜利：《中国地域武术文化的研究模式构建》，《武汉体育学院学报》2011 年第 4 期，第 73—77 页。

④ 申国卿：《中国地域武术文化的发展规律及其转型机制》，《中国体育科技》2011 年第 6 期，第 64—69 页。

了少数民族武术文化研究领域，深入探讨某一地域少数民族的武术文化事象，成为武术文化研究的一个全新视角。通过中国知网文献检索系统，以"篇名"为检索项，以"少数民族武术文化"为检索词进行检索，经过筛选统计发现，有关少数民族武术文化研究的文章总计有31篇，这些文章大多都是以地域文化为前提，对某一区域内少数民族武术文化事象进行研究，例如张延庆《西南少数民族武术文化阐析》（2009）、郭振华《以武祭丧——西南少数民族丧葬习俗中的武术文化探微》（2012）、《巫风武影——民俗民风中的西南少数民族武术文化研究》（2013）、徐烈、丁丽萍《关东少数民族武术文化探微》（2011）等，都是以文化区域为界限进行少数民族武术文化的研究。而再具体到单一少数民族的武术文化研究，共检索到111篇相关文献，其中又以回族和苗族相对居多，分别占了50篇和16篇（见表1）。

表1　　　　　　　　　　相关少数民族武术文化研究汇总　　　　　单位：篇

| 民族 | 回族 | 苗族 | 壮族 | 土家族 | 畲族 | 水族 | 哈尼族 | 傣族 | 彝族 | 布依族 | 纳西族 |
|---|---|---|---|---|---|---|---|---|---|---|---|
| 文献 | 50 | 16 | 7 | 5 | 9 | 3 | 5 | 5 | 5 | 3 | 3 |

（2）少数民族武术文化相关研究主题

①关于少数民族武术文化产生机制的研究

关于少数民族武术文化产生的机制，张延庆认为我国少数民族传统武术是在特定的历史条件下、特定的社会文化背景下产生并发展起来的一个具有多样性特征的文化系统。其中原始狩猎和古代军事战争，宗教信仰和风俗习惯等都对少数民族武术文化的产生功不可没①。汤明伟等认为少数民族武术的本源与少数民族模仿巫术、图腾崇拜、战争等活动有着密切的关系。② 模仿巫术活动是少数民族武术产生的雏形，而宗教与战争是少数民族武术产生的重要原因。另外，神话传说也构成少数民族武

①　张延庆、蒙华：《浅议少数民族传统武术的文化内涵》，《搏击·武术科学》2004年第1期，第24—26页。

②　汤明伟、王辉：《论少数民族武术的本源与区域特征》，《体育与科学》2013年第1期，第67—70页。

术文化产生的一个重要因素，① 为少数民族武术文化的产生增添了一定的神秘色彩。

从文化发生学的角度来看，少数民族武术的起源呈现出多元化的特点，一般来说，战争是武术的温床，而原始舞蹈则成为催生少数民族武术产生的催化剂。具体而论，诸如原始狩猎、部族战争、生产实践、模仿巫术、神话传说以及原始舞蹈等都可成为少数民族武术发生的活水源头。

②关于少数民族武术文化存在方式的研究

少数民族武术存在的文化空间场域较为广阔，涉及少数民族日常的生产与生活，并延展到少数民族传统文化之中。徐烈等从器与具、术与艺、精神价值三个层次阐述了关东少数民族武术文化的存在方式，认为其武术文化渗透于生产、娱乐、宗教、礼教等方方面面。② 张延庆指出，少数民族武术集宗教、民俗、生产、娱乐于一体，是了解和认识各民族日常生活和文化的途径，"巫、舞、傩"等是少数民族武术独特的外在表现形式和文化遗存。③ 另外，王新荣在《中国少数民族武术》中较系统地记叙了各少数民族武术的存在方式，主要包括用于宗教祭祀和娱乐活动的武术，诸如蒙古族的"射草狗"活动、纳西族的"东巴跳"、土家族的"摆手舞"等；地方少数民族巫傩文化中的武术文化展演；壮族图腾文化遗存中蚂拐拳、蚂拐刀、蚂拐棍等系列性的蚂拐武术；土家族、彝族丧葬习俗中的武术与武技；藏族"望果节"、景颇族"总戈节"、傈僳族"刀杆节"及其傣族"泼水节"上独具民族特色的少数民族武术文化等。④ 总起来说，受历史传统及其民族文化特质的影响，少数民族的图腾崇拜、巫傩祭仪、丧葬习俗、神话传说、民族节日以及民族舞蹈等民俗文化事象中都深深地纹刻着武术文化的印迹，成为少数民族武术文化

---

① 周松贤、郭振华：《云南少数民族舞蹈中的武术文化探微》，《沈阳体育学院学报》2011年第4期，第139页。

② 徐烈、丁丽萍：《关东少数民族武术文化探微》，《上海体育学院学报》2011年第6期，第66—69页。

③ 张延庆：《西南少数民族武术文化阐析》，《体育文化导刊》2009年第1期，第137页。

④ 王新荣：《中国少数民族武术》（http://www.zhuangquan.net/read.php?tid=311）。

空间场域的独特存在方式。

③关于少数民族武术文化特征的研究

一方水土养育一方人，一方水土孕育一方文化。我国广大少数民族由于生活的地域文化背景差异，导致了其武术文化表现出不同的特征。"北弓南弩""东枪西棍""拳兴于齐""剑起吴越"，这些武术谚语其本身就充分体现出了生态地理环境的差异性。张延庆指出，自然环境的差异性决定了我国南方少数民族与北方少数民族的武术表现出迥异的技术风格。① 关于少数民族武术的特点，汤明伟等认为少数民族武术主要表现为实用性、技击性和娱乐性三方面，提出根据地域特点追求武术的实用特色；根据战争需要追求武术的技击特色；根据习俗节日追求武术的娱乐特色是少数民族武术的基本特征。② 此外，许多少数民族武术在传承过程中还被打上了浓厚的宗教文化色彩，例如张延庆就指出，少数民族武术文化宗教意识浓厚，"巫""舞""傩"往往是其独特的外在表现形式③综上，少数民族武术是在少数民族独特的民族文化背景中氤氲而成的，带有本民族文化基因的印迹，同时少数民族武术又是在一定的地域环境中形成的，其本身又不可避免地受到特定地域社会文化生态的影响。由此而论，少数民族武术的文化特征带有明显的双重性，即民族性格特征和地域文化特征，④ 这亦是任何关于少数民族武术文化研究所不能忽视的。

④关于少数民族武术文化传承与发展的研究

研究少数民族武术文化，其最终的目的和落脚点都是更好地继承和发展它。当前，面对社会文化的急剧变迁，少数民族武术所赖以生存的文化土壤正不断缺失，在全球化时代和社会转型的新的历史语境下，少

① 张延庆、王玉斌、王晓芳：《从少数民族传统武术生存的社会文化背景管窥其内在特点和形式体现》，《山西体育科技》2006年第1期，第39页。
② 汤明伟、王辉：《论少数民族武术的本源与区域特征》，《体育与科学》2013年第1期，第67页。
③ 张延庆、方征、王晓芳：《从回族武术文化现象透析我国少数民族武术的传承与发展》，《体育文化导刊》2006年第11期，第94页。
④ 刘尧峰、蔡仲林：《少数民族武术文化研究探微》，《贵州民族研究》2014年第12期，第219页。

数民族武术的传承与发展遇到了前所未有的挑战。因此，传承与发展当是少数民族武术文化研究亘古不变的主题。关于少数民族武术传承与发展的策略，张延庆认为，少数民族武术的传承不可能纹丝不动地保持原样，而应该随社会的变迁而发展，"例如回族武术的多样性传承和对社会的适应，即是一种文化的变迁，是对少数民族武术文化创新保护的一种方式"①。吴永存、张振东认为，要实现少数民族传统武术文化的传承发展，拓展少数民族传统武术文化的生存空间，就必须走现代转型的道路，即通过注重武术教育，实施"教育兴武"战略；整合媒介资源，实施"包装宣传"战略；强化武术交流，实施"走出去"战略等。② 肖清、朱瑞琪提出，少数民族武术要获得持续性的发展，进入学校教育、进军全民健身计划、积极地现代化转型等是大势所趋。③ 鲁林波、龙佩林等亦提出了传承与保护少数民族武术文化遗产的具体策略，主要表现为坚持以人为本、活态传承，优先保护濒危项目。加大教育投资，进行整体性、原真性的保护，同时采取保护与开发相结合的行动策略并加强与政府部门的沟通。④ 么加利、郝少平认为，为保证少数民族民间武术的传承与发展，应对少数民族民间武术树立正确的认识，加大校内外教育的有机结合，同时应进行生态性保护并进行科学、整体的挖掘。⑤ 此外，左文泉等认为，还可将少数民族武术作为一项旅游资源进行开发，在带动经济的同时促进少数民族武术本身的传承与发展。⑥

　　总之，学者们从不同视角所提出的相关建议和思路，对我国少数民族武术的传承与发展具有一定的现实意义。但有关少数民族武术文化的

---

①　张延庆、方征、王晓芳：《从回族武术文化现象透析我国少数民族武术的传承与发展》，《体育文化导刊》2006 年第 11 期，第 95 页。

②　吴永存、张振东：《全球化场域下我国少数民族传统武术文化的传承与发展》，《北京体育大学学报》2016 年第 1 期，第 41—45 页。

③　肖清、朱瑞琪：《湖南西部少数民族传统武术的挖掘与发展研究》，《搏击·武术科学》2006 年第 1 期，第 31—32 页。

④　鲁林波、龙佩林、赵立勇等：《我国少数民族传统武术文化遗产现状与保护博弈》，《四川体育科技》2012 年第 6 期，第 21 页。

⑤　么加利、郝少平：《社会转型期西南少数民族民间武术传承与发展的教育学分析》，《民族教育研究》2011 年第 4 期，第 20—21 页。

⑥　左文泉：《云南少数民族武术文化旅游可行性研究》，《运动》2010 年第 9 期，第 139 页。

继承，我们还是应该保持理性的态度，应该看到许多少数民族武术因为自身的一些消极因素而逐渐趋于灭亡是很正常的事情。因此，对少数民族武术文化的继承也应该是辩证的，只有那些先进的、积极的，适合新的社会形态并符合社会主流价值观的项目才会得以传承与发展，而那些原始的、落后的、糟粕的东西将会随着社会的发展而被淘汰，这是一个历史的选择过程。而对于其发展问题，尤为重要的便是要因地制宜地探讨适合少数民族武术文化传承与发展的路径，诸如学校教育路径、全民健身路径、市场化路径、运动会竞赛路径、民俗节日路径等。

每个民族在其历史进程中都或多或少地保存有自己民族独特的武术文化事象，目前虽然出现了几篇较有影响的研究某一少数民族武术文化的文章，例如张延庆等《从回族武术文化现象透析我国少数民族武术的传承与发展》（2006）、陈振勇等《回族武术促进民族文化认同的指标体系构建与实证研究——以兰州回族武术为个案》（2012）、罗辑《少数民族武术中"物"的在场、脱域与出场——以贵州少数民族武术为例》（2014）、吴永存等《全球化场域下我国少数民族传统武术文化的传承与发展》（2016）等。① 但总体来看有关少数民族武术文化的研究仍是武术文化研究中的薄弱环节，其学术研究的窗口刚刚打开，相关研究只是触及了少数民族武术文化冰山之一角，还没有形成系统的规模和较为成熟的研究模式。因此，亟须对少数民族武术文化的起源、发展、流变、文化内涵、文化特质、拳种个案及其文化生态和文化空间等做深入的系统性的研究。

（二）关于土家族文化的研究综述

早在土家族被作为单一少数民族确立之前，潘光旦、王静如和汪明瑀三位专家学者就开启了对土家族的研究，通过长期的田野调查和详尽

---

① 张延庆、方针、王晓芳：《从回族武术文化现象透析我国少数民族武术的传承与发展》，《体育文化导刊》2006 年第 11 期，第 92—95 页；陈振勇、姚孔运：《回族武术促进民族文化认同的指标体系构建与实证研究——以兰州回族武术为个案》，《体育科学》2012 年第 9 期，第 52—61 页；罗辑：《少数民族武术中"物"的在场、脱域与出场——以贵州少数民族武术为例》，《体育科学》2014 年第 3 期，第 72—75 页；吴永存、张振东：《全球化场域下我国少数民族传统武术文化的传承与发展》，《北京体育大学学报》2016 年第 1 期，第 41—45 页。

的文献考证，三位学者分别写出了《湘西北的"土家"和古代巴人》《关于湘西土家语的初步意见》和《湘西土家概况》三部著作，为土家族作为单一民族的确立提供了依据，同时也奠定了土家族研究的学术基石。20世纪80年代以来，越来越多的学者扎根于土家族的研究领域，继而将土家族研究推向了一个崭新的阶段。

　　总体来看，关于土家族研究的成果主要体现在三个方面，其一是由各地县史志办、民委等部门组织编印的土家族相关资料以及各专家学者撰写的有关土家族研究的学术专著（见表2）；其二是各级各类期刊上所发表的有关土家族研究的学术论文；其三是广大研究生以土家族文化为主题所撰写的博、硕士学位论文，其主题涉及土家族文化的各个方面（见表3），先后涌现出一批具有较高学术水准的研究成果。

表2　　　　　　　　　　土家族文化部分著作汇总

| 序号 | 著作 | 作者 | 出版社 | 年份 |
| --- | --- | --- | --- | --- |
| 1 | 容美土司史料汇编 | 五峰、鹤峰县史志办 | 内部版 | 1984 |
| 2 | 土家族打镏子 | 龙泽瑞 | 保靖县县志办公室 | 1985 |
| 3 | 土家族简史 | 土家族简史编写组 | 湖南人民出版社 | 1986 |
| 4 | 鄂西少数民族史料辑录 | 鄂西州民委 | 内部版 | 1986 |
| 5 | 民族资料——土家族专辑 | 贵州民族志编委会 | 内部版 | 1988 |
| 6 | 土家族风俗志 | 杨昌鑫 | 中央民族学院出版社 | 1989 |
| 7 | 土家族文学史 | 彭继宽、姚纪彭 | 湖南文艺出版社 | 1989 |
| 8 | 风土家族花灯词 | 张如飞、肖田 | 四川民族出版社 | 1989 |
| 9 | 土家族土司史录 | 湖南少数民族古籍办 | 岳麓书社 | 1991 |
| 10 | 土家族土司简史 | 王承尧、罗午 | 中央民族学院出版社 | 1991 |
| 11 | 土家族文化 | 彭官章 | 吉林教育出版社 | 1991 |
| 12 | 湖南地方志少数民族史料 | 湖南少数民族古籍办 | 岳麓书社 | 1992 |
| 13 | 容美土司史料续编 | 鹤峰县民宗委 | 内部版 | 1993 |
| 14 | 鄂西土司社会概略 | 胡挠、刘东海 | 四川民族出版社 | 1993 |
| 15 | 川东酉水土家 | 李绍明 | 成都出版社 | 1993 |
| 16 | 中国土家族历史人物 | 田荆贵 | 民族出版社 | 1993 |

| 序号 | 著作 | 作者 | 出版社 | 年份 |
|---|---|---|---|---|
| 17 | 土家族风情录 | 白新民 | 四川民族出版社 | 1993 |
| 18 | 土家族文化精神 | 胡炳章 | 民族出版社 | 1999 |
| 19 | 土家族民间文学 | 曹毅 | 中央民族大学出版社 | 1999 |
| 20 | 土家族的传统伦理道德与现代转型 | 周兴茂 | 中央民族大学出版社 | 1999 |
| 21 | 土家族生死观绝唱——撒尔嗬 | 田万振 | 中央民族大学出版社 | 1999 |
| 22 | 鄂西土家族传统情歌 | 田发刚 | 中央民族大学出版社 | 1999 |
| 23 | 土家族区域的考古文化 | 邓辉 | 中央民族大学出版社 | 1999 |
| 24 | 中国土家族源流研究 | 邓和平 | 湖北人民出版社 | 1999 |
| 25 | 巴风土韵——土家文化源流解析 | 董珞 | 武汉大学出版社 | 1999 |
| 26 | 土家族土司兴亡史 | 田敏 | 民族出版社 | 2000 |
| 27 | 土家族文化史 | 段超 | 民族出版社 | 2000 |
| 28 | 道教与土家族文化 | 邓红蕾 | 民族出版社 | 2000 |
| 29 | 土家族民间信仰与文化 | 向柏松 | 民族出版社 | 2001 |
| 30 | 土家族文化通志新编 | 彭英明 | 民族出版社 | 2001 |
| 31 | 酉水流域摆手舞 | 周益顺 | 国际文化出版公司 | 2001 |
| 32 | 唐崖土司概观 | 刘永正、吴畏 | 国际文化出版公司 | 2001 |
| 33 | 鱼木寨研究 | 谭宗派 | 国际文化出版公司 | 2001 |
| 34 | 卯峒土司志校注 | 张兴文、周益顺 | 民族出版社 | 2001 |
| 35 | 湖南少数民族史 | 游俊、李汉林 | 民族出版社 | 2001 |
| 36 | 土家族白虎文化 | 黄伯权 | 中国文联出版社 | 2001 |
| 37 | 土家族区域经济发展史 | 邓辉 | 中央民族大学出版社 | 2002 |
| 38 | 土家族民间文化散论 | 曹毅 | 中央民族大学出版社 | 2002 |
| 39 | 土家族仪典文化哲学研究 | 萧洪恩 | 中央民族大学出版社 | 2002 |
| 40 | 土家族革命斗争史略 | 胡济民、胡源 | 中央民族大学出版社 | 2002 |
| 41 | 土家族音乐概论 | 田世高 | 中央民族大学出版社 | 2002 |
| 42 | 土家族区域可持续发展研究 | 周兴茂 | 中央民族大学出版社 | 2002 |
| 43 | 土家族与古代巴人 | 杨铭 | 重庆出版社 | 2002 |
| 44 | 土家族军事史研究 | 石亚洲 | 民族出版社 | 2003 |
| 45 | 土家族地区竹枝词三百首 | 沈阳 | 民族出版社 | 2003 |
| 46 | 与猛虎有不解之缘的土家族 | 董珞 | 湖北教育出版社 | 2004 |

| 序号 | 著作 | 作者 | 出版社 | 年份 |
|---|---|---|---|---|
| 47 | 民间口传文学的珍贵遗产——重庆土家族民歌 | 黄洁 | 中国文史出版社 | 2004 |
| 48 | 土家族探微 | 张伟权 | 贵州民族出版社 | 2004 |
| 49 | 土家族婚俗与婚礼歌 | 陈廷亮、彭南均 | 民族出版社 | 2005 |
| 50 | 土家族文学 | 湖北省长阳文联 | 湖北省长阳文联 | 2005 |
| 51 | 土家族傩戏研究 | 田世高、金俊兰 | 中国文史出版社 | 2005 |
| 52 | 土家族医药 | 朱国豪、杜江、张景梅 | 中医古籍出版社 | 2006 |
| 53 | 土家族文学原创丛书 | 萧国松 | 长江文艺出版社 | 2009 |
| 54 | 土家族药学 | 杨德胜 | 青海人民出版社 | 2009 |
| 55 | 土家族哲学通识 | 萧洪恩 | 人民出版社 | 2009 |
| 56 | 湘西土家族还土王愿 | 张子伟 | 湖南师范大学出版社 | 2012 |
| 57 | 土家族 | 罗中、罗午 | 辽宁民族出版社 | 2014 |
| 58 | 土家族文化大观 | 贵州省民族事务委员会 | 贵州民族出版社 | 2014 |
| 59 | 湘西土家族织锦技艺 | 田明 | 湖南师范大学出版社 | 2015 |
| 60 | 土家族研究 | 贵州省土家学研究会 | 贵州民族出版社 | 2015 |
| 61 | 中国土家族婚俗考 | 彭剑秋 | 岳麓书社 | 2015 |
| 62 | 湘西土家族毛古斯 | 张子伟 | 湖南师范大学出版社 | 2015 |
| 63 | 问道土家族哲学 | 萧洪恩、张文璋 | 世界图书出版公司 | 2015 |

资料来源：根据笔者所查资料整理而成。

**表3　　土家族文化部分博士学位论文汇总**

| 序号 | 名称 | 作者 | 学校 | 年份 |
|---|---|---|---|---|
| 1 | 湘鄂渝黔土家族地区历史经济地理研究 | 朱圣钟 | 陕西师范大学 | 2002 |
| 2 | 鄂西土家族丧葬仪式音乐的文化研究 | 齐柏平 | 中央音乐学院 | 2003 |
| 3 | 文化变迁与语言传承 | 谭志满 | 中央民族大学 | 2005 |
| 4 | 母语存留区土家族社会与文化——坡脚土家族社区调查研究 | 刘伦文 | 中央民族大学 | 2005 |
| 5 | 土家族传统制度文化研究 | 宋仕平 | 兰州大学 | 2006 |

| 序号 | 名称 | 作者 | 学校 | 年份 |
|---|---|---|---|---|
| 6 | 南部方言区土家族族群性研究——以武水流域一个土家族社区为例 | 陈心林 | 中央民族大学 | 2006 |
| 7 | 秀山土家族家庭研究 | 冯敏 | 中央民族大学 | 2006 |
| 8 | 湖北清江流域土家族生态学研究 | 艾训儒 | 北京林业大学 | 2006 |
| 9 | 否定之否定：长阳土家族"跳丧"仪式的研究 | 黎力 | 上海戏剧学院 | 2008 |
| 10 | 土家族传统体育校本课程开发研究 | 龚坚 | 西南大学 | 2009 |
| 11 | 新塘乡土家族仪典文化与教育法实施的关系分析 | 王许人 | 西南大学 | 2009 |
| 12 | 湘鄂西土家族家族司法研究 | 刘泽友 | 湘潭大学 | 2009 |
| 13 | 性别关系变迁研究：从传统到现代——以湖北恩施土家族双龙村为例 | 崔应令 | 武汉大学 | 2009 |
| 14 | 当代湘西土家族苗族文化互动与族际关系研究 | 李然 | 中央民族大学 | 2009 |
| 15 | 狂欢的灵歌——土家族歌师文化研究 | 陈宇京 | 华中师范大学 | 2010 |
| 16 | 土家族审美文化研究 | 杨亭 | 西南大学 | 2011 |
| 17 | 濒危的家园——百福司土家族社区的处境与命运 | 梅军 | 中央民族大学 | 2011 |
| 18 | 土家族非物质文化遗产保护与开发研究 | 谭志国 | 中南民族大学 | 2011 |
| 19 | 湘鄂川黔神兵研究（1920—1953） | 李里 | 华中师范大学 | 2011 |
| 20 | 个人·家·社会——清江流域土家族"打喜"仪式研究 | 王丹 | 中央民族大学 | 2011 |
| 21 | 符号哲学视野中土家族敬祖习俗育人价值研究——以偏岩土家族村寨为例 | 向帮华 | 西南大学 | 2011 |
| 22 | 民国时期土家族地区土匪活动与社会控制——莫代山以酉水流域宣恩、来凤、龙山三县为中心 | 莫代山 | 中南民族大学 | 2012 |
| 23 | 土家族民歌旋律音调结构研究 | 向华 | 福建师范大学 | 2013 |
| 24 | 土家族民间造物思想研究 | 金晖 | 武汉理工大学 | 2014 |

续表

| 序号 | 名称 | 作者 | 学校 | 年份 |
|---|---|---|---|---|
| 25 | 湘西土家族建筑演变的适应性机制研究——以永顺为例 | 周婷 | 清华大学 | 2014 |
| 26 | 多元文化背景下土家族仪式的传播价值转换研究 | 覃芹 | 华中科技大学 | 2014 |
| 27 | 我国民族自治地区财政运行研究——以恩施土家族苗族自治州为例 | 张建忠 | 武汉大学 | 2014 |
| 28 | 主体性选择与身体表达——清江流域土家族跳丧变迁研究 | 杨日 | 中央民族大学 | 2015 |
| 29 | 民族地区当代中国马克思主义大众化研究——以湘西土家族苗族自治州为例 | 廖金香 | 湖南师范大学 | 2015 |

资料来源：根据笔者所查资料整理而成。

### 1. 有关土家族族源的研究

关于土家族的族源，潘光旦先生早在《湘西北的"土家"和古代巴人》中就对土家族的族源进行了考证，提出了土家族是由古代巴人的一支演变而来的观点。21 世纪以来，有关土家族族源构成曾出现过不同观点的争鸣，学者们先后提出了诸如濮人说、土著说、乌蛮说、羌人说等观点，但随着研究的不断深入，土家族祖先为古代巴人的观点越来越为人们所认可。杨铭所著《土家族与古代巴人》（2002）一书是 21 世纪关于土家族族源最具代表性的著作之一，该书将土家族与巴人之间在历史地理、宗教习俗以及文化艺术等方面的联系进行了全面深入的研究，[①] 具有较强的说服力。

### 2. 有关土家族宗教文化的研究

土家族是一个没有固定宗教信仰的民族，他们所信仰的神灵较多，其中大多数的神灵都与其祖先有关，例如对八部大神、向老官人、廪君

---

① 王希辉：《近十年国内土家族研究综述》，《西南民族大学学报》（人文社会科学版）2009 年第 8 期，第 8 页。

神、白虎神等的信仰。同时由于文化交流的发生，道教、佛教和基督教也先后传入土家族地区，对土家族的宗教信仰产生过一定的影响。彭继宽认为："土家族宗教信仰的核心，是在万物有灵观念影响下，突出表现为图腾崇拜、崇拜自然、信奉祖先和迷信鬼神。"① 在图腾信仰研究方面，向柏松《土家族民间信仰与文化》（2001）一书，全面深入地探讨了土家族图腾崇拜、洞穴崇拜以及女神崇拜等民间信仰文化，对研究土家族民间信仰文化具有重要的参考价值。② 黄柏权《土家族白虎文化》（2001）一书则较为系统地阐释了土家族白虎崇拜的源流、仪式、变异、文化成因及其功能等，考证了土家族"敬"白虎与"赶"白虎的辩证关系。③邓红蕾则从文化流变的视角阐释了土家族本土宗教与道教之间的文化碰撞与影响，④ 开拓了土家族宗教研究的新视野。

3. 有关土家族军事文化的研究

在土家族军事文化研究方面，石亚洲的《土家族军事史研究》（2003）一书占据着举足轻重的地位，是研究土家族军事文化的主要代表作，该书系统地梳理了土家族军事发展历史的基本脉络，并深度分析了土家族的兵制、阵法、军事文化、军事思想以及它们与土家族政治、经济、文化发展之间的联系。⑤ 曾超在其博士学位论文《巴人尚武精神研究》（2005）中，则从军事集团的形成、主要军事活动、军事体制、兵器工业、军事技能和军事人物几个方面对土家先民巴人的军事文化进行了研究。⑥ 在土家族的历史上，元明清时期为土司统治时期，土司拥有自己的武装，其军事活动极为频繁。王承尧、罗午《土家族土司简史》（1991）、田敏《土家族土司兴亡史》（2000）等书均详尽地探讨了明代土家族土司全盛时期的军事活动，包括各土司之间的兼并战争，以及受

① 彭继宽：《土家族原始宗教述略》，《民族论坛》1996年第3期，第50页。
② 王希辉：《近十年国内土家族研究综述》，《西南民族大学学报》（人文社会科学版）2009年第8期，第9页。
③ 同上书，第8页。
④ 邓红蕾：《论"土家道教化"与"道教土家化"的文化流变及其意义》，《江汉论坛》2000年第3期，第71—76页。
⑤ 石亚洲：《土家族军事史研究》，民族出版社2003年版。
⑥ 曾超：《巴人尚武精神研究》，博士学位论文，中央民族大学，2005年。

朝廷征调以"征蛮"和"抗倭"的军事活动等。为土家族军事文化研究提供了难能可贵的历史素材。

4. 有关土家族文学艺术的研究

文学艺术研究是近年来有关土家族文化研究的重点，涌现出一批具有一定学术深度的研究成果。在文学研究领域，曹毅在《土家族民间文学》（1999）一书中将土家族民间文学的发展历程细分为萌芽期、成熟期和繁荣期三个阶段，并从创世神话、民间传说、民间故事、民间歌谣以及民间谚语等几个方面对土家族的民间文学进行了研究。[①] 其他诸如沈阳《土家族地区竹枝词三百首》（2003）、萧国松《土家族文学原创丛书》（2009）、黄洁《民间口传文学的珍贵遗产——重庆土家族民歌》（2004）等著作，在民间口传文学、诗词等领域做出了开创性的探讨。除学术专著外，在科研论文方面也取得了不小的成就，例如熊笃《竹枝词源流考》（2005）、彭福荣《石柱马氏土司文学述论》（2007）、李若岩《文学视域下土家族哭嫁民俗》（2012）、熊晓辉《土家族文学、艺术研究的回顾与反思》（2013）等，形成了多样化的土家族文学特有的研究环境和阵营。

在艺术研究领域，土家族相关研究主要集中在民族音乐、舞蹈、戏曲与根雕技艺等方面。在土家族音乐研究上，一部分学者从历史的角度梳理了土家族音乐的形态与特点，例如尹发艳《土家族音乐史上的华彩乐章——下里巴人之歌〈竹枝歌〉探析》（2008），较深入地探讨了唐宋时期土家先民《竹枝歌》的鲜明特征；[②] 熊晓辉《土家族土司制度与土家族音乐文化》（2013）则探讨了土家族土司音乐的内容、特征及其与土家族社会人文环境、土司审美情趣、生活态度的关系。[③] 同时一部分学者还对土家族音乐的风格、分类、语言结构、地域特色以及各地山歌、民歌等进行了研究。土家族传统舞蹈在土家族艺术研究领域中占据着举足轻重的地位，相关研究主要集中于对巴渝舞、摆手舞、跳丧舞、巴山舞、

---

① 曹毅：《土家族民间文学》，中央民族大学出版社1999年版。

② 尹发艳：《土家族音乐史上的华彩乐章——下里巴人之歌〈竹枝歌〉探析》，《民族音乐》2008年第4期。

③ 熊晓辉：《土家族土司制度与土家族音乐文化》，《南京艺术学院学报》2013年第2期，第103—110页。

八宝铜铃舞等土家族传统舞蹈的源流考析、文化内涵、艺术特征、功能变迁、文化价值、传承路径等主题的探讨。而关于土家族传统戏曲及其根雕技艺方面的研究则主要体现为挖掘整理与保护传承方面,大多从非物质文化遗产视角对其进行研究。

5. 有关土家族民俗文化的研究

民俗文化是指依附于人们的生活、习惯、情感及其信仰等而产生的各种文化事象,少数民族民俗文化历来都是广大民族研究者所青睐的主题,在整个土家族文化研究领域中关于民俗文化的研究占有较大的比重。有关禁忌习俗,游俊在《土家族传统禁忌的文化寻绎》(2001)中系统阐述了土家族传统禁忌文化的源头、流变、种类、传承、文化意蕴及其社会功能等,并深入剖析了土家族禁忌文化多元的文化内涵和社会功能。[①]孙国正通过深入的考察研究认为,土家族的饮食禁忌体现了其民族双层构建的民族文化心理,[②] 具有一定的学术见解。在婚俗方面,张萌在其硕士学位论文《土家族婚嫁风俗研究》(2012)中,将土家族的婚俗归纳为包括43个不同礼仪的一整套民俗制度,认为土家族特殊婚俗的形成是土家族居住环境、民族历史及其与汉族文化互动的综合作用的结果。[③] 刘文俊采用文化变迁的视角,以改土归流为节点论述了土家族婚俗的特点,认为改土归流以前土家族的婚姻相对较为自由,而改土归流以后,由于受到汉族文化的影响与同化,土家族的婚俗失去了许多原有的民族特色,凸显出浓厚的宗法性特点。[④] 丧葬习俗是人生礼仪的最后一项,同时也是极其重要的民俗文化之一。罗鹏通过对长阳土家族跳丧习俗的田野考察,详尽地描述了土家族丧葬仪式的整个程序,为研究土家族的丧葬习俗提

---

① 游俊:《土家族传统禁忌的文化寻绎》,《广西民族学院学报》(哲学社会科学版)2001年第1期,第73—76页。

② 孙国正:《熔铸民族性:土家族饮食禁忌的人类学考察》,《广西民族学院学报》(哲学社会科学版)2001年第6期,第13—17页。

③ 张萌:《土家族婚嫁风俗研究》,硕士学位论文,南京理工大学,2012年。

④ 刘文俊:《改土归流后土家族婚俗中的宗法性因素》,《广西师范学院学报》(哲学社会科学版)2005年第4期,第1—7页。

供了殷实的资料。① 其他关于土家族丧葬习俗的研究则主要集中于对其文化成因、仪式变迁、丧歌丧舞及其对生死观等人生态度的探讨。

6. 有关土家族传统体育的研究

随着土家族文化研究的不断深入，作为土家族身体文化重要组成部分的传统体育也越来越受到学者们的青睐，相关文献更是层出不穷。学者们分别从起源、项目分类、文化特征、文化变迁、功能价值、现状解析、发展方略以及个案剖析等多个方面对土家族传统体育展开研究，取得了一定的成就。与此同时，也有一部分学者开始通过文化人类学田野调查的方法来研究土家族传统体育，例如万义《村落少数民族传统体育发展的文化生态学研究——"土家族第一村"双凤村的田野调查报告》(2011)、李海清等《鄂西土家族舍米湖村摆手舞田野调查——兼论民俗体育在村寨人社会化中的社会功能》(2012) 等,② 是不可多得的土家族传统体育文化人类学研究典范，在某种程度上来说引领着土家族传统体育研究的潮流与导向，亦是进一步研究的趋势所在。

（三）关于土家族武术文化的研究综述

土家族是一个典型的中部山地民族，长期以来一直生活在湘、鄂、渝、黔四省市邻接地段的武陵山区，这里位于中国地形第二阶梯东缘的中段，山重水复，北有巫山，南有武陵山，西有乌江，东有沅江,③ 历史上一直是历代豪强割据一方、相互争夺的战略要地。作为一个勤劳勇敢、崇武尚勇的山地民族，土家儿女在长期的征战历程以及与恶劣的自然环境斗争中创造了独具特色的武术文化。土家族不仅拥有诸如余门拳、铁木拳、白虎拳、十二埋伏拳等风格突出、特色鲜明、技术与理论体系较为完备的优秀武术拳种，同时其祭祀、舞蹈、巫傩、图腾崇拜、神话传说以及丧葬习俗等民俗文化事象中也都蕴含着丰富的武术文化因子，土

---

① 罗鹏：《一份关于土家族丧葬习俗的田野调查》，《湖北民族学院学报》（哲学社会科学版）2001 年第 2 期，第 22—27 页。

② 万义：《村落少数民族传统体育发展的文化生态学研究——"土家族第一村"双凤村的田野调查报告》，《体育科学》2011 年第 9 期，第 42—49 页；李海清、李品林：《鄂西土家族舍米湖村摆手舞田野调查——兼论民俗体育在村寨人社会化中的社会功能》，《武汉体育学院学报》2012 年第 11 期，第 63—65 页。

③ 董珞：《与猛虎有不解之缘的土家族》，湖北教育出版社 2006 年版，第 5 页。

家族武术文化是其民族文化记忆的重要内容。

20 世纪 80 年代，在国家体委的号召和组织下，全国各地掀起了轰轰烈烈的传统武术挖掘整理工作。在这样的大背景下，许多珍贵的土家族武术相继被揭开了神秘的面纱，已不再处于一种藏在深闺人未识的状态。1992 年，由秦可国、傅冠群主编，国际展望出版社出版的《中国土家族武术》一书，较为全面系统地介绍了土家族武术拳械内容，揭示了许多鲜为人知的土家族稀有武术拳械，为土家族武术文化研究奠定了基础。然而，20 多年时间过去了，有关土家族武术文化的研究却依然是差强人意。相关资料显示，目前专门以土家族武术为主题的文献较为鲜见，而且相关研究大多是将土家族武术作为土家族传统文化或土家族传统体育文化的一个组成部分加以介绍。通过中国知网进行搜索，以土家族武术为主题的文章仅有 5 篇，分别为刘尧峰《土家族民俗民风中武术文化探微》（2014）、徐泉森等《土家族武术文化价值阐述》（2009）、吴湘军《湘西巫傩文化与湘鄂渝黔桂边土家族武术》（2000）、向鸣坤《茅古斯与土家族武术》（1991）、田恒桥《对土家族宏门安定堂"梁拳"的探源及开发应用》（2007）、《明代湘西土家族土兵抗倭武术文化研究》（2014）。

从相关文献分析可以看出，探讨较多的仍是关于土家族武术的起源、特征、价值体系以及文化场域等内容。关于土家族武术的起源，与其他少数民族武术文化类似，土家族武术同样源于生存需要，源于战争的刺激，源于毛古斯等各种原始狩猎舞蹈等；就文化特色而言，土家族武术的文化特征突出地表现为鲜明的民族特色、独有的武德特征和文化信仰特色，同时土家族武术还与宗教结合紧密，带有浓厚的巫傩文化色彩；就价值体系而论，徐泉森等认为土家族武术文化的价值主要体现为反映民族精神、传承表演艺术等方面。① 就文化场域来看，刘尧峰等认为，土家族武术文化的空间场域主要体现在图腾崇拜、巫傩祭仪、丧葬习俗、

---

① 徐泉森、卢俊：《土家族武术文化价值阐析》，《搏击·武术科学》2009 年第 11 期，第 27—28 页；吴湘军、白晋湘、钟海平：《湘西巫傩文化与湘鄂渝黔桂边土家族武术》，《吉首大学学报》（社会科学版）2000 年第 2 期，第 89—91 页；向鸣坤：《茅古斯与土家族武术》，《吉首大学学报》（社会科学版）1991 年第 4 期，第 160—162 页。

神话传说以及民族舞蹈等民俗文化事象之中，土家族的民俗民风为土家族武术文化提供了独特的文化空间场域。① 另外，王家忠在其博士学位论文《荆楚武术文化研究》的荆楚地域少数民族武术一节中，也对土家族武术的概况进行了简明扼要的介绍，认为伴随着长期的渔猎、农牧、军战生活，土家族创造出了种类繁多、独具民族气质的地方特色武术。②

　　综上，有关土家族武术文化的研究主要是集中于对其起源、表现特点、价值诉求、文化场域等主题的探讨，取得了阶段性的成就，奠定了土家族武术文化研究的学术基础。但同时亦不难发现，现有研究还表现出对土家族武术文化产生的深层归因及其发展流变，土家族传统文化中的武术文化元素等的关注度不够，同时对土家族历史上的尚武精神及其成因，土家族相关武术典型拳械套路、文化内涵、文化空间，以及社会变迁背景下土家族武术文化的传承与发展等核心问题缺乏深入细致的探究。因此，极有必要对土家族武术文化进行一个多角度、全方位、深层次的文化透视。

## 五　相关概念的界定

### （一）文化

　　在探讨武术文化之前首先应当明确什么是文化？因为"文化"是"武术文化"的上位概念。由于东西方文化背景、思想意识的差异，"文化"一词在其原始意义上也存在着一定的差异。在西方语境下，"文化"一词源于拉丁语 cultura，其本义是与人类社会的农业种植与作物培育密切相关的一类行为，着重于有人类活动的痕迹，以区别于各种没有经过人为改造的原始状态的事物。后来才逐渐引申为对人的性情的陶冶、人格的塑造、道德的教养等精神领域。文化一词从拉丁文译成英文是"culture is the philosophy or cultivation of the mind"，其汉语则可译为"文化是心灵的修养"，从而呈现出栽培—培养—修养的动态过程。而在东方语境下，"文化"一词从一开始就包含了精神伦理层面的含义。"文"在甲骨

---

　　① 刘尧峰、蔡仲林、倪东业：《土家族民俗民风中武术文化探微》，《武汉体育学院学报》2014 年第 5 期，第 96—100 页。

　　② 王家忠：《荆楚武术文化研究》，博士学位论文，上海体育学院，2009 年，第 130—131 页。

文中写作纹理交错的形状，其本义是指各色交错的纹理。例如在古籍《易·系辞下》："物相杂，故曰文"①；《礼记·乐记》："五色成文而不乱"②；《说文解字》："文，错划也，象交文"③，均为此义。"化"在甲骨文中写作一正一倒的两人之形状，指人的姿态的变动。继而引申为改变、生成、造化、化生之义，如《庄子·逍遥游》："化而为鸟，其名曰鹏"④；《易·系辞下》："天地氤氲，万物化醇；男女构精，万物化生"⑤；等等，蕴含着事物形态和性质的改变。而《说文解字》将其解释为"教行也"。从而便具有了"教行迁善"之义。⑥"文化"二字联袂成词较早见于西汉刘向的《说苑·指武》："圣人之治天下也，先文德而后武力。凡武之兴，为不服也，文化不改，然后加诛。"⑦ 这里的文化，与儒家的"仁政"比较接近，就是"人文教化"的意思⑧。而在这个词中，"教化"则是其真正的含义所在，即针对人的品性的教诲。总体来看，在中国古代，"文化"一词的含义是偏向于道德伦理等精神层面的。"基本属于精神文明范畴，大概指文治教化的总和，与'天造地说的自然'的'天文'相对称，与无教化的'质朴''野蛮'或成反照。"⑨ 很显然，在"文化"的本义上，东西方社会是大相异趣的。

近代以来，"文化"引起了学者和思想家们的浓厚兴趣，很多人都试图对"文化"的定义进行界定，但由于人们政治倾向、思想观念、学科知识以及民族语言等的差异，导致了其对文化的界定也是众说纷纭，莫衷一是。据克拉克洪与克罗伯的统计，截至1953年，共有160多种文化的定义。然而，迄今为止仍然没有一个公认的，令人满意的定义。19世纪下半叶起，随着人类学、民族学、社会学等学科的兴起与发展，"文

---

① 王效平：《周易》，蓝天出版社2007年版，第397页。
② （汉）戴圣：《礼记》，王学典编译，蓝天出版社2007年版，第201页。
③ 赵武宏：《新说文解字》，大众文艺出版社2009年版，第59页。
④ 庄子：《庄子·逍遥游》，吉林文史出版社2009年版，第9页。
⑤ 王效平：《周易》，蓝天出版社2007年版，第396页。
⑥ 张岱年、方克立：《中国文化概论》，北京师范大学出版社2004年版，第1页。
⑦ （西汉）刘向：《说苑·指武》卷15。
⑧ 何晓明、曹流：《中国文化概论》，首都经济贸易大学出版社2011年版，第1页。
⑨ 韩雪：《中州武术文化研究》，博士学位论文，上海体育学院，2005年，第17页。

化"更是成为学者们关注的焦点。这一时期出现了两种极具代表性的文化概念，一种是从人文关怀的视角提出的：

> 文化就是追求我们的整体完美，追求的手段是通过了解世人在与我们最有关的一切问题上所曾有过的最好思想和言论……引导我们把真正的人类完美看成是一种和谐的完美，发展我们人类的所有方面；而且看成是一种普遍的完美，发展我们社会的所有部分。（阿诺德，1869）①

这一概念主要是强调文化对自我完善和社会和谐的追求过程，而另一种概念则是由英国人类学家泰勒提出来的，也是众多概念中较为经典的一种：

> 文化或文明，就其广泛的民族学意义来说，乃是包括知识、信仰、艺术、道德、法律、习俗和任何人作为一名社会成员而获得的能力和习惯在内的复杂整体。（泰勒，1871）②

20世纪中后期以来，随着科学的日益进步，各学科的纵深发展，不同学科领域对文化的内涵又出现了不同的界定。1982年，联合国教科文组织将文化的定义界定为："文化在今天应被视为一个社会和社会集团的精神和物质、知识和情感的所有与众不同显著特色的集合总体，除了艺术和文学，它还包括生活方式、人权、价值体系、传统以及信仰。"③ 我国学者从不同的视角对文化进行了阐释。20世纪初，中国近代文学家梁启超即认为："文化者，人类心能所开积出来之有价值的共业也。"④ 胡适先生认为："文化是一种文明所形成的生活的方式。"⑤ 张岱年先生认为：

---

① ［英］雷蒙德·威廉斯：《文化与社会》，吴松江等译，北京大学出版社1991年版，第160—161页。

② Edward Burnett Tylor, *The Origins of Culture*, New York：Harperand Row, 1958, p. 1.

③ 韩红雨：《燕赵武术文化的系谱与生产——兼论慷慨悲歌的人文精神传承》，河北人民出版社2012年版，第7页。

④ 梁启超：《饮冰室文集》，北京燕山出版社2009年版。

⑤ 胡适：《我们对西洋近代文明的态度》，《胡适文存》卷1。

"凡是超越本能的，人类有意识地作用于自然界和社会的一切活动及其结果，都属于文化；或者说'自然的人化'即是文化。"①

学术界在对"文化"定义进行界定的同时，许多人也开始致力于对文化结构的研究。先后提出了诸如物质文化与精神文化的两重结构说，物质、制度、精神三层次说以及物质、制度、行为和心态四层次说等。而其中又以四层次说最为典型。所谓"文化四层次"，是指将文化的结构由外而内划分为呈整体同心圆的四层，依次为物态文化层、制度文化层、行为文化层和心态文化层，其中心态文化层为文化的核心部分，是最内层、最深层的文化形态结构层。

（二）武术文化

"武术文化是人类编织的文化之网中关于武术的那一部分，对武术文化的研究也是对这种文化符码的深描解释。"② 中国武术自其萌芽至勃兴再到定型成熟，在各个时期都存在着不同的内容、表现形式及其称谓，其文化的负载量也在不断地丰富。究竟什么是武术文化，学者们从不同的视角对武术文化进行了不同的界定。旷文楠先生认为："武术文化是一种'技''艺''术'的文化，并且围绕'武'的本质属性和内涵价值而存在和延伸的。"③ 谢建平将其定义表述为："以武术为核心的一切文化现象。"④ 韩雪认为："武术文化应该是通过武术体现出来的一种思维和行为方式，是一种文化的'整合体'。"⑤ 由此可见，武术文化乃是以武术为基点而衍生出来的各种文化现象。

毋庸置疑，武术这一华夏民族所独创的身体文化，作为一种文化形态，其内涵与外延当属于广义文化的范畴。1997 年由全国体育院校教材委员会审定，人民体育出版社出版的《武术理论基础》一书中，依据"文化三层次"理论，将武术文化形态由外至内划分为"物器技术层""制度习俗层"与"心理价值层"三个层次。其中"物器技术层"是物

① 张岱年、方克立：《中国文化概论》，北京师范大学出版社 2004 年版，第 3 页。
② 田海军：《漠南武术文化研究》，博士学位论文，上海体育学院，2013 年，第 28 页。
③ 旷文楠：《中国武术文化概论》，四川教育出版社 1990 年版，第 2 页。
④ 谢建平：《近十年来武术文化研究的综述》，《体育文史》2000 年第 5 期，第 34 页。
⑤ 韩雪：《中州武术文化研究》，人民体育出版社 2006 年版，第 12 页。

质文化层面，是武术文化形态的表层结构，包括武术技术、器械、练功器具、场馆和服装等外显的文化，体现的是一种人与物的关系；"制度习俗层"是相对隐形的中间层，包括各种武术组织方式、教授方式、武德礼仪等，体现出的是一种人与人的关系；而"心理价值层"则是最内层或最深层的武术文化形态结构层，主要包括武术文化形态所反映体现的民族性格、民族心理、民族情感等内容。① 由此可见，武术文化内容多姿多彩、内涵丰富，既有抽象的文化又有具体的文化，既有显性的文化又有隐性的文化、既有表层的文化又有深层的文化，反映了武术文化的博大精深。据此笔者认为武术文化可界定为人类所创造的与武术有关的一切精神和物质产品的总和，以及这种创造活动过程本身。即武术文化泛指与武术这一文化事象相关联的一切文化现象的总和。

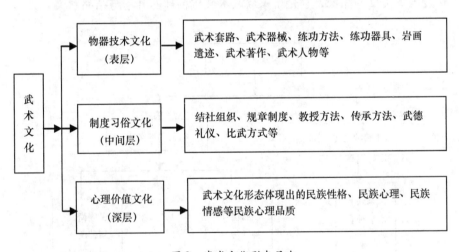

图2　武术文化形态层次

（三）土家族武术文化

土家族武术文化作为我国武术文化的一个有机组成部分，其内涵与外延不能脱离武术文化的范畴。依据武术文化的界定，土家族武术文化当是广大土家族人民在其民族的发展历程中，在适应与改造自然的生产

①　全国体育院校教材委员会：《武术理论基础》，人民体育出版社1997年版，第27—28页。

实践中所创造的一切与武术相关的物质与精神产品的总和，以及这种创造活动过程本身。土家族武术文化同时又属于土家族传统文化体系的有机组成部分，与土家族其他文化诸如宗教、军事、民俗、艺术等一道共同构成土家族文化体系。就内容体系来看，土家族武术文化主要包括两大部分，其一是本体武术文化，主要包括土家族所创造的各种武术拳种套路、稀有拳械、练功方法、搏斗技巧等技术体系与文化内涵。其二是相关武术文化，土家族的相关武术文化又包括两个层面的内容，第一种是土家族传统文化体系中所蕴含的相关武术文化，包括图腾信仰、神话传说、宗教巫傩、丧葬习俗、传统舞蹈、节日庆典等民俗文化中的武术文化因子；第二种是土家族在长期的征战历程及其与恶劣自然环境斗争中所形成的尚武精神，包括其民族崇武尚勇、坚忍顽强、自强不息、忠贞爱国等优良的品德，它是土家族武术文化精神的升华与结晶。

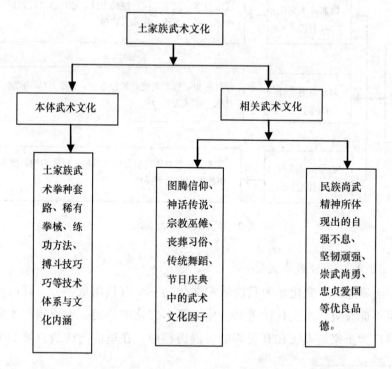

图3 土家族武术文化内容分类

# 第 一 章

# 民族寻根

## ——土家族族源及其早期发展

### 第一节　土家族的族源

#### 一　有关土家族族源的学术争鸣

土家族是一个拥有自己民族的语言而没有民族文字的少数民族，长期以来一直生活在湘鄂渝黔接壤的武陵山区，据 2010 年全国第六次人口普查统计显示，土家族共有人口 835.39 万，在全国少数民族人口中排第 7 位。土家族人称自己为"毕兹卡"，称与其相邻的苗族为"白卡"，称外来的汉人为"帕卡"。在土家语中，"毕兹"为"本地"的意思，"卡"指"人"或"族"，"毕兹卡"则为"本地人"的意思，以显示他们与其他族人的区别。新中国成立以后，在党的民族政策指引下，通过缜密的民族识别工作，土家族作为单一的少数民族得以被识别和确认。但是关于这一古老民族的族源问题，长期以来学术界一直存在着一些不同的观点，围绕土家族族源的学术争鸣也一直持续不断，广大史学工作者在大量研究考证的基础上提出了以下几种较有代表性的学说。

（一）巴人说

巴人说是有关土家族族源最具代表性的学说之一，这一学说认为土家族与古代巴人有着某种直接的渊源关系，土家族的主体是由先秦巴人发展而来的，即巴人是土家的主源，土家是巴人的干流。巴人说最早是由我国著名社会学家、民族学家，中央民族大学已故教授潘光旦先生提出来的。潘光旦曾与王静如、汪明瑀两位教授一道致力于土家族的民族识别工作。1955 年，潘光旦先生在历史考据结合田野调查的基础上写成了《湘西北的"土家"与古代巴人》一书。该书旁征博引，论证缜密，通过对巴人与土家之间在语言、信仰和姓氏等方面的比较论证，清晰地勾画出了从巴人到土家的历史发展脉络，廓清了土家族的历史渊源。根据该学说，古代巴人发祥于今湖北省长阳土家族自治县境内清江流域的武落钟离山，故而土家族的发祥地亦为长阳清江流域。巴人说后来成为土家族族源诸学说中的主流观点。

（二）土著说

土著说认为土家族是由长期生活在湘鄂渝黔边的土著居民和后来进入该地域的部分巴人及其汉人融合而成的一个民族，土著是构成土家族的主体。首先，土家人自称"毕兹卡"，即为本地人的意思，是土生土长的，以区别于外来的客家人或毗邻的苗家人。其次，土家族地区的许多地名也反映出这一情况，例如在土家语的地名中，"墨岔"是开天的意思，而"里耶"则有辟地之意，联合起来意即这些地方均是土著居民最早开辟的。[①] 另外，被誉为"土家史诗"的旷世奇歌——《梯玛神歌》唱词中提到的土家族迁徙过程中所经过的地名，如"十必"路、"十牌"峒（洞）等，大多是土家族所生活的地域，学者们据此提出了土著说这一观点。

（三）乌蛮说

该学说将土家族的形成时期定格在了唐代中叶，认为土家族的主体是由外来民族迁徙而来的，即由唐代云南、贵州一带的"乌蛮"[②] 东迁而来。其根据包括《复溪州铜柱记》《唐书》《新唐书》等史料的有关记载。[③] 例如《复溪州铜柱记》铭文："盖闻牂牁接境，盘瓠遗风，因六子

---

① 《土家族简史》编写组：《土家族简史》，民族出版社 2009 年版，第 12 页。

② 乌蛮源于汉族史书对西南土著居民的称呼，是西南地区的统治者，指的是今东川及巧家县等地的土著居民，其主体是彝族和由彝族分支出来的乾罗罗族、鲁机族、孟族、披沙族、披族、招服族等族群。

③ 郑艺：《恩施土家族民歌研究》，硕士学位论文，华中师范大学，2006 年，第 2 页。

以分居，入五溪而聚族。"① 认为土家族的祖先来自贵州。贵州境内一直有"毕跻"族，"毕跻"系白罗罗之名，当为毕兹，与土家族的自称较为吻合。中唐以后，越巂（xī）一带的"乌蛮"曾多次入侵贵州，"兵数出，侵地数千里"②。当地的土著一部分被其征服而成为"白罗罗"，另一部分则长期与其斗争，最后被迫迁入湘西境内。③ 乌蛮为彝族的先民，而土家语属汉藏语系藏缅语族，与彝语比较接近；此外，土家族在禁忌信仰、丧葬祭仪、歌舞等民族风俗方面都与云南彝族的一支具有相同或相似之处。因此，有学者据此推断土家族是由东迁的一支乌蛮融合武陵山区的土著居民及其先秦巴人后裔而形成的。

（四）多元说

该学说认为土家族是一个多元一体的民族，是由多个民族经长期融合演变发展而成的，其中先秦巴人部落、本地域的土著居民、迁徙而来的少量汉人和其他少数民族诸如疍人、羌人、乌蛮等都在土家族的形成过程中起到了相应的作用。由于此学说既承认了先秦巴人在土家族族源中所占有的主体地位，同时也充分肯定了土著居民、汉人及其他少数民族的作用，故而多元说正在得到越来越多学者的赞同。除了上述各学说外，关于土家族的族源还有濮人说、江西说、蛮诞说以及羌人说等观点，不一而足。

## 二 土家族族源的确立

以大量的历史考据、文物考古和社会调查材料为论据，一般认为土家族的主体是源于战国末期楚、秦灭巴以后，定居于今湘鄂渝黔四省市接壤地区的巴人经过长期的发展演变而逐步形成的。其根据有四，其一，巴人崇虎，而新中国成立前后在土家族聚居地域集中出土了大量以虎饰为主要特征的巴人文化遗物，例如虎钮錞于，饰有虎纹的铜戈、铜剑、

---

① 中国政府网：《土家族》（http：//www.gov.cn/test/2006 - 04/14/ content_ 254042. htm）。

② 陈征平：《南诏社会性质新探》，《云南民族大学学报》（哲学社会科学版）2003 年第 3 期，第 55 页。

③ 《土家族简史》编写组：《土家族简史》，民族出版社 2009 年版，第 12 页。

铜钺等物品，足以成为湘鄂渝黔边区正是古代巴人定居和活动区域的历史见证。其二，土家族的某些文化和风俗，例如"敬白虎"与"赶白虎"① 的民间习俗，都与定居于此的巴人崇虎的原始信仰不无关系，其他诸如跳丧、摆手舞、竹枝词、敬鬼神等都与先秦巴人有着某种承袭的关系，是巴人遗风的体现。其三，一般而言，"地名文化是最富特征、最具惰性的文化"②。在巴人及土家族聚居地区现今还保留着大量以"巴"命名的地名，例如恩施地区的巴勇、巴息、巴西坝，长阳地区的巴山河、巴王沱、巴业山等古地名的存在，都是巴人生息之地的有力证明。其四，就姓氏而言，在历史上的湘鄂渝黔边区，田、向、覃、冉、彭等姓氏一直是该地区的强宗大姓，而这五姓人亦是现今土家族中人口最多的姓氏，这绝不仅仅是偶然的巧合可以解释的。当然，在土家族的形成过程中不可避免地包括了迁徙而来的少量汉人及其他少数民族的成分，是一个多元融合发展的结果。

新中国成立以后，通过民族识别工作，土家族作为单一的少数民族被确立，其聚居区域主要分布于湘鄂渝黔毗邻的武陵山区，这也与清代雍正年间改土归流时土司管辖的地域基本吻合，即湖广（明清时期指湖南、湖北）五大土司（保靖司、永顺司、容美司、施南司、散毛司）和四川酉阳司、石柱司的治地。考虑到土家族多与苗族错居杂处的现状，故此在进行行政区域划分时通常是联合实行区域自治，目前土家族的自治区域包括：湖南湘西土家族苗族自治州；湖北恩施土家族苗族自治州，长阳、五峰土家族自治县；贵州印江土家族苗族自治县，沿河土家族自治县；重庆秀山、酉阳、黔江、彭水土家族苗族自治县，石柱土家族自治县。

---

① 土家族的先人认为土家族地区有两种白虎神的存在，一种是"坐堂白虎"，它是好神，家家都会敬它以求其保佑平安；另一种是"过堂白虎"，它是恶神，必须要将其赶走，否则会带来祸患。

② 黄柏权：《土家族白虎文化》，中国文联出版社 2001 年版，第 13 页。

# 第二节　土家族的早期发展

笼统而言，土家族的历史发展进程主要经历了虎—巴—蛮—土几个时期的变迁，每个时期之间并没有精准的时间界限。其中"虎"时代是土家族的英雄传说时期；大抵在黄帝到大禹时期，是指土家先民以自己的图腾"虎"而名族（虎部）的时期，此期的虎部作为一个氏族部落与黄帝有熊氏曾经结成了稳固的军事联盟，并参加了著名的阪泉之战和涿鹿之战，相关记叙见于《山海经》；"巴"时代，自夏朝至春秋战国时期，此期巴人势力逐渐强大，并建立起了重庆巴子国的国家政权；"蛮"时代，自秦汉至隋唐时期，巴国为秦所灭，巴人后裔定居于湘鄂渝黔边区，被称为南蛮，主要指廪君蛮；"土"时代，自宋元到明清时期，中央王朝在土家族地区实行土司制度，此时的土家族人民被称为"土人""土丁"，此期土家族作为一个民族实体逐渐得以形成。为便于理解，笔者现将土家族的早期发展概况按以下三个历史阶段分别进行阐述。

## 一　早期巴人时代

土家族的先民巴人早在 4000 年以前就在长江三峡地区生息繁衍，这是一个以渔猎为生，强悍勇敢而又能歌善舞的少数民族部落。学术界普遍认为，"作为族名兼国名的'巴'，大致与'羌'同时出现，都始见于武丁时期"[①]。据甲骨文记载，商代武丁（商朝第二十二代王）有一位能征善战名叫"妇好"的夫人，曾经多次率兵征讨"巴方"，而"方"为殷人对边远民族或国家的称呼。据此可以推断，"巴"当是生活在距离殷商较远的一个少数民族部落，而巴民族在商代以前就已经活跃于我国的历史舞台上。

公元前 11 世纪，巴人曾参与周武王讨伐商纣王的战争。据《华阳国志·巴志》载："周武王伐纣，实得巴、蜀之师，著乎《尚书》"[②]，可见

---

① 董珞：《与猛虎有不解之缘的土家族》，湖北教育出版社 2006 年版，第 11 页。
② （晋）常璩：《华阳国志·巴志》，严茜子点校，齐鲁书社 2010 年版，第 2 页。

巴人在武王伐纣战争中立下了汗马功劳。"武王既克殷，以其宗姬于巴，爵之以子。古者，远国虽大，爵不过子，故吴楚及巴皆曰子。"① 武王克殷后，开始大量分封诸侯，以为藩屏。鉴于巴人在灭纣战争中的重大贡献，于是将其姬姓亲族封于巴地，建立巴子国。在巴子国这个方国政权中，其公室为姬姓，而其臣民则主要是巴人，其治理疆域主要为今渝东、鄂西一带，据《华阳国志·巴志》所载，其辖地东至鱼复（今重庆奉节），西至棘道（今四川宜宾），北接汉中（今陕西汉水流域），南及黔涪（今重庆、湖北、湖南、贵州四省市接壤一带）。② 自此，早期巴人正式建立起了属于自己的国家政权。

春秋战国时期，诸侯争霸称雄，社会动荡不已，此期巴人势力消长变化较大。为了各自的利益，巴、楚、蜀三国长期处于战乱之中，巴人与其西边的蜀国和东边的楚国时战时和，干戈不断。就整个战国前期而言，巴人实力不俗，在军事上基本能与邻近诸国平分秋色。然而到了战国后期，由于巴楚之间长期频繁的战争，导致巴国势力极大削弱，公元前477年，巴人侵入楚国的西北边疆，楚惠王率军大败巴军，巴子国损伤惨重而国力大衰，被迫退出汉水流域，至公元前361年，巴国的大部分土地都被楚国吞并，其辖地便只剩下其境内的"三巴"（东巴、西巴、南巴）地区了。公元前316年，巴国与蜀国发生战争，元气大伤的巴国相对蜀国在整体实力上明显处于劣势，于是巴请援于秦，而秦惠王早就垂涎巴蜀之地，于是他派张仪、司马错率军攻蜀，秦在轻取蜀国之后继而挥戈灭巴，巴子国随之灭亡。为了加强对巴人的统治，秦在巴人居住地设置巴郡、南郡和黔中郡三个郡。秦灭巴之后，一部分巴人被迫迁徙，而巴人的主体则融入当地的土著居民之中，世代定居于湘、鄂、渝、黔毗连的武陵山区，繁衍生息。

## 二 封建社会前期

自秦至隋，为了加强对巴人的统治，各封建王朝均在巴人居住地域

---

① （晋）常璩：《华阳国志·巴志》，严茜子点校，齐鲁书社2010年版，第2页。
② 同上。

实行郡县制，委派官吏进行管理。例如秦统一六国之后，即在原巴人居住的地区设巴郡、南郡和黔中郡三郡，并将巴、楚和巫郡一部分土地并入南郡和黔中郡，分而治之。① 汉代延续秦代郡县制，将黔中郡改为武陵郡。在武陵郡境内设迁陵县（今秀山、保靖等地）、酉阳县（今龙山、永顺、酉阳、潜江等地）、零阳县（今永顺、龙山、慈利等地）、充县（今桑植、大庸、宣恩、来凤等地）、沅陵县（今永顺、泸溪等地）、很山县（今长阳、五峰等地）；在南郡设巫县（今恩施、建始、巴东等地）。② 史书上把生活于此区域的少数民族通称为"巴蛮""南郡蛮"和"武陵蛮"。三国至隋，由于各封建王朝长期分裂动荡不安的特殊时局，导致其对巴人居住地的控制时强时弱，时断时续。而此期土家族内部也是极不稳定，各部之间没有稳固的联系，往往各自为政，互不隶属，其势力亦是消长变化较大。他们聚居或者散居于各个溪峒或山寨，从事生产或是在其首领（精夫）带领下外出征战活动。在社会经济方面，土家族地区生产力较为落后。总体来看，自秦至隋，湘鄂渝黔边的武陵山区还处于人烟稀少、经济落后的状况，《史记·货殖列传》载："其俗剽轻，易发怒，地薄，寡于积聚。"③ 巴人后裔过着半农半猎的生活，除了火耕水耨的粗放型农耕外，还靠渔猎山伐来补充粮食的不足，这种原始落后的生产方式除糊口果腹外几乎没有剩余。

唐代是中国古代历史上难得的盛世时期，中央王朝在湘鄂渝黔边区推行羁縻（jī mí）政策④，建立羁縻府州县制度，利用土家族的首领来治理其地，封他们为羁縻州刺史并世代承袭，但同时这些首领也必须承担着向唐王朝纳贡、提供兵源和力役的义务，这其实是一种以抚绥为主的民族政策。羁縻政策的方针，在《新唐书·地理志》中有较为详尽的记

---

① （西汉）司马迁：《史记·秦始皇本纪》，中华书局1959年版。

② （东汉）班固：《汉书·地理志》，中华书局1962年版。

③ （西汉）司马迁：《史记·货殖列传》，中州古籍出版社2006年版，第908—913页。

④ 羁縻政策是自秦朝建立郡县制起，直到宋、元交替时期之前，各封建中央王朝为了笼络西南少数民族使之不起叛逆之心而实行的一种地方统治政策。具体而言，"羁"是指用军事和政治的压力加以控制，"縻"则是以经济或物质利益等给以抚慰，其实质就是试图采取一种恩威并重的手段来实现对西南少数民族的控制。与此同时在少数民族地区设立特殊的行政单位，任用少数民族地方首领、酋长为地方官吏处理相关事宜，但在政治上则隶属于中央王朝。

叙："即其部落，列置州、县，其大者为都督府，以其酋领为都督、刺史，皆得世袭。虽贡赋版籍多不上户部，然声教所暨，皆边州都督、都护所领，著于令式。"在此背景下，土家族聚居的湘、鄂、渝、黔交接地段，大都设置了羁縻府、州、县，据统计，唐王朝总计在土家族地区设置了12个州，分别为归州、峡州、忠州、夔州、澧州、郎州、施州、黔州、溪州、思州、辰州和锦州。客观地讲，羁縻府州县制度不仅使得土家族地区较唐以前更趋稳定，同时也促进了土家族与汉族在经济、文化上的交流及其土家族的发展，而"羁縻府州县制度对土家族的最大影响是促使了土家族作为一个民族族体的诞生"①。

五代十国时期是一个极度动荡的时期，政权更迭、战火连绵，而地处湘鄂渝黔地区的巴人酋豪则乘机竞相增殖实力，以观时变。在此期间，发生了历史上著名的溪州之战，后晋天福四年（939），实力日增的土家族溪州刺史彭士愁为扩张势力亲率溪、锦、奖等州蛮军1万余人与楚王马希范抗衡，经过一年的割据战争，蛮军最终败北，彭士愁被迫携溪、锦、奖三州印向马楚政权请降，后双方缔结盟约，并铸铜柱于溪州会溪。盟约规定：溪州虽受楚羁縻，但不向王朝缴纳赋税，不提供兵源；与楚不互相掠夺土地和人口，不阻挠交通，不强买强卖货物等。盟约的缔结，结束了双方之间长期的混战局面，在客观上有利于促进生产的发展及其社会秩序的稳定。溪州之役，彭士愁虽然在军事上失利，使得其扩大疆土的企图受挫，最终被迫臣服于楚，但是其在政治上和经济上却获得了较大的收益，盟约条款的内容明显地有利于彭士愁，其溪州刺史的身份得到了马楚政权的确认，继续管辖溪、锦、奖诸州，从而奠定了彭氏在湘西800年的统治基业。

潘光旦先生认为，自隋唐以后，巴人的称呼就逐渐消失，以后居住在这块土地上的人，一般以"土"称之，直至发展成为今天的土家族。宋代，朝廷对巴夷蛮族仍然实行相对宽松的羁縻政策，依靠土家族首领治理其地，"树其酋长，使自镇抚，始终蛮夷适之"②。但羁縻刺史的任

---

① 石亚洲：《土家族军事史研究》，民族出版社2003年版，第54页。
② 读书人：《宋史》（http://www.reader8.cn/data/20131122/1195495.html）。

命、升降、调换等则必须经过宋王朝的许可，刺史的官职可以世袭。在羁縻州刺史内部，刺史权力极大，他们不仅拥有任命下属官吏——土官，统治土民的政治权力，同时还可组建自己的武装——土兵，一种寓兵于农的武装组织。由于时局的动荡，宋王朝亦经常利用土兵消除异己或是解决民族内部争端。例如宋仁宗时期，便在辰、澧、归、峡等州土家族杂居地区设立土丁刀箭手或弓弩手，其成员主要从当地土家族或其他少数民族中选拔，并给予一定的优待政策，就地参加军事训练，守卫边寨。"宋代土兵弓弩手的设置，为以后明代设的守御千户、百户所起了先导作用。"①

　　就社会经济发展层面来看，唐宋时期，由于封建王朝在土家族地区施行羁縻政策，土家族首领与封建王朝之间的联系日益紧密，从而使得土家族地区出现了相对稳定的局面，这在一定程度上也促进了土家族地区社会经济的发展。但其经济的发展又呈现出一种不平衡的状态，与汉区接壤的边缘地带由于受汉文化的影响发展相对较快，而边远山区则发展缓慢。此期土家族地区仍以农业兼事渔猎和经营林副业为生，其中农业仍停留于粗放的刀耕火种阶段，辰州土著"地界山溪，刀耕火种"，"皆焚山而耕，所种粟豆而已"。唐代诗人刘禹锡的竹枝词句"长刀短笠去砍畲"便是其农业生产情景的生动写照。生活在夔峡等沿江溪流地区的土民，大多饲养鸬鹚捕鱼以维持生计。林副业以采茶、取蜡、织锦、贲布、采药和割漆等为主，其中不少产品还被列入贡品入贡朝廷。

### 三　封建社会后期

　　由于土家族地处偏僻的湘鄂渝黔边区，而中央王朝对其统治往往又处于一种"鞭长莫及"的无力状态。元朝初年，湘鄂西的土酋势力活动频繁，几次叛乱均给元朝制造了较大的麻烦。于是元朝统治者采取恩威并重的手段，在进行武力征服的同时，对那些愿意归顺的土家族首领，则采取招抚政策，委以土司官职来治理其地。元代先后在湘西地区设立了永顺安抚司（今永顺县）、保靖土州（今保靖县）、南渭土州（今永顺

---

① 《土家族简史》编写组：《土家族简史》，民族出版社 2009 年版，第 48 页。

县西南列夕、柏杨一带）、安定土州（今张家界市境）、柿溪土州（今桑植县）、白崖洞长官司（今龙山县西北）等土司；在鄂西南地区设立惹巴安抚司（今宣恩县）、师壁安抚司（今来凤、宣恩县之间）、散毛土府（今来凤县）、怀德土府（今鹤峰县）、盘顺土府（今鹤峰县）等土司；在渝东南地区，设立石柱安抚司（今石柱县）、酉阳土州（今酉阳县）、邑梅长官司（今秀山县）、石耶长官司（今秀山县）等土司；在黔东北地区设立思州安抚司，后改思州宣慰司（今黔东北地区）等。① 从元代开始，历代封建王朝在土家族地区建立土司制度已成为定制。

土司制度②乃是封建王朝采用"以夷治夷""分而治之"的办法来统治少数民族地区的一种政治制度。朝廷一般根据"劳绩之多寡，分尊卑之等差"③，分别授以宣慰使、宣抚使、安抚使、长官使等官职，且土官的官职可以世代承袭。按照明代官制，土官的宣慰使为从三品，宣抚使为从四品，安抚使和土知州为从五品等级，其级别分别高于相应官阶的流官级别。④ 据相关文献统计显示，明永乐年间在土家族地区共设立土司59家（详见表1-1）。土司制度其实质是一种军政合一、兵农合一的组织，一方面各级土官既是所辖区域的最高行政长官，同时也是最高军事首领；另一方面，由于实行全民皆兵，广大土民既是冲锋陷阵的士卒，亦是以习耕凿的农民，闲时习武，忙时耕耘，用则为兵，散则为农。

封建统治阶级将土家族土兵作为维护其统治的工具，土司制度下的土兵主要担负着保境、轮戍和征讨三方面的重任，元明时期土家族土兵的主要活动有"修职贡""供征调""辑诸蛮""守疆土"⑤，这也是封建王朝对南方各少数民族土司的要求。例如明廷就曾频繁征调湖广土兵以镇压农民起义和少数民族的反叛，甚至是抵御外族的入侵。而土司则以此来作为其加官晋爵的机会，"每遇征伐，辄愿荷戈前驱，国家赖以拔

---

① 《土家族简史》编写组：《土家族简史》，民族出版社2009年版，第66—67页。
② "土司制度"是封建王朝统治阶级用来解决西南少数民族地区的民族政策，其义在于羁縻勿绝，仍效仿唐代的"羁縻制度"。政治上巩固其统治，经济上让原来的生产方式维持下去，满足于征收纳贡。因此，它是从政治和经济两方面压迫少数民族的制度。
③ 《土家族简史》编写组：《土家族简史》，民族出版社2009年版，第69页。
④ 同上。
⑤ 田敏：《土家族土司兴亡史》，民族出版社2000年版，第114—128页。

伐，故永、保兵号为虓雄"①。土司对内实行愚民政策，禁止土民识字读书，"犯者罪至族"②，对广大农奴和土民进行残酷的剥削压榨、苛虐暴政。对外则恃强凌弱、兼并鲸吞，各土司之间世代仇杀，干戈不息，从而导致了土家族地区社会的动荡不安。

表1-1　　　明永乐年间土家族地区土司设置情况（共59家土司）

| 湘西 | 鄂西 | 川东南 | 黔东北 | 品级 | |
|---|---|---|---|---|---|
| 宣慰司 | 2 | | | | 从三品 |
| 宣抚司 | | 4 | 2 | | 从四品 |
| 安抚司 | 1 | 9 | | | 从五品 |
| 土　州 | 3 | | | | 从五品 |
| 长官司 | 12 | 13 | 4 | 4 | 正六品 |
| 蛮夷长官司 | | 5 | | | 正六品 |

资料来源：参见田敏《土家族土司兴亡史》2000年版整理而成。

图1-1　容美土司与唐崖土司城遗址③

①　《土家族简史》编写组：《土家族简史》，民族出版社2009年版，第75页。
②　（明）沈德符：《万历野获编》，中华书局1959年版。
③　容美土司遗址位于今湖北省恩施土家族苗族自治州鹤峰县容美镇屏山风景区；唐崖土司城位于恩施土家族苗族自治州咸丰县尖山乡唐崖河畔。

图 1-2　唐崖土司城遗址桓侯庙及其庙中石人与石马

图 1-3　唐崖土司城遗址屏障石牌坊①

---

①　唐崖土司城始建于元至六年（1346），扩建于明天启初年（1621）。建筑气势宏伟，包括 3 街 18 巷 36 院，共占地 1500 余亩。内有土司帅府、官言堂、书院、存钱库、左右营房、花园、万兽园和跑马场等。在土司城的内外还建有大寺堂、桓侯庙、玄武庙等寺院。唐崖土司废于清雍正十三年（1735）的改土归流。上图为土司城遗址保存最为完整的屏障石牌坊和桓侯庙中的石人与石马，其中石牌坊修建于明天启三年（1623），为皇帝赐修。牌坊的正面刻有"荆南雄镇"四个醒目大字和"钦差总督四川兼湖广荆岳郧襄陕汉中等府军务策授总粮饷巡抚四川等处四方兵部左侍郎兼都察院乃金郡御使朱燮元为"等小字，背面刻有"楚蜀屏翰"四个苍劲有力的大字和"湖广唐崖司征西蜀升都司金事兼宣抚司宣抚使覃鼎立天启四年正月吉旦"等小字。在两面汇以"土王出巡""渔南耕读""麒麟奔天""哪吒闹海""云吞雨雾"和"槐荫送子"等浮雕图案。而在牌楼正面唐崖河畔的桓侯庙中，现遗存有石人、石马各两尊，其中石人仪态端庄肃穆，佩剑抱伞，威风凛凛。2014 年 3 月初，国家文物局确认湖北恩施土家族苗族自治州咸丰县唐崖土司城遗址、湖南湘西土家族苗族自治州永顺县老司城和贵州遵义海龙屯土司遗址，正式联合申报世界文化遗产。

图 1-4　土民全民皆兵

　　土司制度是封建统治阶级对西南少数民族采取的"以夷治夷"的政策，然而在土司政治统治下的土家族地区，广大农奴和土民却过着暗无天日的生活，他们与土司之间存在着一种人身依附关系，土民不得迁徙，劳役繁重，剥削残酷。土司所到之处，百姓必须下跪迎接。"土司出，其仪卫颇盛，土民见之，皆夹道伏。即有谴责诛杀，惴惴听命，莫敢违者。"[1] 同时各大土司间为掠夺土地人口而相互兼并、互相仇杀。土司制度严重地束缚了社会生产力的发展，成为社会经济发展的桎梏。有鉴于此，对土司制度的改革就势在必行，清雍正五年（1735），清廷采取剿抚兼施、恩威并用的手段，对土家族地区进行改土归流的改革，解散土司，由政府直接委派流官替代世袭的土官，在土家族地区设置与全国一致的府、县地方政权机构，从而使得在土家族地区施行了近500年的土司制度终于寿终正寝。这种政治上的改革在当时的社会背景下有其先进性的一面，它打破了元代以来"蛮不出境，汉不入峒"的禁令，有利于国家的统一和社会的稳定，有利于土、汉民族之间的交往，在客观上推动了土家族地区社会经济文化的发展。

　　就社会经济形态而言，元至清初的土司统治时期，土家族地区主要

---

①　田敏：《土家族土司兴亡史》，民族出版社2000年版，第112页。

处于封建农奴制的经济形态，社会生产力水平总体较为低下。土民在较为平坦的地区开始使用牛耕，并以筒车提水灌溉水稻。但在边远山区，刀耕火种仍是其主要的生产方式。"春耕时，砍去荆棘杂草，用火焚烧以做肥料，种植几年地力贫瘠时，又到别处开垦，叫作烧畲。"① 其农副生产包括割漆、种茶、采药、养蚕、养蜂等，此期，土家族地区的手工业发展亦较快，其手工业以家庭纺织为主，原料多为棉、麻、丝等，并能够以棉麻、棉丝混合纺织，其工艺水平不输汉人。清《龙山县志》云，"土妇颇善纺织布，用麻工与汉人等。土锦或经纬皆丝，或丝经棉纬。用一手织纬，一手挑花，逐成五色，其挑花用细牛角"，可见其纺织工艺已颇具水准。

## 第三节　本章小结

本章主要探究了土家族的族源及其早期发展概况，关于土家族的族源，首先介绍了学术上普遍存在的几种较具影响力的学说，即巴人说、土著说、乌蛮说与多元说，然后通过分析论证，认为土家族作为一个生活于祖国内陆腹地的少数民族，其主体是由战国末期秦灭巴后定居于湘鄂渝黔边区的先秦巴人融合当地土著居民及其他少数民族，经过长期的演变而逐渐形成的，巴人是土家族的主源，土家族是巴人的干流。

从其民族的早期发展脉络来看，先秦时期，土家族作为周代分封的方国——巴子国，拥有相对广阔的政治空间，在政治与军事上能够与邻近的楚、蜀分庭抗礼，平分秋色。战国末期，由于长期的征战，巴国实力被逐渐削弱，公元前316年，巴国终为秦国所灭，一部分巴人被迫迁移，而巴人的主体则融入当地的土著居民之中，世代定居于湘、鄂、渝、黔毗连的武陵山区，繁衍生息。

封建社会早期，统治阶级开始在土家族地区设置郡县制，由封建王朝直接派遣官吏控制土家族地区。唐宋时期，为了笼络西南少数民族使之不起叛逆之心，封建统治阶级在土家族地区设羁縻府州县制度，以巴

---

① 《土家族简史》编写组：《土家族简史》，民族出版社2009年版，第83页。

人首领治理其地，封他们为羁縻州刺史并世代承袭，但同时这些首领也必须承担着向统治阶级纳贡、提供兵源和力役的义务，羁縻政策的实质是一种以抚绥为主的民族政策。为了更好地控制土家族地区，元明清时期中央王朝在土家族地区正式施行"以夷制夷""分而治之"的土司制度，委以土官治理其地，土司制度的建立大大加强了统治阶级对土家族地区的控制，但同时也在一定程度上阻碍了其经济社会的发展。清雍正五年（1735），清廷采取剿抚兼施、恩威并用的手段，对土家族地区进行改土归流的改革，解散土司，由政府直接委派流官替代世袭的土官，在土家族地区设置与全国一致的府、县地方政权机构。改土归流政策的实施，打破了元代以来"蛮不出境，汉不入峒"的禁令，促进了土汉各民族之间的交往与联系，有利于国家的统一和社会秩序的稳定，在客观上也促进了土家族地区经济社会的发展。

# 第 二 章

# 文化寻踪

## ——土家族武术文化之历史寻绎

## 第一节　土家族武术的发生

马克思主义认为，生产活动是人类最基本的实践活动，是其他一切社会活动的根基与源泉，人类的其他活动其最初都是从生产活动发展演变而来的。从这个意义上来讲，武术的萌芽与产生从一开始便与人类的生产活动结下了不解之缘，而土家族武术的发生也同样与土家先民的生产实践有着千丝万缕的联系。

自然地理环境是人类赖以生存的物质基础，同时也是文化创造的自然前提，在长期的山地社会生活实践中，古老的土家族人民积淀了极其丰富而深厚的山寨体育文化，而土家族武术则成为这种山寨体育文化最具代表性的表现形式。远古时期，土家山寨山大人稀，庞大凶猛的野兽时刻威胁着人们的生命安全，在这种严酷的生存环境下，人们不得不聚群而居，靠着顽强的斗志和集体的力量与智慧，才能免于猛兽之灾，得以生存与繁衍。由于生产力的落后，土家山寨居民靠渔猎山伐为生，而狩猎过程中的各种格斗、捕杀技能正是土家族武术的活水源头。[①] 土家先民为了生产与自卫，在各种采集、狩猎及其抵抗毒虫猛兽的原始生产实

---

① 王家忠：《荆楚武术文化研究》，博士学位论文，上海体育学院，2008 年，第 125 页。

践中，逐渐形成并积累了各种原始的徒手与使用简单工具进行搏斗与刺杀的技能，随着在日常生活中的不断研习与实践，各种攻防格斗技能与制胜秘诀等被不断地创造、积累并传习下来，诸如各种拳打、脚踢、跳跃、躲闪、摔跌等技能，催生了其原始武术拳术的萌芽。

与此同时，严酷的生存环境又迫使他们不断改善自身的体力与智力，为了更好地狩猎和防身自卫，土家先民充分发挥他们的聪明才智，不断改进狩猎武器与生产工具，从而极大地提高了生产效率。例如其狩猎武器便由最原始的打制石器逐渐过渡到磨制石器与木棒标枪，甚至还出现了"旋木为弧，剡木为矢"这种较为先进复杂的弓箭武器，在推进文明进程的同时也促进了其武术器械的发展，正如恩格斯所说："弓箭对于蒙昧时代，正如铁剑对于野蛮时代和火器对于文明时代一样，乃是决定性武器。"① 随着狩猎武器与生产工具的发展，人们也开始积累了劈、刺、砍、扎、掷、削等各种简单武器的格斗技巧，从而催生了土家先民器械武术使用方法的萌芽。

当然，从文化发生学的角度来看，土家族武术的萌生当是多方面因素协同作用的结果，除了原始狩猎等生产实践活动以外，原始舞蹈、模仿巫术、部族战争等都在土家族武术的发生发展过程中起到了一定的促进作用，原始舞蹈和模仿巫术使得武术的萌芽状态从狩猎和生产实践活动中脱离出来，而部族战争则更是对土家族武术的发展起到了直接的推动作用。

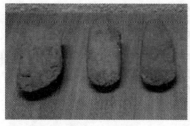

图 2-1　湘西土家族地区出土之旧石器时代打制石器与新石器时代磨制石器

---

① ［德］恩格斯：《家庭私有制和国家的起源》，中央编译局译，人民出版社 2003 年版。

# 第二节 土家族武术的发展

战争是催生武术发展的温床，特别是在冷兵器时代，战场上敌我双方的交战基本上是以士兵之间直接的兵刃对决与近身肉搏的形式进行，因此，作战兵器的先进性与战士武艺的高强是取得战争胜利的决定性因素。为适应军事战争的需要，武术器械的种类亦从简单到复杂，由单一化向多样化发展，直至发展成为明清时期十八般武艺①的称谓。与此同时，军事战争对广大士卒的身体素质与军事武艺亦有较高的要求，戚继光在《纪效新书·禁令篇》中即指出，习练武艺"是你来当兵防身立功杀贼救命本身上贴骨的勾当"。说明了习武与战士的种种切身利害关系。很显然，战争和武术两者在漫长的历史进程中一直是相互影响、相互交融的，二者之间存在着千丝万缕的联系。土家族武术的发展历程同样与其民族所经历的各种战争紧密地结合在一起，战争促使土家族武术不断丰富、改进与创新，加快了土家族武术发展的步伐。

## 一 先秦时期的土家族武术

先秦时期，土家族的武术在各种部族战争与频繁的军事活动中不断得到充实与发展。公元前 11 世纪，土家族的先民巴人曾参加过著名的武王伐纣战争，并作为周军的先锋部队在战争中起到了举足轻重的作用。据《华阳国志·巴志》载："武王伐纣，实得巴蜀之师……巴师勇锐，歌舞以凌殷人，（殷人）倒戈，故世称之曰'武王伐纣，前歌后舞'也。"②战斗中，巴人将士一手执盾、一手扬戈或钺等青铜兵器，一边冲锋一边跳出各种恫吓性的攻防刺杀动作与舞蹈，最终使得殷人倒戈相向。由此不难看出，土家先民巴人在漫长的发展历程中逐渐积累了一定的原

---

① 明代朱国桢所著《涌幢小品》中提到的十八般武艺为：弓、弩、枪、刀、剑、矛、盾、斧、钺、戟、鞭、锏、挝、殳、叉、钯头、棉绳、白打。所谓"十八般武艺"，只是概括性地说明武术内容是如何的繁多，是一个很笼统的说法，实际上武艺内容远不止十八种。

② （晋）常璩：《华阳国志·巴志》，严茜子点校，齐鲁书社 2010 年版，第 2 页。

始武艺基础，掌握了一些攻防格斗技巧，并能将其应用于战斗实践之中，同时他们还能熟练演练各种气势雄浑的军前舞——战舞。很显然，这种带有明显击刺杀伐动作的军前舞或干戚舞对其武术的形成与发展起到了一定的推动作用，可视为其原始武术套路的雏形。

前已述及，鉴于在武王灭殷战争中的卓著战功，巴人被周朝分封为巴子国，从而建立起了属于自己的国家政权。然而，巴子国西接蜀而东临楚，北方则是强大的秦国，在地理位置上处于中间地带。由于其特殊的地理位置，在整个春秋战国时期，为了巩固自身的政权，巴国曾与邻近之蜀国与楚国发生过激烈的战争。也正是得益于这些战争的刺激，促使其武术兵器与武技的发展，巴人创制的柳叶形剑、巴式铜矛、铜箭镞、圆刃折腰钺、三角形援戈等便是极具民族特色的武术兵器，其风格迥异于楚、越、百濮等，自成一体。兵器之差异，决定了其对应的使用方法亦不尽相同，由此决定了巴人武术攻防招式也定然是别具一格的。总体而言，此期巴人的武术与邻近之楚、蜀以及苗、越等土著部落的武术，在不断的斗争、交织与融合中得到发展。秦灭巴以后，巴人势力虽已削弱，但他们散居在湘鄂渝黔边的崇山峻岭之间，占山据险，进一步发展着自己的武术。

## 二 封建社会前期的土家族武术

秦汉之际，为了神化专制王权，封建统治阶级积极推行"罢黜百家，独尊儒术"的教育方针，以此来禁锢百姓的思想。同时为了巩固其统治地位，严厉禁止百姓习武，秦始皇更是"收天下之兵，聚之咸阳，销以为钟镶，金人十二，重各千石，置廷宫中"①。很显然，收缴天下兵器的目的是以"弱黔民之手"，禁止百姓习武。西汉政府将铁制兵器列为禁品，严禁出口，甚至连一般用于农业生产的铁制农具也不准出口，以防止其他民族改制兵器。在这样的时代背景下，土家民众的武术兵器大多被缴毁，民间习武之风亦备受压抑。然而，持续的高压统治并没有使土家人民屈服，相反却不断激起土民的"反叛"，土家人民在其首领的率领

---

① （西汉）司马迁：《史记·秦始皇本纪》，中州古籍出版社1996年版，第36页。

下，以大山为依托，对抗着封建王朝的征剿与讨伐。根据史料记载，自汉光武帝建武二十三年（47）至延康元年（220）的173年中，土民"反叛"朝廷的次数即达到19次之多。战斗中，土家将士弓弩娴熟，其创制的蛮刀藤牌等兵器在战斗中显示出巨大的威力，使得封建王朝的征讨屡屡受挫，以至于最后不得不"告以恩信"，采取招抚的政策来平息事态。长期的"反征剿战争"，使土家人民对习练武艺十分重视，同时也养成了其彪悍好勇的性格，《南齐书·蛮》："蛮俗衣布徒跣……虎皮衣盾，便弩射，皆暴悍好寇贼焉。"此期亦涌现出不少土家族武术名人，诸如田强、相单程、覃儿健、詹山之辈，作为土蛮的领袖，个个武艺超群。如《酉阳杂俎》即载："有田强者，五溪酋首，有十子，皆勇猛过人。"此外，从永定出土的汉代西南蛮夷武士铸像亦可窥见当时土家族习武的盛况。

西晋末年，由于延续十几年的"八王之乱"造成社会生产的严重破坏，加上荒年饥馑，数以百万计的农民流落异乡，纷纷暴动，居于武陵地区的"诸蛮"也乘机起义，反对西晋的统治。① 公元317年，西晋灭亡。在长达200余年的南北各朝纷争中，政局动荡，统治集团内部纷争不已，居于湘鄂渝黔接壤的土家族地区充斥着各种社会矛盾，阶级斗争和民族斗争错综交织，形成了复杂的政治局面。其中既有南北之间的争夺，又有土家族反对科派赋役的斗争，还有土家族首领占据一方，自称王侯割据，以及他们依违于南北朝之间，时南时北，以图稳定自己的统治。② 刘裕继晋后，不断增加租役，由于"徭赋过重，蛮不堪命"③，从而引发了较多"蛮夷"民族起事与反叛事件的发生，但最终均为统治阶级所残酷镇压。此期土家族著名的军事领袖人物有三峡地区的向宗头、向光候，酉水的田头拟、田思飘，溇水的田向求等，他们赶铸兵器，传授族众武艺并率领他们与统治阶级相抗衡，客观上对传播与发展本民族武术做出了杰出的贡献。

---

① 《土家族简史》编写组：《土家族简史》，民族出版社2009年版，第37页。
② 同上书，第38页。
③ 夏志刚：《南朝刘宋免官制度初探》，《贵州文史丛刊》2008年第3期，第28页。

图 2-2　汉代西南蛮夷武士铸像①

　　唐代是我国封建社会的鼎盛时期，国家统一、文化昌明、国威远播，此期土家族武术的发展总体上呈现出波澜不惊的状况，但唐代武举制度的实施在客观上也对土家族地区的习武之风有一定的促进作用。宋代是中国古代政治、军事上较为衰落的朝代。为了加强对土家族地区的控制，宋王朝在土家族地区施行羁縻政策，任用土家族首领担任羁縻州刺史，刺史内部还可以组建自己的地方武装力量——土兵，一种寓兵于农的武装组织，用以镇守边寨，供朝廷征调，这就给土家族土兵军事武艺的发展提供了一个相对宽松的环境。据《湖南武术史》载："兵出民间，一年四季，三时备农，一时练武，不影响生产，并授以兵械，布阵攻防，拳击刺杀，十分严整。战时征杀御敌，平时训练防务。"宋仁宗时，还在荆湖路的辰、澧、荆南、归、峡等州土家族杂散地区设立土丁弓弩手或刀

――――――――――――

　　①　汉代西南蛮夷武士铸像：头戴编织帽，下身着裙，左肋佩长刀，佩带挎右肩，威风凛凛。

箭手，其兵源从该地土家族或其他少数民族中选拔，并拨给一定数量的
土地。平时耕种，不上赋税和其他徭役，就地参加军事训练，轮番守戍
边寨。① 很显然，政府之所以出台一系列的鼓励性政策，其目的是利用少
数民族武装力量来守戍边寨以期保境安民，但同时土兵军事组织的建立
也极大地刺激了土家民众的习武热情，为土家族武术的发展提供了相对
难得的机遇。

元代，蒙古人主中原，为加强民族统治，防止民众的反叛，统治阶
级采取严禁民间习武的政策，从而使得中国武术的发展进入了低谷与黑
暗时期。元朝各代统治者都严禁民间私藏兵器和制造兵器，并三令五申
下令收缴民间武器。"汉地及江南所收弓箭器为三等，下等毁之，中等赐
近居蒙古人，上等贮于库。"② 而对私藏武器者的惩罚亦十分严酷，据
《元史·刑法志》所载：凡私藏全副铠甲者、私藏枪或刀弩够十件之数
者，或私藏弓箭十副以上者均会被处死。就连铁尺、铁骨朵、带刀子的
铁拄杖等都必须一律上缴。甚至连神庙的依仗、都必须以土木纸丝替代，
不得用真兵器。③ 与此同时，严禁民间习武活动："'聚众围猎''弄枪
棒''习武艺'，一概禁绝。学攻刺之术者，师弟子并杖七十七。"④ 此
期，元朝统治阶级虽然在土家族地区施行以夷制夷的土司制度，规定土
司可以在一定范围内组建自己的地方武装组织，但对广大土民却依旧施
行禁武令，推行愚民政策。在这种高压政策的笼罩下，土家族地区五户
人家只能共用一把菜刀，而且还有专人看管，民间习武环境遭到破坏，
导致土家族武术受到严重摧残。然而元朝末年，随着民族矛盾和阶级矛
盾的日益尖锐，为了推翻元朝的残暴统治，各路豪杰揭竿而起，农民起
义如火如荼，土家族地区更是"诸峒蜂起"，积极响应并支援农民军起
义。广大土家族人民百战不辞，他们在其首领的率领下，以"木弩竹矢"
等简陋而原始的武器与元军周旋，从而加速了元朝的灭亡。这样，土家
族武术又在反元起义的战争中不断得到充实与发展。

① 《土家族简史》编写组：《土家族简史》，民族出版社2009年版，第48页。
② 宋濂：《元史》卷一三，中华书局2000年版。
③ 同上。
④ 《元典章》卷三，中国书店1990年版。

### 三 封建社会后期的土家族武术

明清时期是土家族武术的大发展时期。明代，为了更好地发挥土兵保境、轮戍和征讨的职能，在土司制度的背景下，土家族地区施行全民皆兵的特殊军事制度，从而使得土民尚武之气蔚然成风。明中叶以降，土家族土兵积极响应朝廷征调而南征北战，先后参加了著名的抗倭战争和援辽战争，屡建奇功。战斗中土家族土兵以其独有的蛮刀藤牌、镰钩枪弩、白杆枪和土弩药箭等武器，使土拳发挥出巨大的威力。其中蛮刀藤牌武技的使用方法大致为左手握藤牌护住躯干，右手持刀，低势矮桩前行，遇敌便将整个身体缩成一团，运用"猫儿打滚"（前滚翻）的方式向前滚动，然后突然跳起砍向敌方，具有很大的杀伤力，让人防不胜防。① 土兵精湛的武技得益于其独特而严酷的训练方法，是平日里千锤百炼的结果。据清顾彩《容美纪游》叙："其兵素皆练习，闻角声则聚，无事则各保关砦。盔重十六斤，衬以厚絮，如斗大，甲重者数十斤，利箭不能入……一人搏虎，二十人助之，以必毙为度，纵虎者重罚。猎他兽亦如之，得擒则倍赏当先者。"② 此期也涌现出一批武艺卓绝的土家族将领，诸如彭翼南、冉跃龙、田九霄、秦良玉等，对推动土家族武术的发展做出了卓越的贡献。

清取代明以后，为防止人民的反抗，清廷对民间习武活动采取高压态势，禁止民间人士佩带刀剑行走，禁止百姓拳斗，禁止民间擂台较技，违者依律重处，擂台死伤按杀人论罪。雍正五年（1727）11 月的上谕就规定："着各省督抚转饬地方官将拳棒一事严予禁止，如仍有自号教师及投师学习者即行拿究。"③ 从而致使全国于习武一事，一度呈现出万马齐喑之状。但民间习武之风虽禁难止，仍以各种方式在民间秘密结社中秘密流行。随着阶级矛盾的日益加剧，特别是清乾隆后期至嘉庆年间，清廷的横征暴敛使得广大人民忍无可忍，随即农民运动风起云涌。土家族

---

① 秦可国、李小平：《湘西民族传统体育》，中央民族大学出版社 2009 年版，第 32 页。

② （清）顾彩：《容美纪游》，吴柏森校注，湖北人民出版社 1998 年版，第 86 页。

③ （清）蒋良骐：《东华录》，中华书局 1980 年版。

地区爆发了以来凤为中心的规模较大的白莲教起义，斗争烽火迅速燃遍龙山、咸丰、酉阳、利川、建始、巴东、长阳等土家族地区。覃加耀、田谷墩、向文进等土家族教首广聚教徒，以各大溪峒、险峻山寨为据点，利用山区的有利地形，赶铸刀矛、操练武艺。与此同时，湘鄂渝黔边以其地理位置上的优势，也吸引来了各路英雄豪杰，以致许多外来武术门派流入土家族地区，从而使得土家族地区大兴习武之风，在客观上促进了土家族武术的发展壮大。清代土家族武林高手众多，据《永顺县志》的记载，雍正年间，末代土司王的得力战将科洞毛人和"鲁里夹巴"，勇力过人，头盔重达数十斤，能举千斤重物。自乾隆至光绪的173年间，永顺县土家族中武举者达到23人，而该县连洞乡望溪村土家族武秀才印尚惠，能开硬弓，百米开外箭无虚发，其平时所使大刀重达90斤，练功所用岩执子重240斤。① 又据《永定乡土志》载："大庸市郊保福山寺，清道光年间，有道人余世万善拳勇，能敌数十人，当地匪盗匿迹。"② 后来余世万授徒郑典宝、张慈宝、周福宝、张锅匠、陈沙匠五人，世称"三宝两匠"，此五人在土家山寨广收门徒，为推广与传播土家族武术做出了杰出的贡献。

## 四 近现代社会中的土家族武术

民国初年，武术开禁，在强国强种的时代背景下，武术被提升到政治化的高度，并被冠以"国术"这一殊荣。土家族地区习武之气蔚然成风，各县市国术馆所相继培养了一大批土家族武术人才，例如国术名师白耀中，巾帼英雄彭善思等。20世纪30年代，土家族人民响应党的号召，积极投身到土地革命和武装起义之中，他们以大刀、长矛、梭镖等最为原始的武器参加战斗，先后建立了湘鄂西、湘鄂川黔革命根据地。

---

① 秦可国、李小平：《湘西民族传统体育》，中央民族大学出版社2009年版，第133页。
② 南宫海：《鬼谷神功传人龙家雄展硬气功，三世同堂卧虎藏龙》（http://www.hinew.cn）。

　　与此同时，在广大土家族地区还出现了"神兵"① 这一特殊武装组织。所谓"神兵"，其实质是一种民间宗教武装组织，"它们与鸾堂、大刀会、红灯教、同善社以及民间信仰联系密切"②。他们意图使人相信武术加神术可以使人刀枪不入，通过念咒画符，施法护身，可以避开枪弹的攻击，从而凭借大刀长矛战胜火炮钢枪。神兵群体在其首领的带领下，头裹红巾，身披神符，以大刀为武器，并提出"抗粮、抗兵、抗税"的口号，以此来反抗国民党的反动统治。例如当时比较有名的就有湘西的"神兵大刀队"，鄂西的"联英会"、巴东的"大刀会"等。就武器装备而言，神兵成员武器配备相对落后，由于他们相信神术，故而他们大多不使用枪支弹药等相对先进的作战武器，而是使用刀矛类的冷兵器。即使是在战场上夺取的枪支，一般也都会被砸烂而不许带走或使用。如宣恩龙系神兵成员的兵器主要有单刀、马刀、梭镖及其牛角叉等。③ 神兵十分重视武艺的操练，例如当时五峰、鹤峰、长阳、巴东、建始五县神兵训练的主要内容就包括各种形式的练步（负重跑步）、刀术、矛术与飞镖等。④ 而宣恩联英会神兵成员则以长矛、大刀进行拼刺操练。⑤ 神兵成员练武的积极性高涨，"参加练武者众，观看者多，兴趣甚浓，常有通宵达旦，废寝忘食的情况出现"⑥。辩证地看，在偏僻落后鬼神思想浓厚的土家族地区，神兵现象虽不免带有一种迷信荒诞色彩，但神兵的存在在当时的湘鄂川黔等地区也具有一定的积极性，例如贺龙在回忆神兵时

---

　　① 20 世纪初，土家族聚居的湘鄂川黔边交界地区时局动荡不堪，而持续不断的兵灾、匪患、徭役等更是让当地民众苦不堪命。为求自保，当地民众于 1920 年相继建立起了一些地方武装团体，由于其成员吃符念咒，信奉神灵附体并宣扬刀枪不入，故该团体又被称为"神兵"。鄂西"神兵"率先提出了"抗捐抗税、抗夫抗兵"等口号，与政府军队斡旋抗争。与此同时，湘鄂川黔各地民众纷纷效法，神兵组织迅速扩展至湘鄂川黔交界的 40 余县市。

　　② 李里：《湘鄂川黔神兵研究（1920—1953）》，博士学位论文，华中师范大学，2011 年。

　　③ 中国人民政治协商会议湖北省宣恩委员会文史委员会编印：《龙卷风——"龙"系神兵挥戈记》，《宣恩文史资料》，第 1 辑，1968 年。

　　④ 中国人民政治协商会议湖北省五峰委员会文史资料委员会编印：《五峰神兵起义》，《五峰文史资料》，第 2 辑，1990 年。

　　⑤ 中国人民政治协商会议湖北省宣恩委员会文史资料委员会编印：《"神兵联英会"的成立及其活动》，《宣恩文史资料》，第 1 辑，1968 年。

　　⑥ 中国人民政治协商会议贵州省德江委员会文史资料委员会编印：《潮砥区神兵情况的调查》，《德江县文史资料》，第 3 辑，1988 年。

就曾指出："神兵虽然是迷信团体，但其成员大多都是被压迫的劳动人民，对反对军阀，反对苛捐杂税起到了一定的作用。"[1] 另外，由于神兵崇尚武功并长期操练武艺，从而带动了湘鄂渝黔边区的习武风气，因此神兵的存在客观上对复兴和传播土家族武术亦发挥了一定的作用。

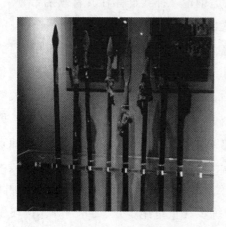

图 2-3　土家族人民参加革命斗争中所使用的武器

新中国成立以后，在党和国家对体育工作的重视与关怀下，武术作为一项优秀的民族传统体育项目，不断朝着民族的、科学的、大众的方向前进。土家族武术亦在地区教育、竞赛、健身等各个领域发挥出它的功用。其间虽历经十年"文革"的浩劫，但劫后重生，在国家大力弘扬民族文化的大背景下，土家族民众习武热情空前高涨。如今的非物质文化遗产保护工作以及各级少数民族传统体育运动会等，又为土家族武术文化的传承与发展提供了新的机遇与平台。

## 第三节　本章小结

本章主要从历史的视角对土家族武术文化进行了纵向的梳理，厘清

---

① 李里：《湘鄂川黔神兵研究（1920—1953）》，博士学位论文，华中师范大学，2011年。

了土家族武术文化发生发展的历史脉络。研究认为，土家族武术的萌生与土家先民的生产生活实践有着密切的关系。土家先民在各种采集、狩猎以及抵抗毒虫猛兽等原始生产实践中，逐渐形成并积累了各种原始的徒手与使用简单工具进行搏斗与刺杀的技能，随着在日常生活中的不断研习与实践，各种攻防格斗技能与制胜秘诀等被不断地创造、积累并传习下来，从而催生了其原始武术的萌芽。

不同的历史时期，土家族武术的发展呈现出不同的特点。先秦时期，土家先民巴人在漫长的发展历程中逐渐积累了一定的原始武艺基础，掌握了一些攻防格斗技巧，并能将其应用于战斗实践之中，同时他们还能熟练演练各种气势恢宏的军前舞，这种带有明显击刺杀伐动作的军前舞或干戚舞对其武术的形成与发展起到了一定的推动作用。同时在各种战争的刺激下，土家先民巴人的武术兵器与武技均得到了较快的发展。总体而言，此期巴人的武术与邻近之楚、蜀以及苗、越等土著部落的武术，在不断的斗争、交织与融合中得到发展。

秦汉之际，封建统治阶级严禁百姓习武，从而使得民间习武之风备受压抑。汉代，持续的高压统治不断激起土民的"反叛"，土家人民在其首领的率领下，以大山为依托，对抗着封建王朝的征剿与讨伐。战斗中，土家将士弓弩娴熟，其创制的蛮刀藤牌等兵器在战斗中显示出巨大的威力，使得封建王朝的征讨屡屡受挫。长期的"反征剿战争"，使得土家人民对习练武艺十分重视，同时也养成了其彪悍好勇的性格。魏晋南北朝时期，土家族著名的军事领袖人物有三峡地区的向宗头、向光候，酉水的田头拟、田思飘，溇水的田向求等，他们赶铸兵器，传授族众武艺并率领他们与统治阶级相抗衡，客观上对传播与发展本民族武术做出了杰出的贡献。

唐代，土家族武术的发展总体上呈现出波澜不惊的状况，但唐代武举制度的实施在客观上也对土家族地区的习武之风有一定的促进作用。宋王朝在土家族地区施行羁縻政策，任用土家族首领担任羁縻州刺史，并利用土家族武装力量——土兵来戍守边寨以期保境安民，极大地刺激了土家民众的习武热情，为土家族武术的发展提供了相对难得的机遇。

元代严酷的禁武政策，使得民间习武环境遭到破坏，导致土家族武术受到严重摧残。然而元朝末年，随着民族矛盾和阶级矛盾的日益尖锐，为了推翻元朝的残暴统治，农民起义风起云涌，土家族地区更是"诸峒蜂起"，广大土家族人民百战不辞，他们在其首领的率领下，以"木弩竹矢"等简陋而原始的武器与元军周旋，这样，土家族武术又在反元起义的战争中不断得到充实与发展。明清时期是土家族武术的大发展时期，在土司制度的背景下，土家族地区施行全民皆兵的特殊军事制度，从而使得土民尚武之气蔚然成风。此期土家族发明了蛮刀藤牌、镰钩枪弩等诸多先进的军事武技及其武技操练方法，涌现出一批武艺卓绝的土家族军事将领，对推动土家族武术的发展做出了卓越的贡献。清朝入主中原之后，清廷对民间习武活动采取高压态势，但民间习武之风虽禁难止，仍以各种方式在民间秘密结社中流行。清乾隆后期至嘉庆年间，清廷的横征暴敛使得广大人民忍无可忍，土家族地区爆发了以来凤为中心的规模较大的白莲教起义，覃加耀、田谷墩、向文进等土家族教首广聚教徒，以各大溪峒、险峻山寨为据点，利用山区的有利地形，赶铸刀矛、操练武艺。与此同时，湘鄂渝黔边以其地理位置上的优势，也吸引来了各路英雄豪杰，以致许多外来武术门派流入土家族地区，从而使得土家族地区大兴习武之风，在客观上促进了土家族武术的发展壮大。

民国初年，武术开禁，在强国强种的时代背景下，武术被提升到政治化的高度，并被冠以"国术"这一殊荣。土家族地区习武之气蔚然成风。20世纪30年代，土家族人民响应党的号召，积极投身到土地革命和武装起义之中，他们以大刀、长矛、梭镖等最为原始的武器参加战斗，先后建立了湘鄂西、湘鄂川黔革命根据地。与此同时，在广大土家族地区还出现了"神兵"这一特殊武装组织，由于神兵崇尚武功并长期操练武艺，从而带动了湘鄂渝黔边区的习武风气，神兵的存在客观上对复兴和传播土家族武术亦发挥了一定的作用。新中国成立以后，武术作为一项优秀的民族传统体育项目，不断朝着民族的、科学的、大众的方向前进。土家族武术亦在地区教育、竞赛、健身等各个领域发挥出它的功用。如今的非物质文化遗产保护工作以及各级少数民族传统体育运动会等，又为土家族武术文化的传承与发展提供了新的机遇与平台。

第三章

# 原始朴拙

## ——土家族山地武术文化整体风貌

### 第一节　土家族武术拳种概览

在自然历史环境及其传统文化的长期积淀下，勤劳勇敢的土家族人民创造出种类繁多、特色鲜明的武术拳种体系，成为中华民族传统武术文化的重要组成部分。土家族拳术俗称"土拳"，土家族自称为"打哈"（土家语）。根据《湖北省武术拳械录》《湖南省武术拳械录》《四川武术大全》等的记载，以及笔者在湘鄂渝黔各土家族自治地区文体局实地调研所获取的资料统计显示，与土家族相关的武术拳械套路共计119套，其中包括拳术套路51套，器械套路36套，另外还有稀有器械套路32套，构成了蔚为壮观的土家族武术拳械套路体系。详见表3-1。

表3-1　　　　　　　土家族传统拳术套路汇总

| 序号—项目 | 序号—项目 | 序号—项目 |
|---|---|---|
| 1. 一门拳 | 6. 八合拳 | 11. 大择手 |
| 2. 二门拳 | 7. 十合拳 | 12. 小一手 |
| 3. 三门拳 | 8. 白合拳 | 13. 大一手 |
| 4. 四门拳 | 9. 手拳 | 14. 九一手 |
| 5. 六合拳 | 10. 小择手 | 15. 十八大手 |

| 序号—项目 | 序号—项目 | 序号—项目 |
|---|---|---|
| 16. 大连手 | 28. 五花八门拳 | 40. 十二埋伏拳 |
| 17. 大战手 | 29. 天门五行拳 | 41. 四手拳 |
| 18. 一条线 | 30. 五虎下西川 | 42. 鸡形拳 |
| 19. 二堂拳 | 31. 单棒印 | 43. 大蝴连 |
| 20. 大四门 | 32. 八角桩 | 44. 小蝴连 |
| 21. 海底捞沙 | 33. 九十例 | 45. 正八弧 |
| 22. 童子拜观音 | 34. 狮子大叱口 | 46. 反八弧 |
| 23. 大五艺 | 35. 黑虎拳 | 47. 五虎下溪拳 |
| 24. 小五艺 | 36. 关西拳 | 48. 余门拳 |
| 25. 总手大艺 | 37. 伍家拳 | 49. 余氏铁手拳 |
| 26. 总套拳 | 38. 四门架 | 50. 余氏六合太极拳 |
| 27. 六套拳 | 39. 双龙战 | 51. 余氏铁手掌 |

表 3－2　　　　　　　　　土家族器械套路汇总

| 序号—项目 | 序号—项目 | 序号—项目 |
|---|---|---|
| 1. 六合棍 | 13. 猛虎过岗棍 | 25. 扣手刀 |
| 2. 八合棍 | 14. 梅花铜 | 26. 蟠龙刀 |
| 3. 十合棍 | 15. 撒手铜 | 27. 四门单刀 |
| 4. 九州棍 | 16. 四门铜 | 28. 双飞燕双马刀 |
| 5. 孙家棍 | 17. 双手盘龙剑 | 29. 余氏铁手棍 |
| 6. 八堂半棍 | 18. 子龙剑 | 30. 余氏铁手刀 |
| 7. 天门棍 | 19. 七星剑 | 31. 左把枪 |
| 8. 单头棍 | 20. 追魂剑 | 32. 余氏板凳拳 |
| 9. 双头棍 | 21. 三削剑 | 33. 土家余门刀 |
| 10. 挡耙进棍 | 22. 天门大刀 | 34. 土家余门枪 |
| 11. 夹抢棍 | 23. 滚堂单刀 | 35. 土家余门剑 |
| 12. 划船棍 | 24. 滚堂双刀 | 36. 土家余门棍 |

表3-3 土家族稀有器械套路汇总

| 序号—项目 | 序号—项目 | 序号—项目 |
|---|---|---|
| 1. 单流星 | 12. 九齿耙 | 23. 板凳 |
| 2. 双流星 | 13. 木耙 | 24. 鼻眼抓 |
| 3. 水流星 | 14. 铁尺 | 25. 袖里圈 |
| 4. 两节棍 | 15. 板斧 | 26. 九连环 |
| 5. 三节棍 | 16. 天梯拐 | 27. 拐子尺 |
| 6. 梢子棍 | 17. 八角拐 | 28. 烟斗杆子 |
| 7. 鹅毛尺 | 18. 丞相拐 | 29. 燕尾双匕 |
| 8. 虎头钩 | 19. 袖里叉 | 30. 蛮刀藤牌 |
| 9. 三股叉 | 20. 三星针 | 31. 连绞棒 |
| 10. 羊角叉 | 21. 弩箭（剑） | 32. 吊脚针 |
| 11. 流金铛 | 22. 宫天梳 | |

　　需要指出的是，在土家族种类繁多的武术拳种中，存在着一些与其他民族或者外来武术拳种名称相同或相近的套路，这是文化传播与交融的结果。事实上，任何一种文化形成以后，其本身都不可能完全静止地孤立地存在，文化的传播和交融是其必然趋势。虽然土家族生活的地理人文环境相对比较封闭，但在其发展过程中受蜀文化与楚文化的影响较大，特别是清代改土归流以来，土家族地区加强了与外界的沟通与往来，加上一些土家族武术爱好者云游各地寻师访友，从而使得一些外来拳种传入土家山寨。经过历史的变迁及土家族人民的不断改造与创新，这些武术拳种早已是名存质异并被打下了土家族文化的烙印，不仅内容不尽相同，就连各种桩法、手法、身法、步法、腿法及其实用技法等都与原拳种有较大差异，从而真正实现了"和而不同"，融合而成具有土家民族风格的武术了。故此我们不能否认文化的传播与交融，僵化地认为必须是土家族人发明的抑或是只有土家族人习练的武术才算是土家族武术，否则将不免落入形而上学的认识误区。

# 第二节　土家族传统武术的文化特征

## 一　浓郁的民族性

从一般意义上来说，判定某种文化是否具有民族性，主要应看两点：其一是这种文化的主体是否是土生土长的，即是否产生于本民族并在本民族内部长期流传；其二是此种文化形态作为本民族文化的一个分支，是否具有其民族的某些特色，即能否反映其民族文化的内涵。

首先，从起源角度来看，土家族武术拳械大多都产生于本民族，又流传于本民族，是在其民族文化土壤中产生并发展起来的。例如土家族极具代表的象形武术鸡形拳便是由土家族拳师张海泉所创，流传至今已有一百多年的历史，深受广大土家族武人的喜爱。土家族稀有武术器械套路烟斗杆子、蛮刀藤牌、宫天梳、八角拐等，大都来源于土家族民众日常的生产生活实践，是土家族特有的武术拳械内容。与此同时，土家族拳术套路多喜欢冠以"手""门"与"合"的称谓，例如以"手"冠名的就有"总套手""大一手""小一手""大择手""小择手""大战手""大连手""九一手""十八大手"等套路。以"门"冠名的有"一门拳""二门拳""三门拳""四门拳""大四门""小四门""四门刀""四门棍""四门尺""四门铜"等套路。以"合"冠名的有"六合拳""八合拳""十合拳""上六合拳""上八合拳""上十合拳""白合拳""六合棍""八合棍""十合棍"等套路。这种以"手""门"及"合"为武术套路命名的方式，体现出土家族武术套路创编的规范性，在一定程度上避免了学习的杂乱无章，使得土家族传统武术的学练能够有章可循，体现出鲜明的民族特性。

其次，土家族武术文化作为土家族传统文化体系的一个分支，与土家族的饮食文化、服饰文化、婚丧文化、巫傩文化以及歌舞艺术等文化事象一样，本身即拥有其民族文化的若干特性，即土家族武术文化携带着土家族文化基因的印迹，能够体现出土家族文化的基本内涵。在这一点上，单从其民族的信仰层面便可窥见端倪，土家族武术文化充分体现了土家族传统文化的信仰特点。土家族人崇拜英雄，往往将自己民族的英雄当成神一样敬重，例如他们将武功高强的八个部落的首领敬之为"八部大王"，并在各村设"土王庙"，建摆手堂，每年一小敬，二至三年集中摆手时一大敬。集中摆手实际上也就是土家族所举行的一场盛大的比武盛会，在此期间，土家族人们要进行各种武术内容的展演与比赛，以武术的形式来纪念民族的英雄。又如土家族为了纪念反明起义的土家英雄覃垕，于是将每年的 6 月 6 日，即覃垕牺牲的日子定为"晒龙袍日"，届时家家户户都要晒棉衣，同时还要进行各种武艺比试，以此来纪念民族的英雄，这样就使得其民族的武术文化与民族的信仰文化紧密地联系在一起了；还有，土家族人有着浓厚的白虎信仰情结，史书上亦不乏关于"白虎复夷""白虎之后"的记叙，他们以白虎为图腾，因而在其武术文化上亦体现出较强的白虎信仰情结。例如土家族拳师大多喜欢在其兵械的柄上刻上老虎的纹饰，以借虎威。聪明的土家族拳师还创编出了独具特色的土家族白虎拳、双虎凳等套路。而土家族武术拳种中更是有许多以"虎"命名的拳术和招式，例如土家族白虎拳套路中就有诸如"白虎亮爪""白虎观阵""白虎下山""白虎掏心""白虎望月""白虎钻林""白虎推山""白虎寻食""白虎撞林""白虎洗脸""白虎戏羊""白虎伸腰""白虎赶羊""白虎望山""白虎归山"等动作名称，所有这些都体现出土家族武术浓郁的民族特色。

图 3-1　土家族八部大王牌匾　　　　　图 3-2　土家族摆手舞

图3-3 土家族六月六纪念覃垕"晒龙袍"节日

图3-4 土家族运动员王四萍在湖北省第八届少数
民族传统体育运动会上表演土家白虎拳

## 二 鲜明的地域性

《礼记》中提道:"广谷大川异制,人生其间异俗,刚柔、轻重、迟速异齐,五味异和,器械异制,衣服异宜。"① 指出了人和地域环境密不

---

① 谭国清:《四书五经·礼记》,西苑出版社2003年版,第234页。

可分。土家族武术是在土家族聚居地区特定的自然人文环境中产生发展起来的，其本身不可避免地会受到特定地域自然人文生态环境的影响，从而使得土家族武术表现出鲜明的地域性特点。

图3-5　土家族稀有武术器械燕尾斧

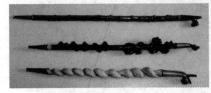

图3-6　土家族稀有武术器械烟斗杆子、烟筒锅巴与杵棒

　　首先，土家族武术在其产生与发展的过程中受到了特定地域自然环境的制约。从某种意义上来说，"拳打卧牛之地"是山地武术创造的理论依据，由于土家族生活的湘鄂渝黔武陵山区属于典型的喀斯特地貌，群山广布，跬步皆山。其间沟壑纵横、草茂林密，野草、杂石等处处掣肘。为适应特定地理环境的需要，土家族武术突出地表现出山地民族以短兵格斗为主的特征。由于地势的险要，习武者要在狭路、险峰、绝壁之处克敌制胜，故土家族武术不可能表现出像北方民族那种大开大合，放长击远的技术风格。相反，土家族武术则更多地体现出快速灵巧、动作紧凑，活动范围较小的技术特色，反映了土家族长期生活于高山深谷的地理特点。与此同时，为适应土家族地区独特的地域自然环境，土家族武师们还充分发挥其聪明才智，发明了诸多适应山地自然生存环境的稀有武术器械，诸如燕尾斧、宫天梳、烟斗杆子、鸡爪棍、鸡公铲、板楯枪、

杵棒、竹马鞭等。例如燕尾斧就是为了适应山区地理环境而由斧头、钉耙和锄头三种生产工具组合而成的一种稀有土家族武术器械。

图 3-7　土家族稀有武术器械鸡爪棍、鸡公铲

图 3-8　土家族稀有武术器械土戈、钱棍、竹马鞭

　　其次，土家族武术在其发展演变过程中又受到了特定地域人文环境的影响，体现出鲜明的地域人文特征。例如早在周朝时期，狩猎在中原地区的社会生产中就已经退居次要地位，但在土家族聚居地区狩猎作为一种经济形态却一直延续至今，土家族作为一个半耕半猎的山地民族，狩猎成为其民族获取生活资料的重要途径之一，"把狩猎作为最重要的生活方式……是族人们素以表彰其尚武精神的所在"[1]。同时狩猎也对土家族武术文化产生了较大的影响与渗透作用，现今土家族地区广为流传的

---

① 韩玉斌：《少数民族狩猎文化保护区的制度设计》，《内蒙古民族大学学报》（社会科学版）2010 年第 2 期，第 9 页。

"十二埋伏拳"，即由土家族地区设卡捕猎的狩猎技术演变而来的一套古老拳术。① 体现出浓郁的地域文化特色。

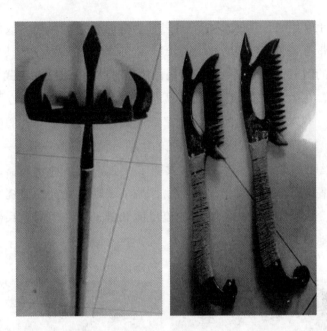

图 3-9　土家族稀有武术器械板楯枪、宫天梳

土家族十二埋伏拳拳谱：

伏在山冈不声响，来个猛虎去叼羊；伏在河坎观鱼翔，渔夫弄网罩头上；

伏在古树莫怕后，大蟒翻身哪里走；伏在刺蓬莫乱捞，小心懒狗去伸腰；

伏在山沟不湿衣，蜻蜓点水解不脱；伏在茅草做个窝，狮子摇头真个恶；

伏在土坑莫抬头，金龙抱柱用力勾；小儿伏在树杈上，专等燕子去投梁；

① 刘尧峰、蔡仲林、倪东业：《土家族民俗民风中武术文化探微》，《武汉体育学院学报》2014 年第 5 期，第 99 页。

渔夫老板上了船，鲤鱼板子定完蛋；到处设了捕猎卡，有志男儿勤锻炼。

又如土家族居住地区多有"畏鬼神、喜淫祀"的风俗，故而土家族武术又多带有较为浓厚的宗教色彩。亦武亦巫，巫武结合是其特色，表现出一定的附魁性。土家族巫师梯玛做法事时"踩八卦"，与武术拳种八卦掌相似，在运动中进行掌法的变换与行步走转；其"跳五方"又与武术拳种五行拳如出一辙。此外，土家族的武术还与土家族人的生活习惯关系密切，例如土家族人多有缠头帕的生活习惯，头帕一般为一根长2—3米的青丝帕，土家族武人据此又发明了"头帕"这种软兵器，即在头帕的一端裹上石球、铁球等坚硬器物，另一端则螺旋重叠缠绕固定在头上，从而变成了类似于中原地区的流星锤和链子锤一类的软兵器，表现出鲜明的地域人文特色。

图3-10 梯玛金刀手

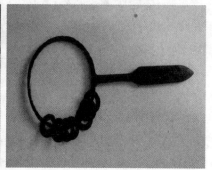
图3-11 梯玛祭祀时所用的师刀

## 三 文化的交融性

流动性与传播性是文化所固有的特性，任何一种文化形成之后，其本身都不可能完全静止孤立地存在，必然会在不断的变迁过程中融入某些新的元素，从而使其具有某种交融性的特征。在土家族武术产生与发展的历程中，亦不可避免地会受到某些外来武术流派的影响，从而使其与某些外来武术流派在技术与风格上呈现出某种交融性的特点。长期以来，土家族武术大师们在本民族武术的基础上，不断吸收外来武术文化的营养与精华，经过民族化、本土化的改造，从而因地制宜、因人而异地糅合到自己民族的武术之中，以适应土家族聚居地区特殊地理人文环境的需要。因此，土家族武术与武当、峨眉、少林以及邻近之湖南巫家拳和湖北岳家拳等流派都有一定的亲缘关系，或者说从中可以窥见这些拳派的踪影。总体来说，土家族武术与外来武术进行交融的途径主要有三种。

其一，外出求经，主动将其他门派武术引入土家山寨。

土家族青年武术爱好者外出寻师访友，学成之后主动将外来武术引入土家山寨。例如创编"鸡形拳"的土家族武术大师张海泉，年轻时期就曾参加过义和团运动，学习过山东、河南等北方武术技艺。精通峨眉派武术的秀山土家族拳师蒋友发，在15岁时便拜峨眉派拳师朱邻芳为师，系统学习峨眉派武艺，学成后返回秀山传播武艺。土家拳吉首支的传人韩顶臣也曾习练过少林功夫，后在传统土家拳与少林拳的基础上创立了土家拳少林支，为土家武术与少林武术的交流与融合做出了突出的贡献。

其二，官方搭台，促进土家族武术与其他门派武术的交流与融合。

除了民间武术爱好者相互交流技艺的途径外，土家族武术与其他门派武术实现交流与融合还有一种官家的途径。历史上统治阶级为了更好地治理土家族地区，往往以官方的名义在土家族地区组建地方武装，训练乡勇，用以戍守边寨，以期达到"以夷制夷"之目的。例如宋仁宗时，就在辰、澧、沅等州土家族杂散地区设立土丁弓弩手或刀箭手一万三千户。刘琦亦曾奏请宋廷在荆湖北路包括归、峡、荆南等地设"效用兵"六千，凡此种种，不一而足。参加集训的这些弓弩手、刀箭手等的人员成分，不仅有土家族，同时还有大量的外地人及其他少数民族诸如苗族、瑶族、侗族等，甚至某些土家族武师还被聘请担当集训的武术教官。这样，土家族武术与汉族武术及其他少数民族武术得到了广泛的交流与碰撞，使得彼此间能够取长补短，共同提高。再者，民国时期，随着南京中央国术馆的成立，地方政府部门亦积极响应，开馆培养武术人才，积极引入某些外来武术拳种。例如民国时期土家族聚居地较有影响的国术馆校就有秀山武馆、永顺县国术馆、大庸县国术馆等，对加强土家族武术与外来武术的交流与融合起到了积极的推动作用。

其三，绿林携技，某些云游僧道、江湖艺人漂泊土家山寨教徒授艺。

除了上述途径外，某些云游僧道漂泊土家山寨教徒授艺也是土家族武术文化交融性的特点形成的途径之一，例如武当真人张松溪晚年就曾在川、鄂、湘、黔一带收徒传艺，秀山人何氏得其武功真传，并于当地设馆教习，从而使得武当武术得以在土家族地区流传。[①] 与此同时，由于湘鄂渝黔边区特殊的地理环境，使之成为一些绿林好汉逃避官方缉捕或仇人追杀的理想之地，是武林人士躲避"江湖"是非的乐土。清中叶以降，由于统治阶级的残酷剥削与压榨，诸如"乾嘉起义""咸同起义""白莲教起义"等各地农民起义风起云涌。起义失败后，清廷对各义军领袖展开疯狂追杀，一些义军中的武林高手被迫逃往湘、鄂、渝、黔边的武陵山区避难，并隐居于土家族聚居地区收徒授艺，这在客观上也促进了土家族武术与外来武术的交流与融合，使得土家族武术表现出文化交融性的特色。

## 四 独特的技击性

就技击层面而言，土家族武术注重实战，讲究实用，一招一式朴实无华，较少虚花动作，其独特的技击特色主要体现在以下几个方面。

其一，区分部位，攻防有方。

土家族武术技击时要求严格区分身体部位，依照不同部位采取不同的进攻与防守方法。一般约定俗成地将人体分为上、中、下三路，头部为上三路、躯干为中三路、躯干以下为下三路。同时又有洪门与边门之分，身体正前方为洪门，左右两侧为边门。这是习武入门应该了解的基本常识，是土家族习武之人必须分清的。而对于那种上下不清、洪边不分之人则往往会被视为武林中的毛汉（外行），将会成为别人的笑柄。另外，土家族武术在实战中还特别强调攻防方法应用的针对性与目的性，

---

① 秦可国、傅冠群：《中国土家族武术》，国际展望出版社1992年版，第47—48页。

要求针对身体不同部位采取不同的进攻与防守策略,例如实战中对洪门与边门的踏踩可依照以下歌诀进行:

> 力小抢两边,力大进中间。切莫挺身进,不宜飞腿行。挺身四面露,腿起脚下空。上掩下使腿,或可救步追。乘势一飞脚,其速快如风。出手宜顾目,虚实应分清。爪练似雄鹰,腕骨宜如龙。爪掌皆可用,最忌长拳冲。纵力大于虎,擒来变化穷。出足桩宜矮,进退快如风。与手需相应,与目暗中通。勾步分反顺,腾步认偏中。猛来心勿乱,快慢要从容。欲战不利走,秀身过路行。诸法皆练熟,运用妙无穷。

其二,打练结合,强悍泼辣。

"打练结合"是中国传统武术技击术训练体系的核心与灵魂,历来为武术技击家们所推崇。在训练的形式上,除了习练成套的拳术套路外,还必须习练各种功力拳并进行各种拆招喂招的练习。因为套路演练只是将一些具有攻防含义的武术动作串联起来,因而必然会产生一些"左右周旋"的衔接动作及其"遍地花草"的"虚套"与"花法",因此为了将套路中的攻防动作转变为"真可搏打"的实用武技,则必须将其进行拆分,在演练套路的同时进行两人或多人的攻防实战练习。土家族传统武术的训练体系同样遵循着"打练结合"的原则,除了习练土家族传统武术套路外,更有诸多拆招喂招练习,以及增强功力的气功练习。土家族武术爱好者们在平时的训练中即有针对性地进行各种拆招喂招练习,通过反复地演练实践,达到招熟后便可在实战中见招拆招,应用自如。

从某种角度来说,土家族的历史可以说是一部被征缴的惨痛史,同时也是一部敢于反抗斗争的英雄史。历史上的土家族人民一直摆不脱统治阶级及其强盛部族征、讨、伐、剿的厄运。为了战争的需要,为了民族的生存,土家族人民历来对武术十分重视,武艺搏斗成了土家族人民征战、保命的最主要手段。在这种背景下诞生的武术技击术必然会展现出其强悍泼辣的一面。当与人生死相搏之时,土拳出手凶悍威猛,专门打击对手穴位及其身体薄弱环节,往往在一两招之内便使对手丧失还手能力，例如土家族武术技击在实战中讲究小鸟过林，三杀一收，所谓"小鸟过林"是指习武者拳脚迅捷、身法轻灵，与人交手时要像小鸟在树林里穿梭一样敏捷，灵活自如。而"三杀一收"则是针对防守反击而言的，其攻击部位主要是对手的要害部位和身体的薄弱环节，是指在防守反击中暗藏三招毒手（绝招），招招致命，要求做到一防二攻三带回，待到最后一招收回来时，对手非死即伤，体现出凶悍泼辣的技术特色。

其三，摆桩择手，审时度势。

摆桩择手是土家族武人较为特别的比武形式，土家族拳师在与人交手或比武之时，按照规定首先应摆桩，即摆好各种招式。桩摆好之后，道声"请"，让对方来解，即所谓的"择手"。土家拳谚云："择手择手，先择敌手，若不择手，莫乱动手。"意为应根据对手的桩式采取相应的化解之法，而不能贸然莽撞行事。择手解桩的方法又分为文解和武解两种，所谓文解一般多用于朋友之间的比武较技，相互之间点到为止或者仅仅是以口头的形式来阐述相应的破桩之法。而武解大多数情况下则用于常规的比武较技，其目的是使对手倒地或受损伤，进行真正的实战对决。土家族摆桩的桩式较多，一般可分为"门板势""侧身势""高势"和"低势"四种桩式。其中门板势又称为败势，即摆桩时将身体正对对手，并故意将身体的弱点暴露给对手以使其轻敌，待其进攻之时突然变换招式反败为胜。侧身势为稳势，主要是侧身对敌，为实战中常用之桩式。高势指站桩的姿势较高，以便于起腿，一般善于用腿之人常以此势对敌，而低势则指站立的桩式较矮，一般善于进攻对手下三路或抢边门之人常青睐于此桩式。与此同时，土家族武术在技击实战时还要讲究审时度势，认真观察对手的招式，随机应变，因人而异地选择各种桩式和相应的择手方法。例如土家族武术八择八解对应招式分别为：

上三路为：五雷劈树对金鸡换足，一炷香对关公挑袍，狂风贯耳对叶下偷桃，银针插鼻对仓里撮谷，二龙戏珠对大山伐木，猛虎下山对臀风或金盆倒水，燕子投梁对单照月，叶下偷桃对翻天印或白马悬蹄。

中三路为：绵阳卷草对恶蛇藏曹，毒蛇出洞对大山伐木，五雷劈树对托梁换柱，白马悬蹄对独劈华山，海底捞月对投石入海，燕儿投梁对蜻蜓点水，蜜蜂出洞对投石入海，猴儿偷桃对双遮日月。

下三路为：海底捞月对连环腿，铁牛耕地对双飞燕，金龙抱柱对独劈华山，鸳鸯腿对玉女抱瓶，寒鸡抱蛋对跛子上楼，扫地连环对金鸡换足或白马悬蹄。

其四，抢边占先，赢取先机。

由于土家族地区独特的山地自然环境，以及土家族人普遍具有身材矮小但同时又灵巧快速的特点。为了抢占先机，造成居高临下的态势，土家族武人在与人交手时往往喜欢抢边，使自己处于有利地位，而土家族武术中亦有许多专门抢边占先的招式。具体而言，临敌时步法要求进低退高、前轻后重、轻灵稳固。同时要站高看远，眼观四方，以便适应复杂的地形，不至于为山间乱石杂草所羁绊，给对手留下可乘之机。

在长期的实战对敌过程中，土家族武术大师们也总结积累了一些宝贵的技击实战经验，并以较为凝练的歌诀形式保留下来，成为土家族武术技击精髓之所在。其交手基本法则云：

> 土家拳脚世间稀，用来处处要合宜。龙争虎斗不相让，各显奇才分高低。边门皆因气力小，洪门重手像雷劈。祖师传出神妙手，纵似神仙躲不及。脚踢膝下内外翻，拳打当心向内钻。手打一阴又一阳，肘打四面人难防。脚去随身要靠紧，一股臀风送阎王。先取三关最重要，后走七窍法为妙。进步盘肘退步掌，仙人指路师傅传。双拳发出似打闪，一个梭步身要偏。腾起似鹰空中盘，出拳攻击顾裆边。退步不高亦不低，伸缩敏捷快如猿。进攻要观敌摆势，手足切记莫轻出。看准隙处快如风，避实就虚讲技术。不怕毛汉力气大，千万勿因弱中失。土家拳术按章打，心身如一定揪他。不但进攻要得法，严加防守别忘哒。他足踹来分反顺，手掌高低虚实清。温柔来时勿轻御，刚劲勇猛休要怕。盼眼察看敌变化，以逸待劳打人家。学武男儿勤锻炼，技深艺高记总诀。

先学拳，后学棍，十八般武艺件件能。弓步马步要分清，肩平膀直要站成。拳打千遍自有劲，再打万遍身法灵。不怕莽汉力气大，牵动四两拨千斤。乌云盖日推山倒，顺手牵羊一脚蹬。力大打他洪门进，力小踩边两面分。浪里捡柴快又准，一手抓他脚后跟。仙人背伞要靠紧，削掌打他太阳筋。银针插鼻功在近，二龙戏珠抠眼睛。进步插他裆部阴，消步标插肚下筋。绵羊卷头不费劲，鲤鱼掀腮要小心。金鼓齐啄耳朵根，腰圈侧击伤性命。黑虎掏心拳要狠，五虎叼羊不留情。


## 五 武德的制约性

"武德，即尚武崇德的精神，它是武术界共同信仰的一种言行准则，习武者按它来修养身心，规范举止，品评善恶。"[1] 相比之下，汉族的武术，由于长期受到传统伦理道德的熏陶与影响，从而形成了与之相应的众多武术礼仪规范。与人交手时大多主张"点到为止"，"打人不打脸，揭人不揭短"，讲究先礼后兵。相对于汉族而言，历史上的土家族作为一个弱势族群，在清代改土归流之前其武术文化则较少受到传统伦理道德的束缚，没有诸多礼仪规范的制约。

清代的改土归流，打破了长期以来"汉不入峒，蛮不出境"的封闭状态，从而使得汉族文化得以进入土家族地区，并对土家族本土文化进行了一次较大的洗礼。由于受到汉族传统伦理道德的影响，土家族拳师们在长期的习武行拳过程中也逐渐形成了一套约定俗成的武德行为规范，并以此来约束着土家族武人的道德行为。总体而言，土家族武人主要遵循着"四授四不授，四打四不打"的武德门规。"淡玄授道，贵乎择人"[2]。谨慎择徒是严格武德的第一关口，土家族武术大师们一般不轻易授徒传艺，其徒弟往往需要通过层层考验才能获得真传。这样就从源头上杜绝了一些品行不端之徒混迹武林，从而滋生出有违武德规范之事端。

---

① 全国体育院校教材委员会审定：《武术理论基础》，人民体育出版社 1997 年版，第181 页。

② 周伟良：《析中华武术中的传统武德》，《上海体育学院学报》1999 年第 3 期，第15 页。

他们在选择徒弟时严格遵循着"四授四不授"的规定，所谓"四授"，即忠诚老实者授、谦虚谨慎者授、讲仁义重礼节者授、重武艺勤奋好学者授；"四不授"则指天资愚钝者不授、心险手毒者不授、狂妄喜露者不授、不讲礼义者不授。与此同时，还以"四打四不打"来约束习武者的道德行径。所谓"四打"，即取我性命者打、故意惹我者打、欺人太甚者打、侮辱人格与民族者打；而"四不打"则指实力弱小者不打、败阵逃命者不打、满面笑容者不打、妇女儿童不能打。此外，土家族武术大师在传授本门绝技之前都会让弟子在祖师灵前发下毒誓，除非性命相搏，否则诸如"点穴"以及某些可能致死致残的泼辣招式是严禁使用的，路见不平也只能以一般招式助人。正是这些武德规范编织出的一张道德伦理之网，约束着土家族习武群落日常生活中的道德行径，并成为他们实践武艺的行为指南。

## 第三节　土家族武术名家人物小传

在土家族武术发展历史上，涌现出了一大批著名的武术名家能手，他们不仅武技精湛，而且武德崇高。这些武术名家大都拥有不平凡的武术人生，并以其实际行动为土家族武术文化的传承与发展做出了积极的贡献。本书选取了几位代表性的土家族武术名家予以介绍。

**余世万**（1795—1874），大庸余家山（今张家界市永定区宝子界林场）人，土家族武术大师。据《永定乡土志》载："大庸有保福山寺，道光年间有道人余世万善拳勇，能敌数十人。"因家境贫寒，余世万年轻时曾出家于观音寺，后又在保福山寺为僧。由于当时社会动荡，土匪猖獗，余世万目睹了家乡匪霸横行，四处欺压乡邻的罪恶行径，感到十分愤慨。为了除暴安良，于是他开始习练土家族拳术，并远赴沅陵、四川等地拜师学艺。余世万聪慧好学，加之勤修苦练，功夫不负有心人，终于练就了一身的好武艺。

余世万学成归来，便在保福山寺出家为僧，潜心研习武学。保福山寺地处大庸与沅陵的交通要道，自建寺以来，善男信女络绎不绝，香火鼎盛，因此寺庙附近的商铺饭店等鳞次栉比，生意异常兴隆。盗匪们见有利可图，常来此地明抢暗窃，为非作歹。一天傍晚，一群匪徒共计十余人来到保福山寺，蛮横地要求寺里为他们做饭弄菜。余世万不温不火，从寺里拿出谷来倒进碓窝，然后使用连环掌将谷插成白米，随后又操起碗口粗的杂木，仅凭一双肉掌将其劈成柴块，众匪徒见此神功，个个瞠目结舌，吓得落荒而逃。

余世万一生潜心钻研武学，尤其擅长武术硬气功和轻功，并创编了土家族稀有武术器械宫天梳和八角拐，"一啄雕"更是他的独门绝技，五指并拢能在树干上啄出深孔。他一生授徒无数，其中最著名的有郑典宝、张慈宝、周福宝、陈砂匠和张锅匠，人称"三宝两匠"，后来都成长为土家族杰出的武术英才，为传承与发展土家族武术做出了巨大的贡献。

**张慈宝**，生于清咸丰五年（1855），本名绪慈，大庸黄家铺乡张家湾人，自幼习武。其家门口有一条长约一里的山坡，有近千级石梯。张慈宝每天早上闻鸡起舞，双腿绑沙袋，辫子吊秤砣，在石阶梯上往返跑跳。寒往暑来，几年时间过去了，张慈宝的功夫小有成就，走起路来身轻如燕，飞檐走壁如履平川，当地其他拳师已很难望其项背了。为了学得更精深的武艺，张慈宝于是来到保福山寺拜道人余世万为师，余道人见其意志坚定且根基颇深，于是将其收入门下，并系统传授本门武功。三年过后，余道人见其功夫精进神速，于是将所有弟子叫来比试武艺。此时恰巧前面晒谷坪上有几只麻雀正在偷吃谷粒，于是余道人用手向前指了指，随口一句"麻雀吃谷"，话音刚落，只见张慈宝和大师兄郑典宝二人同时向前一个箭步，一人手持一只麻雀，来到师父跟前。大师兄出手较重，将麻雀捏得粉碎，而张慈宝则用二指钳住麻雀的一只脚，众师兄们无不叹服，后来此绝技被誉为"啄鱼雕"（以嘴啄鱼的一种鸟）。

清光绪末年（1908），张慈宝业已年迈，当地知县夏承勉雇有两个保镖，功夫十分了得，他们听说张慈宝功夫厉害，便寻思着与其一决高下。于是他们来到张氏宗祠找张比武，张慈宝再三推辞说自己只是年轻时学过几招皮毛功夫，告手（比武）不是二人对手，哪知二人却误认为张的谦虚是怯场，于是更加狂妄起来，其中一个武师摆好架势就欲进招。张忍无可忍，于是决定教训一下这两个妄自尊大的家伙。他拱手道了声"献丑"，话音刚落，但见先前那人向张慈宝面前虚晃一拳，跟着就是一招"白猿献蹄"朝裆部踢来，张侧身闪过，然后用"斩浆"照其小腿一砍，那人负痛，双手抱起小腿趔趄着跳开了。另一位拳师眼见同伴败下阵来，于是强行上前出头，拳脚如连珠炮似的打过来。张慈宝连让其三招，并不还手，但对手步步紧逼，于是他使用"蝴蝶穿花"绝技将其打倒在地。两位拳师恼羞成怒，意欲合力取胜，但终归不是对手。二人知是遇见了高人，赶忙跪拜谢罪，张扶起二人道："武林之人以强身为本，谦让为怀，且不可妄自尊大，恃艺逞强。"为了弘扬尚武精神，张慈宝在家乡张家湾与秀才张承耀一起在学堂里开馆授徒，培养了一大批土家族武术精英。

**庹仕谋**（1833—1908），又名自谟，土家族，湖南省永定区三坪乡庹家岗银马沟人。庹仕谋自幼酷爱武术，且为人性情豪爽，好打抱不平，在当地亦是小有名气。后拜师张锅匠门下进行系统的武术修炼，他聪慧好学，刻苦钻研，终于练就千斤锤、五雷掌、铁扫帚等师门绝技。

从三坪乡到县城要经过分脉垭石庙，庙里有一对石狮，每只重800多斤。每当庹仕谋进城路过石庙时，他总要将庙中的石狮子搬到庙门外放着。当时马渡潭有一位与庹仕谋齐名的拳师名叫杨芳伯，每当他路过分脉垭，看见石狮在庙门外，就知道庹仕谋进城了，于是便将石狮搬回庙里。庹仕谋从县城回来，看见石狮回到原位，他便知道杨芳伯也进了县城。寒来暑往，二人平时也不打照面，只是以这种方式传达着彼此之间的敬意。

庹仕谋年轻时行侠仗义，常替百姓打抱不平，他曾空手降服脱缰数月的犟牛"打人头"，于开县勇斗乡约地头蛇，在津市铲除黑恶势力码头把总等，其义举使得他威名远扬。庹仕谋晚年时期带孙儿到龙山茨岩塘买牛，被一帮地痞无赖所纠缠。庹仕谋讲尽好话，赔不是，以期息事宁人。但地痞们倚仗人多势众，他们蜂拥而上将祖孙俩团团围住，一顿拳打脚踢。祖孙俩背靠背招架，边打边退，来到一个铺台边。这时又来了一帮无赖手持刀、矛向二人砍戳。庹仕谋忍无可忍，于是他解下腰带向刺来的刀、矛一绕一带，旋即便缴了他们的械，众人见其武艺高强，于是打开铺门，搬出毛铁雨点般向二人砸去，均被二人挥拳拨落。此时，两个地痞爬上屋檐，用钩子钩住了庹仕谋的辫子，千钧一发之际，庹仕谋用手将辫子一扯，二人连人带钩被扯了下来，说时迟那时快，只见仕谋一个箭步上前，一手夹一个冲向牛场边，而此时被夹二人早已是奄奄一息了。后经当地乡约出面斡旋，备酒赔礼，庹仕谋方才放人，后来茨岩塘还专门为此给庹仕谋立了一块"武艺超群"的石碑。庹仕谋一生授徒无数，清光绪三十四年（1908）冬，无疾而终。

**周朝武**，字绪堂，1882 年生于今永定区宣萍乡沧溪村，土家族武术名家，民国时期与贺龙、陈渠珍合称为"湘西三杰"。周从小胆识过人，12 岁时，因族长辱骂并毒打其父，一怒之下持刀将族长砍倒在地，逃到湖北来凤关刀口避祸。风尘大侠敖云山见其体格魁伟，收其为徒，并悉心传授双刀、鞭、剑、棍等武艺。周朝武悟性极高，武艺精进迅速。后来，敖云山举荐他到甘肃平凉清军喀什噶尔提督董祥福部下参军。1895 年，周随董祥福到玉门关镇压回民起义，甘肃提督雷镇瑄被义军围困，周朝武单枪匹马杀入回营营救，手持双刀与回军骁将郑西林鏖战百余回合，最终将其斩落马下，并夺得郑的铁鞭佩带于身，自此，官兵们都称其为"周铁鞭"。1897 年，周随军调往河北蓟县驻防，其间在北京的湖南会馆结识了谭嗣同和康有为，戊戌变法时，周朝武在康有为、谭嗣同的影响下，积极参加"变法维新"运动，变法失败后，周逃离京城。1899 年，周朝武回到北京，恭亲王荣禄闻知其善舞双刀，武艺超群，于是传其至演武厅献艺表演，荣禄观后对其大加赞赏，称其"刀法精湛"，得以留用。

1911 年，周朝武加入哥老会，并参加了辛亥革命武昌起义，为中华民国的建立做出了积极的贡献。1924 年，周朝武到达常德，参加建国联军。次年，赵恒惕为分化瓦解建国联军，壮大湘军力量，给周朝武送来"临澧镇守使"的金印，彩缎、锦帛等礼品，并许予军饷 10 万银圆，但他严词拒绝了赵的封官许愿，一直追随孙中山先生革命，矢志不渝。1932 年 8 月，周朝武不幸染疾而亡，享年 51 岁，当时湖南和上海的报纸都刊登了其病逝的消息，并以"绿林朝武，身后萧条"来称赞其重义轻利的美德。

**白耀中**，生于 1897 年，土家族国术名师，今重庆市酉阳土家族苗族自治县后溪乡人。白耀中自幼家境贫寒，但他酷好武术，且天赋异禀，在当地一武打教头和各方云游艺僧的指点下，他勤学苦练，初步掌握了刀、枪、剑、戟等十八般武艺，及至青年时期，其武术修为已开始崭露头角。

1919 年，在五四运动的启迪下，为报效国家，白耀中毅然决定外出深造武艺。他在成都、重庆两地遍访名家能手，拜师学艺，获得了众多高人的指点，从而使得其武艺更加精进。后来他被川军刘禹九聘请为军中的镖师，并任四川省国术馆教师。1922 年，白耀中在四川军阀举办的比武大赛中独占鳌头，获得金牌。翌年，为激励民众习武健身，洗雪"东亚病夫"的耻辱，他以个人的名义设擂台于成都，欢迎南来北往的有识之士前来打擂。几天的擂台大战，白耀中鲜逢敌手，参加应战的武生们纷纷败下阵来，所有打擂者和现场观众无不折服于其高超的武艺。在最后一天的中午，擂台前来了一位峨眉山的高僧，这位僧人一个箭步跳上擂台，欲与白耀中一争高下，二人拳来脚往，均使出了自身的看家本领，结果比试了 100 多个回合仍然难分胜负，最终双方握手言和，成为武林挚友。在后来的武术生涯中，白耀中毕其一生致力于国术的推广与普及，人们尊称其为国术名师。

**韩顶臣**（1900—1985），湘西自治州吉首市人，土家族武术大师。他从小便拜在土家族拳师罗兴详门下习武练拳，掌握了较为扎实的武术功底。15 岁时，韩顶臣当了乾州（今吉首）镇守使唐远扬的勤务兵，并很快晋升为排长。贺龙率部进驻湘西之后，韩顶臣参加了共产党领导的红军队伍，并随部队活跃在川、鄂、湘、黔边区，后因种种缘由他离开部队回到了家乡。

韩顶臣返回家乡后，为继续他的武术生涯，他又拜武术名家石老三为师，系统学习各种拳术，由于石老三既精通传统的土家拳术，同时又深谙少林功夫的玄奥，并将其毕生所学倾囊相授，毫无保留地传授给了韩顶臣，故而韩顶臣所习武艺十分广博，系统掌握了相关武术拳械 40 多套。后来他将这些拳械套路与土家拳术有机融合，推陈出新，总结形成了一套独具特色的武功技法。他创编了土拳少林支套路，并练就"插掌"和"臀风"这两个绝技，其武术风格自成一派。韩顶臣提倡武术各门各派相互团结，取长补短，忌门户偏见。韩顶臣一生疾恶如仇，行侠仗义，曾一人徒手打败十几名土匪，从而名震湘西，后来他被国民党某部聘请为武术教官。中华人民共和国后，韩顶臣受到了极"左"路线30年的冤屈，1979年以后，沉冤得雪的他又重新活跃于土家苗寨武林之中，积极投身于土家族的武术事业，曾多次代表湘西自治州参加湖南省武术观摩交流大会，并被聘请为自治州武协顾问。迟暮之年，为响应国家武术挖掘整理工作的需要，韩顶臣还撰写了3万余字的少林拳谱，并将其毕生所学，让武术挖掘整理小组摄像，同时还将"八仙会""烟斗杆子""八择八解""108手起用法"等秘不外传的土家族稀有武术拳械套路毫无保留地贡献出来，为挖掘整理民间文化遗产做出了巨大的贡献。

**彭善思**，湖南省永顺县王村人，出生于1909年10月19日，土家族女武人，湘西著名土家族武术家彭不平的后代。彭善思八岁时被送到老秀才胡海清处读书习字，由于老先生会几手武艺，于是她一边读书，一边跟随其习练武术。彭善思天资聪颖，不仅文化成绩好，而且武术动作要领掌握得也快，深受族人喜欢。土家人习武素来有传男不传女的习俗，但族人们对彭善思却颇有些例外，见她天资聪颖且勤奋努力，于是也就听之任之了，这样她便跟随族人一道习武。

1932年秋，彭善思考入湖南省国术训练所女子师范班第一期，系统学习了各种拳术及其双刀、双钩、双剑、昆吾剑等国术拳械套路，同时她又将自己从小所练的土家拳法与国术熔于一炉，从而使得其拳法别具一格。1935年10月，民国第六届全运会在上海举行，彭善思代表湖南队获得剑术第三名和摔跤第二名的好成绩，为湖南女子国术队获得团体冠军做出了突出贡献。回长沙后又参加省国术俱乐部摔跤比赛，一举夺魁。1936年秋，彭善思进入南京中央国术馆深造，她痛感"东亚病夫"之耻辱，加上日寇发动侵华战争，于是她愤然写诗言志："十年寒窗志气豪，闻鸡起舞剑出鞘。习武为脱病夫帽，三尺龙泉斩魔妖。"言语铿锵，表达了她志在报国的决心。1937年夏，民国第七届全运会选拔赛在南京举行，彭善思力克蒋汇娴、季九如等南北武林巾帼，一举获得散打、摔跤两项冠军。在国术器械套路比赛中，彭善思表演的长枪套路让人拍手叫绝，获得了与会最高分。卢沟桥事变后，第七届全运会被迫延期，于是彭善思积极投身抗日救国的洪流，到河南第五战区担任抗日学生军团的武术教官，继而任看护队队长，后辗转到达四川，由于她为共产党服务，受到国民党特务的监视并被关进监狱。

新中国成立后，彭善思来到成都铁路子弟学校任教，1963—1965 年，任内江地区和内江市武术队教练，1973 年调四川内江师范学校，时年 64 岁的彭善思还组织起了一支业余武术队。1985 年，万天石在其编著的《武林传奇》一书中，还专门以"土家女杰彭善思"为题介绍了她的传奇事迹。

邓德达，字振卫，1915 年 9 月生于湘西泸溪县武溪镇。其祖父为清朝秀才，父亲爱好武术，由于受到父亲的影响，邓德达从小就开始练功习武。在祖父与父亲的教导下，他从小就显得才华出众。1931 年秋邓德达考入县立乡村师范就读，他朝文夕武，文武双修，毕业后留校任教。1934 年 2 月，邓德达又以优异的成绩考取了陈渠珍创办的湘西经武学校。由于他勤奋刻苦，在全校 400 多名学生中出类拔萃，深为担任校长的著名武术家朱国福的赏识，于是朱国福收他做了弟子，并经常为其开"小灶"，传授真功夫。这样，天资聪慧的邓德达，在名师朱国福的指导下，功夫更是精进神速，尤其精于摔跤，数十人不得近身。其功夫很快便赶超了同门师兄弟，被同门尊为"凤凰燕青"的称号。后来经武学校因经费匮乏而停办。1936 年，邓德达随师朱国福至重庆创办国术馆，并任国术教员。

1939 年 3 月，川东万县举行擂台赛，邓德达应邀参加打擂。比赛中他一路过关斩将，一举夺得摔跤和短兵两项冠军，邓德达从此声名大振。载誉归来后，接到了四川第九行政督察区专员公署的委任状，在征得师傅朱国福的同意后，前往万县赴任，加入了国民党军队并任中尉军官，同时还兼任私立百龄中学武术教员。1940 年，邓调任重庆，在后勤部兵站和汽车运输连任上尉武术教员。因成绩显著，次年调教育部任体育师资训练所讲师。1945 年他应重庆私立求精中学聘请，担任该校军训教官。1946 年，因不满国民党发动内战，毅然从国民党部队辞职退役，旋即被聘为重庆大学体育专修科武术教师。1948 年 2 月，邓德达赴上海定居，在上海市体育专科学校担任武术讲师一职。

新中国成立以后，邓德达先后在上海市复兴中学、教师进修学院、教育学院担任教师和体育教研组长。几年中，邓德达认真钻研教材，探索训练方法，撰写了《中国摔跤与擒拿》《武术教材专修讲义》《体育理论》《击剑》《满江红拳》等学术论文和著作，并多次担任国家级体育裁判。"文化大革命"期间，由于邓德达曾经在国民党部队担任过武术教官，从而成为红卫兵批斗的对象，被送进"五七"干校劳动改造，由于遭受长时间的折磨，于1970年11月病逝，终年55岁。粉碎"四人帮"后，上海教育学院于1978年对邓德达的历史问题进行了核实，推翻了强加在他头上的不实之词，予以平反昭雪。邓德达一生培养学生、弟子400余人，为我国的武术事业做出了卓越的贡献。1983年，中华人民共和国第五届全国运动会在上海召开，其间著名武术家张文广、温敬铭、刘玉华等人，以及邓德华的学生、校友、师兄弟等百余人，在上海开会纪念邓德达。温敬铭教授还送挽联一副："文武兼修离世早堪叹，一腔热血沸腾迟可悲"，以表达对邓德达的怀念。

## 第四节　本章小结

本章系统梳理了土家族现存的武术拳械种类，深度解析了土家族传统武术所蕴含的文化特征，并列举了土家族历史上极具代表性的一批武术名家好手。研究认为，在自然历史环境及其传统文化的长期积淀下，土家族人民创造出了种类繁多、特色鲜明的武术拳种体系。据调查统计显示，与土家族相关的武术拳械套路共计119套，其中包括拳术套路51套，器械套路36套，另外还有稀有器械套路32套，构成了蔚为壮观的土家族武术拳械套路体系。

就其文化特色而言，土家族传统武术的文化特征突出地体现为浓郁的民族性、鲜明的地域性、文化的交融性、独特的技击性及其武德的制约性，是其区别于其他民族武术文化的显著特征。具体而论：

其一，土家族传统武术拳械大多都产生于本民族又流传于本民族，土家族武术文化作为土家族传统文化体系的一个分支，拥有其民族文化的若干特性，即土家族武术文化携带着土家族文化基因的印迹，能够体现出土家族文化的基本内涵，从而使得土家族武术具有浓郁的民族性；

其二，土家族武术是在土家族聚居地区特定的自然人文环境中产生发展起来的，其本身又不可避免地会受到特定地域自然人文生态环境的影响，从而使得土家族武术表现出鲜明的地域性特点；其三，在土家族武术产生与发展的历程中，亦不可避免地会受到某些外来武术流派的影响，从而使其与某些外来武术流派在技术与风格上呈现出某种交融性的特点；其四，就技击层面而言，土家族武术注重实战，讲究实用，一招一式朴实无华，较少有虚花动作，体现出较强的技击性；其五，由于受到汉族传统伦理道德的影响，土家族拳师们在长期的习武行拳过程中也逐渐形成了一套约定俗成的武德行为规范，并以此来约束土家族武人的道德行为，正是这些武德规范编织出的一张道德伦理之网，约束着土家族习武群落日常生活中的道德行径，并成为他们实践武艺的行为指南。

在土家族武术的发展历程中，先后涌现出一大批武术名家好手，诸如余世万、张慈宝、庹仕谋、周朝武、白耀中、韩顶臣、彭善思、邓德达等，他们不仅武技精湛，而且武德崇高，大都拥有不平凡的武术人生，并以其实际行动为土家族武术文化的传承与发展做出了卓越的贡献。

# 第四章

# 见微知著

## ——土家族武术典型拳械个案研究

### 第一节　朴实无华的土家余门拳

　　余门拳是广泛流传于四川宣汉、达县、万源，重庆万州、开县、云阳，湖北鄂西，湖南湘西等地较有影响的土家族传统武术拳种之一，属于峨眉拳系的一个土著拳种，由于该拳最初传自宣汉县余氏家族，故名余门拳。在民国《宣汉县志》《南坝镇志》等官方文献中均有余门拳的相关记载。同时由于其历史悠久、内容宏富、特色鲜明而被载入《四川武术大全》。康戈武先生所编著之《中国武术实用大全》亦对其进行了介绍。2012 年，由中央电视台《远方的家》栏目组制作的大型纪实特别节目《北纬 30 度中国行》就曾对四川宣汉土家余门拳做了专题电视采访，向世人揭开了余门拳这一古老土家族武术的神秘面纱。现如今，在地方政府部门的高度重视下，土家族余门拳在省级非物质文化遗产名录的基础上正积极申报国家级非物质文化遗产名录。

### 一　土家族余门拳的源流与传承

　　有关土家族余门拳的源流，官方记载的有民国版《宣汉县志》以及 1994 年版《宣汉县志》，成书于 1989 年的《四川武术大全》也对其源流有较为清晰的记叙。据传土家余门拳是由汉末三国时期著名医家华佗的"五禽戏"演变而来。华佗被曹操杀害之后，魏明帝十一年（237），华佗弟子吴普和樊阿二人结伴远赴云南研考医学，途经四川境内，借宿于宣汉县东乡一余姓农家，其间见主人之父卧床不起，痛苦呻吟，其子甚是孝顺，且待人热忱，于是便将师传"五禽戏"中适宜治病的功法教授于他，并嘱咐其勤加练习。春去秋来，待吴、樊二人从云南返回之时，余父已能正常行走，且体康神爽、精神奕奕。主人感激万分，设宴盛情款待二人，并虚心请教"五禽戏"全部功法，吴、樊二人自是悉心指导。自此，"五禽戏"便在余氏家族世代相传下来。明代中叶，余氏后人以家传之"五禽戏"为原型，增添融合了一些武术技击内容于其中，同时吸收各家武术之精华，逐渐形成了一门风格独具的世袭拳术，秘不外传。

　　鉴于相关文献的缺失，有关余门拳起源于华佗"五禽戏"的说法还有待进一步的考证，毕竟长期以来在中国武术拳种的起源问题上，神传仙授、附会依托的现象并不鲜见，但余门拳最初是在余氏家族流传是可以确定的。依据《四川武术大全》的记载，清乾隆四十年（1775），余氏后裔余有福正式创立土家族余门拳。余有福天资聪慧，遒力过人，是闻名宣汉的武林高手，且精通医术。他不但继承了"五禽戏"中的绝妙功法，同时还虚心向其他门派名师请教，勤修苦练、融会贯通，终于使家传武术成为极具影响力的武术门派。后来余有福在宣汉南坝场下场口泡桐树下设馆授徒。自此，世袭之武功始传外姓，人称"余门拳"。余有福一生传授弟子众多，而其中唯开江人熊学能聪颖过人，功底深厚，成了余有福的得意门生，"余门拳"的重要继承人。

　　熊学能晚年回开江地区设馆授徒，将"余门拳"传给弟子向平。向平乃宣汉县天台乡上董坪人。据《宣汉县志》载：向平"幼好武艺，乃师熊学能先生，习拳术，艺成绝伦……其术如以拳击柱，而屋瓦落地，或平地纵跃即可上屋梁……逐无敌者"①。向平在练功中追求内外兼修，据说他在河边练功时常以手击石，以脚踢河边鹅卵石，以至于其双手指

---

① 民国《宣汉县志》卷十三（下），第38页。

甲全无，双脚脚趾磨平，故而人送外号"九头狮子铁板脚"。清嘉庆年间，向平在赤溪天台乡六村收徒授艺，其弟子丁承寿尊师好学，深受向平喜欢，而向平更是对其倾囊相授，毫无保留，丁承寿遂习得"余门拳"之精奥。自丁承寿始，其家传余门拳亦不再传外姓。丁承寿传其子先钦、先锡、先铨，此三子中尤以先锡武艺最甚。先锡又传其子荣朝、荣谦、荣芹（又名丁宪章）。据民国十八年（1929）丁承寿《墓志》载："丁公承寿字静山，少事诗书，长以武闻名，身列职员，且重大义。举三子俱已成名，即先钦字敬禄公，武生兼军功；先锡字炳南公，武生；先铨字良才公也"①。丁宪章生于1883年，自幼酷爱武术，练就家传武术之精华，30年代曾受聘于川陕边防军国术教员。丁宪章传艺于其侄丁举高，丁举高将"余门拳"套路之精华融为一体，创编了"一马三箭""火盘架子"（翻沉子）、"马步双劈拳""大燕青""小燕青""挂印封侯""连掌"（四箭）、"铲手""掺手""长锤""七星链""支子""二路里虎链""椇子拳"等26路拳术，进一步丰富并完善了"余门拳"的技术体系。新中国成立以后，丁举高又将毕生所学土家余门拳系统地传授其子丁世玉、侄孙丁长福、曾孙丁耀庭。丁耀庭现为宣汉土家余门拳第十一代掌门人，亦是土家族余门拳非物质文化遗产省级代表性传承人。

土家余门拳在传承过程中除了在四川宣汉流传外，其在重庆万州还有两个分支流派。据《四川武术大全》记载，其一为清末开县余门拳师唐兴畅，唐传艺于胡寿昌，胡曾于1934年在万县国术馆教授余门拳术，胡寿昌传程云生、余生堂等人，后由开县铁峰人骆洪春传万县谭金优等人；其二为清咸丰年间周老拳师（其名不详）至万县传余门拳于本地富户曾伯山，曾于1935年传朱志雄，辗转至80年代，万县有李宗茂、胡乾伟等余门拳的嫡系传人。②

综上，根据相关文献记载及其田野考察结果，土家余门拳是诞生于四川省宣汉县余氏家族中的一门传统武术拳种，自余氏直至丁氏，其传

① 四川省武术遗产挖整组：《四川武术大全》，四川科学技术出版社1989年版，第1286页。
② 同上书，第1285—1288页。

承拥有较为明晰的历史脉络。但其起源是否与华佗之"五禽戏"有直接的关系还有待进一步考证。笔者认为这或许是因为余门拳技术体系中含有较多虎、鹿、熊、猿、鹤等动作，以及余门拳十分注重武医结合的缘故。余门拳在余氏家族中产生后，经历代拳师潜心钻研、不断补益，终于发展成为一门特色鲜明、内容宏富、风格突出，且拥有40余套徒手与器械套路的武术拳种，成为土家族地区极具代表性的武术拳种之一，是土家山地文化的重要组成部分。

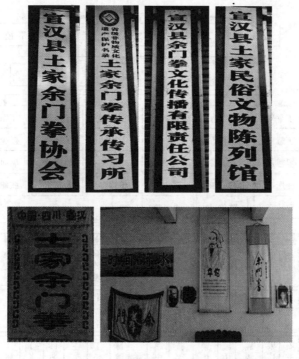

图4-1　宣汉县土家族余门拳传习所门前牌匾及
传习所内悬挂的余门拳标识

## 二　余门拳的技术体系与文化内涵

关于武术拳种的内容体系，郭志禹教授在《中国武术发展模式研究》一文中认为："武术有许多传统拳种……每一种拳种就是一个一元模式，成熟的一元模式中应有本模式的礼仪要素、功法要素、动作要素、单练要素、

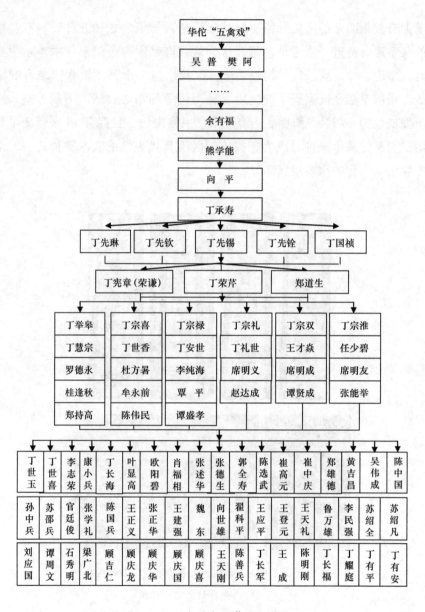

图 4 - 2　土家族余门拳传承谱系

对练要素和对抗要素的实践。"① 精辟地提炼出了武术拳种所具有的内容体

---

① 　郭志禹：《中国武术发展模式研究》，《上海体育学院学报》2005 年第 2 期，第 61 页。

系。余门拳作为土家族极具代表性的一个优秀拳种，同样具备上述一元模式的各个要素。本文选取功法特点、手型步型、手法腿法、套路运动、技击法则等几个方面对余门拳的技术体系与文化内涵进行诠释。

（一）余门拳功法特点及其文化内涵

拳谚道："练拳不练功，到老一场空"，这里的"功"，即指功法和功力，武术功法是指为"掌握和提高武术套路和格斗技术，诱发武技所需的人体潜能，围绕提高身体某一运动素质或锻炼某一特殊技能而编组的专门练习"①。功法是提高身体机能的主要途径。因此，中国武术各拳种无不重视功法的修炼，将"勤修苦练"作为提高武功修为的不二法门。土家余门拳亦十分重视功法训练，并拥有一整套完备的功法训练体系。整体而言，余门拳功法特点是注重内外兼修。由于余门拳起源于"五禽戏"，故而该拳十分重视养生功效，即通过呼吸吐纳等内功的修炼，使人体内部机能得到提高，从而达到祛病、健身、养生之目的。② 与此同时，通过外功的习练，以提高身体素质并掌握各种实战中的攻防技巧。由此可见，余门拳功法特点是追求内外兼修，健内以壮外，在追求攻防技击效果的同时也十分重视内在精、气、神的修炼，即"重练又重养"。

余门桩功：与其他武术门派一样，余门拳十分重视桩功的习练，并将其贯穿始终。余门拳之桩功分为站桩与吊桩两种，站桩以马步桩为主，其方法是练习者四平大马站立，双手伸开，两掌心相对约 1 米距离，调整呼吸为缓慢细长，双目内视，意念集中，呼气时两掌拉近，吸气时两掌伸开还原位，随着下肢力量的加大而逐渐递增练功时间，此桩法主要是训练体内气息的运行，下肢力量与身体的平衡稳定性；吊桩是指吊起来练桩，其方法是以双手抓握类似练体操所用之单杠，身体垂直下坠，两脚向后跷起离地，不用任何意念至力尽而止。随着功力的递增，则可

① 康戈武：《古代武术演进的文化结构研究》，《体育文史》1998 年第 5 期，第 28 页。

② 据了解，土家余门拳是一门医武合一的拳术，余门拳弟子大多擅长养生功法、精通医术。余门拳掌门人丁耀庭说，他从小患有小儿佝偻病，这种病恶化的结果将会成为双腿无法直立的侏儒，丁耀庭到五岁之时还无法站立行走，于是开始随其舅舅学习"五禽戏"功法，先学猴爬，当腿部力量增大慢慢站起来后便开始学熊步，继而学习虎、鹿、鹤的动作以伸展筋骨，凭着过人的毅力，丁耀庭勤学苦练，终于在师兄弟中脱颖而出，成为余门拳的掌门人，是余门拳给了他第二次生命。

在平行的两根单杠下以双手抓握一侧单杠，而双脚搭于另一单杠之上，如蝙蝠倒挂，闭眼无思无念如睡觉，至力尽为止。此功法势简功宏，对上肢手腕、手指及脚部力量的锻炼功效极大。功成后若与人交手，则出手迅疾，发力猛烈，沾衣即抓（锁扣），完全出于自然。

余门铁板桥功：铁板桥功是一种专门锻炼腰背功能的传统功法，长期练习可使余门拳铁板桥功亦属于内功与外功有机结合的一种功法练习手段，练功时以臀部和腰部的连接处为支点静止仰躺于圆形凳子上，其他部位悬空，整个身体成一直线，以能坚持30分钟以上为佳。此过程中要求采用腹式呼吸，脏腑与筋骨、颈、腰及四肢连为一体，使内气随意念而流贯全身，从而实现意到、气到、力到的目的。与此同时，由于内气的调配，贯通了七经八脉十二经络，增强了五脏六腑的功能，从而真正起到强骨增髓的功效。

余门外功：外功是相对于内功而言的。所谓外功，乃专指锻炼筋、骨、皮的功夫。余门拳外功主要有铁掌功、铁拳功、铁肘功、铁腿功等。以铁掌功为例，余门铁掌功的修炼主要包括劈（砍）功和插功，其劈功练习方法是备1米高之沙堆，堆如塔状，不限时以掌力劈之，力尽而止，按日行之，练到能一掌劈到底则为功成；插功主要是练习插掌和标掌动作，其方法是用一内空为80厘米的碓窝（内空的石窝，土家族人用其舂米，形似巨型窝窝头），内装黄豆或黑豆等物，用掌插之，练习一段时间后将豆子换作河沙，继而换作铁沙子，能够插透一碓窝铁沙子则为功成。余门拳功法练习时讲究依法而行、循序渐进，不可贪功冒进，否则不仅难以达到预期效果而且还会给身体带来损伤。

## 土家余门拳独有练功器械"龙桩"简介

龙桩是余门拳独特的练功设备，其形制如一平躺之水车，外围垂直竖立6根木桩，中部内圈亦竖立6根木桩，最里面还有一粗长之木桩，此木桩亦可做成木人桩形。各桩下部凿孔，以厚木块穿孔相连，其空间以能容人低头团身穿行为宜，由于考虑到土家族人身材相对矮小，因此龙桩下部空间亦设计得相对狭小。练习时龙桩下部主要用来练习身体的灵敏性，要求练习者能够在狭小的空间内穿梭自如。12根竖立的短桩可当梅花桩使用，主要练习手眼身法步，可在其上进行各种跳跃、平衡、桩功及其套路与对练练习；而中间那根粗长木桩则可作为木人桩使用，可将其当成假想敌进行格斗，其手法包括各种顺手拍、反手扣、肘格、脚踢、膝顶、头撞等。龙桩形制见图4-3。

图4-3　土家余门拳练功器具木人桩及龙桩

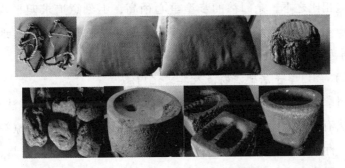

图4-4　土家族余门拳练功器具：上排从左至右依次为铁草鞋、沙袋、铁袋、木墩，下排从左至右依次为石墩、石磨、石锁及石碓。①

---

① 土家族余门拳练功器具。其中铁草鞋每只重10斤，用以练习脚部、腿部力量，初练者穿在脚上往往只能挪动脚步，待力量慢慢增长后便可穿其走路继而跑步；沙袋和铁袋是练习铁掌功的器具，练功时先以手掌拍打沙袋，沙袋是以锯木面混合沙子而成，二者的比例约为6:4，待手掌力量增大后换铁袋练习；木墩和石墩亦用来训练下肢力量，练习时身体保持直立，直腿向前推移木墩，待能够轻易推移较大木墩后换石墩练习，整个过程要求循序渐进；石磨是土家族用以磨玉米、大豆之器具，练功时将石磨上端的手柄卸去，仅以手臂之力使其转动起来，用以训练上臂及其腰部肌肉的力量。石锁为传统练功器具，用以训练上肢力量。

（二）余门拳手型步型特点及其文化内涵

余门拳较为特别的拳型主要包括凤眼拳、支子拳和瓦棱拳三种。《中国武术大辞典》载："凤眼拳又称'鹤眼拳'，属南拳手型，亦属于形意拳手型。食指的第一指骨结环凸出拳面外，其余四指紧握，拇指的第二指骨紧压在食指的第三节指骨上。"① 支子拳类同凤眼拳，为余门拳中迎敌的重要手势，食指或中指第一指骨结环凸出拳面，其余三指攥紧掌心，称为"手拿三字经"，大拇指紧靠食指旁。实战中凤眼拳和支子拳主要用来击打穴位，穿透性强。瓦棱拳亦是翻子拳的重要手型，其在余门拳中又称为熊拳，类似熊掌。瓦棱拳的拳型为四指并拢卷曲，以食指紧扣于虎口内侧，其余三指依次微突起，拇指微屈紧扣于食指第二指节骨上。实战中常以瓦棱拳进行各种贯拳、盖拳和鞭拳等动作，还可用拳眼部位突出的大拇指骨节攻击对手颈动脉，极具杀伤力。此外，余门拳手型还包括各种丰富的掌、勾和爪等南拳手型。

余门拳的步型与长拳类似，包括各种弓步、马步、仆步、并步、箭步等。但相比之下，余门拳的步型重心稍高，不刻意追求四平八稳。步法有并步、踏步、跑步及跳步，总体要求是步法稳健，脚踏实地。余门拳手型步型特点映射出其南派武术的影踪。

（三）余门拳手法腿法特点及其文化内涵

余门拳上肢手法极为丰富，主要包括各种形式的拳法、掌法与肘法。其中拳法有直拳、摆拳、劈拳、盖拳、抄拳、弹拳、鞭拳及撩拳；掌法有插掌、标掌、挂掌、推掌、扇掌、劈掌、砍掌、搓掌、撩掌、弹掌、挑掌等。肘法在余门拳的手法中占据着重要的地位，实战时肘主要起着承上启下、贯通劲力，近身攻击的作用。余门拳谚云："远用手、近用肘"，"贴身短打近膝肘"，"宁挨十手、不挨一肘"，充分说明了肘在实战中的作用。余门拳肘法主要包括架肘、顶肘、挑肘、沉肘、砸肘、滚肘、担肘、撞肘与扫肘等。

---

① 中国武术大辞典编撰委员会：《中国武术大辞典》，人民体育出版社1990年版，第204页。

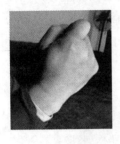

图4-5 凤眼拳

图4-6 支子拳

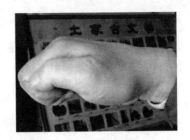

图4-7 瓦棱拳

余门拳下肢技法相对较少，其步法主要是用于实战的各种上步、退步、跨步、闪步、盖步、纵步、跃步与垫步，没有较大幅度的跳跃性动作，要求步法稳健，进退自如。余门拳腿法有蹬腿、弹腿、踹腿与扫腿。起腿半边空，为防止对手接腿而失去重心，故而余门拳实战过程中腿法使用相对较为稀少，一般要求起脚不过膝，起腿不过腰。余门拳上肢手法丰富的特点也反映出其南派武术的技术特色。

（四）余门拳套路运动特点及其文化内涵

套路是土家余门拳的主要运动形式。在余门拳发展演变过程中，余门拳师先后创编了为数众多的拳械套路，包括功力拳（训练基本功）及其各种拳械共计40余套，构成了特色鲜明的余门拳套路体系。总体而言，土家余门拳的套路运动特点主要表现在如下几个方面。

其一，套路结构：套路动作结构是指动作各部分组成搭配的方式和排列组合顺序。[1] 除一般的功力拳外，余门拳套路大多动作数量较多，套路整体较为冗长繁杂。例如作为余门拳典型代表性套路的"二路里虎链"[2] 就有109个动作，演练下来一般要花3分半钟左右。其二，余门拳套路动作多左右对称，有左必有右，重复动作较多，例如一套58个动作

---

① 徐香梅：《竞技武术套路的动作结构特点》，《搏击·武术科学》2008年第12期，第47页。

② 在余门拳的修炼过程中，一般先练基本功、功法及其各种简单套路，待条件成熟，则开始习练"二路里虎链"。由于该套路涵盖了余门拳最基本的技术内容，因而余门拳师傅也往往将"二路里虎链"作为考察徒弟悟性与能力的一个套路，如果能在规定时间内练成此拳，则收为入室弟子。

的火盘架子，其第30—55式与第3—28式动作便是完全相同的，而七星链套路的第29—51式与第6—28式亦完全一致，故而演练起来显得较为枯燥乏味。但是这些看似枯燥乏味的套路动作，对余门拳基本技术动作的掌握却是大有裨益的。

二路里虎链套路动作名称

1. 预备，2. 起势，3. 马步落捶（右手），4. 右弓步抡进，5. 马步穿掌，6. 左弹桩抡进，7. 马步抡进，8. 左弓步穿掌，9. 右弹桩抡进，10. 马步抡进，11. 右弓步穿掌，12. 左弹桩抡进，13. 马步抡进，14. 左弓步二龙戏珠，15. 右箭脚左白蛇吐箭，16. 金鸡独立，17. 左弓步二龙戏珠，18. 右箭脚左白蛇吐箭，19. 金鸡独立，20—23与17—19相同，24. 左弹桩大花手，25. 连环腿，26. 饿虎扑食，27. 野鸡登窝，28. 右耙腿，29. 右弓步碰捶，30. 右弓步白鹤亮翅，31. 右弹桩断捶，32. 三股跟剁捶，33. 马步逼桩，34. 右弓步翻劈捶，35. 左弹桩，36. 左弓步冲捶，37. 右双镖手，38. 马步单桩，39. 马步逼桩，40. 腾手，41. 左弓步冲捶，42. 左弹桩单掌，43. 左弓步交叉双砍掌，44. 右弓步沉掌，45. 右弹桩摇拦手，46. 左弓步沉掌，47. 左弹桩摇拦手，48. 左弓步双砍掌，49. 耙腿，50. 马步逼桩，51. 左右盘肘，52. 马步逼桩，53. 右弓步翻劈捶，54. 左弹桩单手，55. 右抛膝左镖手，56. 左弓步冲捶，57. 左弹桩单掌，58. 箭脚左弓步冲捶，59. 马步双碰捶，60. 马步双分掌，61. 坐黑虎，62. 右扎脚，63. 右弓步冲捶，64. 上右实脚，65. 滚肘左弹桩单掌，66. 马步单掌，67. 左弓步造捶，68. 左弹桩单掌，69. 马步单掌，70. 滚肘，71. 右弓步双镖手，72. 左弹桩，73. 雷公手，74. 白蛇吐箭，75. 右箭脚，76. 右弓步砍掌，77. 白鹤亮翅，78. 右耙腿右弓步白鹤亮翅，79. 左桃右黑虎偷心，80. 右桃右黑虎偷心，81. 搅脚，82. 连环腿，83. 右弓步白鹤亮翅，84. 右弹桩断捶，85. 三股跟剁捶，86. 马步逼桩，87. 翻劈捶，88. 左弹桩，89. 左弓步冲拳，90. 左弹桩单掌，91. 右摆腿，92. 马步逼桩，93. 右弓步翻劈捶，94. 左弹桩单掌，95. 左弓步冲捶，96. 右箭脚左白蛇吐箭，97. 双扎脚，98. 搅脚苏秦背剑，99. 马步碰捶，100. 右弓步造捶，101. 左拗身左弹桩造捶，102. 半磨盘双分勾手，103. 苏秦背剑，104. 马步撞捶，105. 右弓步造捶，106. 左弹桩单掌，107. 左弓步冲拳，108. 大花手，109 收势。

火盘架子套路动作名称

1. 预备，2. 起势，3. 左弹桩单掌，4. 左弓步冲捶，5. 左弓步造捶，6. 左右两蹬掌，7. 并步砍掌，8. 左弹桩单掌，9. 左弓步冲拳，10. 左弹桩断捶，11. 刹脚三股跟刹捶，12. 鸡心肘右抛膝，13. 上实脚马步刹捶，14. 左弹桩碰捶，15. 白鹤亮翅，16. 右弓步造捶，17. 左弹桩单掌，18. 左弓步冲拳，19. 箭脚左弓步冲拳，20. 马步碰捶，21. 马步双分掌，22. 坐黑虎（小脆跌金刚），23. 左扎脚，24. 左弓步冲捶，25. 上实脚马步刹捶，26. 左弹桩碰捶，27. 白鹤亮翅，28. 左弹桩造捶，29. 左弹桩单掌，30—55 与 3—28 相同，56. 左弓步三股跟刹捶，57. 马步亮掌，58. 收势。

七星链套路动作名称

1. 预备，2. 起势，3. 马步落捶，4. 右弓步抡进，5. 右弓步变马步抡进，6. 马步穿掌，7. 左仆步抡掌，8. 马步抡进（左仆步收左脚滑左脚马步抡进），9. 左弓步穿掌，10. 上实脚右弹桩抡掌，11. 马步抡进，12. 右弓步穿掌，13. 上实脚右弹桩抡掌，14. 马步抡进，15. 左弓步单掌，16. 上实脚右弹桩抡掌，17. 右弓步挑掌，18. 左弓步蹬掌，19. 马步抡进（左弓步收右脚滑右脚马步抡进），20. 右弓步推掌，21. 上左脚左弹桩单掌，22. 右弓步蹬掌，23. 马步抡进（右弓步收左脚滑左脚马步抡进），24. 左弓步单掌，25. 上右脚右弹桩单掌，26. 左弓步蹬掌，27. 马步抡进，28. 马步抡进，29—51 节与 6—28 节相同，52. 右弓步变马步抡掌，53. 马步穿掌，54. 左仆步抡进，55. 左弓步蹬掌，56. 仆步大花手，57. 收势。

其二，运动方法：土家余门拳套路动作方法繁多，概括起来主要有拳、掌、肘、肩、胯、膝、腿、脚等身体各部位的提、砍、宰、砸、抢、磕、勾、挂、剔、拧、拐、刁、穿、缠、挑、压等动作，但总体而言又表现出上肢手法丰富，腿法与跳跃动作相对较少的南派武术特征。通常在步型不变的情况下连续完成若干个上肢动作，体现出"手法多变、一步几变手"的特点；由于余门拳套路整体架势低矮，故而其腿法相对较少，一般多以踩、踹、截等腿法为主，具体要求是"起脚不过膝、起腿不过腰"。

其三，演练节奏："武术套路演练节奏是指运动员在武术套路演练过程中合理运用同一矛盾结构中两种不同的运动形式在时间上和空间上展现武术运动美的运动的秩序。主要表现在动静、快慢、刚柔、轻重、起伏、长短。"① 就演练节奏而言，土家余门拳套路演练过程中没有急起急落和较大幅度的起伏转折，没有长拳那种"静如处子、动若脱兔"之明快，亦无太极拳那种绵绵不断之韵律，演练时讲究顺其自然，一步一势，配合呼吸一气呵成，其节奏总体上较为平缓和顺，显得波澜不惊。

其四，运动路线：土家余门拳各套路运动路线相对较为简单，其中绝大多数都是左右直来直去的线性运动，演练结束回到原点做收势。同时又因其套路活动范围较小，故有"拳打卧牛之地"之说，这或许是创编者考虑到宣汉土家族聚居的峡江之地地势陡峭不平的缘故。在余门拳各套路中运动路线较有特色的是"火盘架子"和"七星链"两个套路。其中"火盘架子"又名"翻沉子"，为余门拳第一套基础拳法，其运动路线是走四方形。（见图4-8）据余门拳掌门人丁耀庭介绍说："所谓'火盘'其实是土家族堂屋（客厅）中的火坑，是土家族人冬天围坐烤火的地方，一般呈四方形。而'火盘架子'即是专门创编的用以在火坑四周演练的一个套路，可单人演练、亦可双人练习，还可四人一同练习，四人练习时一般两两对照，按顺时针或逆时针方向围绕火坑演练。"七星链运动路线相对较为复杂，因其套路演练过程中练习者脚步按照北斗七星方位移动而得名，故而其套路的运动路线则是按照北斗七星之轨迹形状移动。

---

① 杨新：《论竞技武术套路演练的节奏》，《北京体育大学学报》2005年第12期，第1728—1729页。

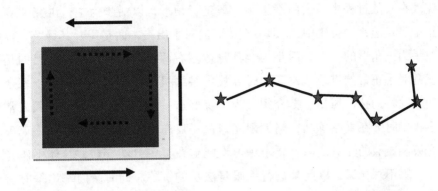

图4-8　火盘架子运动路线效果　　图4-9　"七星链"运动路线效果

表4-1　　　　　　　　　土家族余门拳套路一览

| 序号—项目 | 序号—项目 | 序号—项目 |
|---|---|---|
| 1. 一马三箭（一） | 15. 支子（一） | 29. 蜘蛛爬壁 |
| 2. 一马三箭（二） | 16. 支子（二） | 30. 三路盘拳 |
| 3. 火盘架子 | 17. 栀子拳 | 31. 余门挑刀 |
| 4. 大燕青（一） | 18. 挂印封侯 | 32. 老八刀 |
| 5. 大燕青（二） | 19. 精华拳 | 33. 小环单刀 |
| 6. 小燕青 | 20. 返风 | 34. 滚龙花枪 |
| 7. 连掌（一） | 21. 正庄 | 35. 滚蹬剑 |
| 8. 连掌（二） | 22. 游城 | 36. 余家棍 |
| 9. 铲手 | 23. 翻沉子 | 37. 齐眉棍 |
| 10. 掺手 | 24. 总拳 | 38. 南征棍 |
| 11. 长捶 | 25. 头路拳 | 39. 双头棍 |
| 12. 七星链 | 26. 波浪拳 | 40. 南阳刀 |
| 13. 二路黑虎拳 | 27. 余门拳 | 41. 沉香拐 |
| 14. 马步双劈掌 | 28. 三战 | 42. 滚蹬双刀 |

资料来源：结合《四川武术大全》整理而成。

（五）余门拳技击法则表达的文化内涵

其一，拳走边锋、轻出重击。

步活拳快、步慢拳滞，中国武术无不视步法为实战中能够取胜的关键。在实战过程中，余门拳进步一般走三角形，以活步为主，讲究"守正中、走边锋、打正中"，即不直接面向对手出击，而是避开其锋芒，以对手为三角形的一点，活步闪至其身体左右两侧面进行攻击。其目的是扰乱对手正常的进攻节奏，同时寻找可乘之机果断出击，体现出土家余门拳独特的技击风格。据介绍，为了练好这一绝技，以前土家族武人常于正午时分在堂屋练功，当太阳光透过瓦片在空中及地面上形成一束束光束和斑驳的光斑之时，要求练习者能够在其中自然穿梭，身体不碰光束，脚不踩光斑，以此来进行手眼身法步的练习。同时余门拳出拳时讲求短手寸劲、轻出重击，出手时看似轻柔无力，击打时则用重拳，要求发力充分刚脆，后发先至，突出击打效果。

其二，出手变招、以变制敌。

余门拳技法包括提、砍、砸、压、宰、刹、勾、挂、沾、贴、沉、碎、封、闭、擒、拿等，但实战过程中尤以上肢技法丰富，使用频率较高，讲究一招多变手，虚实结合。同时讲究沾手打手，连续攻击，要求仅通过手掌和手腕动作的变化能够在一秒钟连续变换四个动作进行攻击，据说余门绝顶高手甚至可以在一秒钟内完成七个动作。例如在对决过程中，当对手以锁喉功锁住自己脖子时，一般先尽力侧身后撤，接着用肘砸开其手腕，然后前臂顺势向前直奔对手咽喉，用"余门四式"：插、扣、崩、压制敌，要求四个动作一气呵成，以迅雷不及掩耳之势击倒对手。丁耀庭说："余门四式是余门拳中的绝技，除非与人生死对决，否则一般不能轻易使用，所谓'插'就是以掌尖向前穿插对手咽喉；'扣'也称为'锁'，是以手掌从后将对手脖子锁住；'崩'则是以瓦棱拳横向击打对手颈动脉；'按'是向下打砸以使其倒地。余门四式也是最难练的，一般用打标板（木板）的方法来进行训练，其具体方法是练习者站在并排悬挂的四块标板前，要求能够在一秒钟之内完成上述四个动作，不仅要讲求速度，还要追求力度和效果，要能够在一秒钟内用这四个动作将标板一一击破才算成功。"由此可见，变化之中出神奇，变招乃是余门拳技击制胜之法宝所在。

其三，矮步截击、借力还力。

拳谚有云："起腿半边空""出腿七分险"，其意思就是轻易起腿很容易失去重心，从而给对手以可乘之机。由于土家族人普遍身材矮小，出腿不占优势，除非有十足的把握，故而实战中较少起腿。余门拳技击过程中，出腿往往只是为了进行截击，对敌时一般要求起脚不过膝，起腿不过腰。若遇对手起低腿，则以脚掌进行截击，截击的同时迅速踹其支撑腿以使其失去重心，这就要求具备较大的脚部力量和较快的反应能力。余门拳十分重视脚的截击效果，为了有效练习这一技能，平时功力训练时常以脚掌推挪木墩、石墩来增强下肢力量。若遇对手起高腿，则矮步迅速跟进，并用肩背靠向对手，以对手裆部或大腿根部为支点发力向前上方顶靠，利用弹抖劲借力还力将对手击倒，或跟进后顺着对手用力方向迅速抱摔对手，在这一点上土家余门拳与陈氏太极拳有异曲同工之妙。

其四，以巧打快、出一看三。

余门拳技击歌诀云："一打眼睛，二打迈，三打腰身，四打快。"充分体现了其以巧打快、以快制慢的技击特色。余门拳实战对敌时要求不贪打（贪打必挨打），但有机必打。意思就是说要能够审时度势，没有很好的机会一般不要轻易出手，贸然出击往往容易给对手造成可乘之机，但一旦机会来临则必须果断出击，否则机会稍纵即逝。同时余门拳实战过程又如同高手走棋，要求走一步看三步，要善于观察和预测对手的招式，通过对手的眼神、脚步和出招，能够预测其后面的招数，从而针对其采取行之有效的应对招数，这样才能赢得先机，掌握主动。另外，余门拳实战对敌讲究近身短打，出手狠准，且多攻击人体的要害部位诸如眼睛、后脑、颈部、裆部等，"出手伤人，退手不认"，要求出手收手速度迅捷。调研过程中，余门拳掌门人丁耀庭给笔者讲述了一段他的亲身经历：

> 余门拳技击实战性特别强，由于它热衷于攻击对手的要害部位，因而它或许更适合于乱世草莽之间的搏命拼杀，在现代的和谐社会中它却失去了展示绝招的机会，而唯一没有规则限制的就是打黑拳。20世纪90年代我给一个房地产老板当保镖，在云南曾经打过一场黑拳，当时两个老板一时兴起，便出钱各找一个拳师来打一场。和我对决的是一个身高近一米九的彪悍大个子，由于力量的悬殊，几招过后，我被他抓住举在空中，正准备往膝盖上顶，此时我迅速以左手扣住他的后脑要害，而右手则使用鹰爪锁喉功直奔其喉咙，迫使

他不得不慢慢将我放下来。这或许看来不大光彩，但实战对敌时就顾不得那么多了，如若不使用这样的招数，估计那天我定是凶多吉少；2011年我代表四川省参加了第五届澳门国际传统武术精英大赛，并获得了套路表演的一金一银。但遗憾的是在格斗项目中却被取消了资格。和我比赛的是一个练泰拳的选手，当时我和他打了6个回合，且每次都击倒了他，但最终泰拳选手得19分，而我却因为动作犯规而被倒扣了10分，还没打完就被取消了资格。

## 第二节　刚猛如铁的土家铁木拳

### 一　铁木拳的源流与传承

铁木拳是流传于湖北恩施土家族苗族自治州来凤县、咸丰县、宣恩县，湖南湘西土家族苗族自治州龙山县、保靖县等地区较有影响的土家族传统武术拳种之一。据传铁木拳为元代蒙古英雄铁木真所创，故而该拳以"铁木"冠名，流传至今已逾800年历史，但这种说法的确切性还有待进一步的考证。参阅余氏家谱，同时根据该拳第三十七代传人余运红的口述，土家族铁木拳的历史源流大抵可归纳如下。

铁木拳始于元朝初年，为蒙古英雄铁木真所创。一代天骄曾携此技西征欧亚、南讨金宋，攻城略池，势如破竹，最终完成了民族统一大业。此后，铁木拳便在皇族后裔中广为流传。元朝末年，民族矛盾日益激化，农民起义风起云涌。平民英雄朱元璋推翻元朝的统治，建立起了朱明王朝，随后便发布了"驱除胡虏，恢复中原"的政治纲领，各元朝遗孤们更是成为清剿的重点对象。而当时驻守河南的铁木真第五代嫡孙南平王铁木健之后"九子一女一婿"正在河南江北一带围剿红巾军，当他们兵败之后，北归之路已被切断，于是此11人聚集湖广麻城（一说庐州）以观后变。为避灭门之祸，于是全家及其随从380余人向西逃窜（时云、贵、川三省尚在元朝控制之下）。当一行人等行至蜀川泸阳岸凤锦桥时，前有关卡，后有追兵，且人多容易引人注意，于是便商议改名更姓，散居各地生存。他们起初决定取"铁"字之"金"旁而为金姓，但又觉得不妥，因为"金"与"铁"相属，容易被察觉。正在纠结之时，忽见河中鱼跃，于是大家灵机一动，遂将"金"字下面的一横去掉，继而改为"余"姓，含"余存、杀不尽斩不绝还有余"之义。于是九子一女一婿分别改名为余清、余醇、余祯、余藩、余和、余屏、余翰、余垣、余芳、余寿英及余伯。① 同时为便于日后相认，他们插柳为香，题诗为证，十兄妹挥泪辞别，从而由帝王世家沦落为乡井布衣，隐居于湘、鄂、川、黔等地。而铁木拳也随之传承于武陵山区，成为余氏家族的世袭拳术。铁木拳在余氏家族传承过程中，经历代拳师的潜心钻研，不断补益，在借鉴外来拳法并吸收当地武术之精华的基础上进行科学的创新与完善，逐渐形成了一门内容丰富、风格突出、特色鲜明，包括余氏铁木拳、铁手拳、铁手掌、铁木刀、铁手棍、板凳拳等一系列拳械套路的武术拳种，成为土家族地区极具代表性的武术拳种之一。

笔者查阅相关文献资料显示，目前关于土家族铁木拳的起源还没有较有权威的记载，例如《湖北武术拳械录》《湖南武术拳械录》等著作中均无该拳起源的相关记叙，而铁木拳是否真正为元代英雄铁木真所创还有待于进一步的考证。但从实地考察和调研情况来看，该拳具备一般武术拳种的内容体系，应为土生土长的本地武术拳种，同时其技术特色又带有典型的南方拳派的风格。综合各方面因素，笔者认为土家族铁木拳应属于长江中下游地方南拳拳种之一。

　　铁木健之九子一女一婿十一人分手诗：
　　吾本元朝宰相家，红巾赶散入西涯。
　　泸阳岸上分携手，凤锦桥边折柳桠。
　　否泰由天皆是命，悲伤思我又思他。

---

① 近年来，在四川、重庆、贵州、云南、湖南、安徽以及江西等地有一些余姓族人，认为他们是元世祖铁木真的后裔，其姓氏原本为复姓"铁木"，只是后来他们的先祖为避战祸而将"铁木"改为了"余"姓。他们在成都成立了中华余姓历史文化研究中心，随后各地也先后成立了相应的分中心。这一现象也引起了历史学界和民族学界的高度重视，例如中国社会科学院民族研究所白滨研究员，内蒙古民宗委荣盛副主任，云南民族学者高力士、马世雯、杜玉亭，四川民族学者胡昭曦、李绍明、那楚格等都曾对此进行过研究，并发表过相关学术专论。目前学术界针对铁改余姓这段历史的真实性也一直处于争论之中。

余字原无三两姓，一家发作百千家。

十人誓愿归何处，如梦云游浪卷沙。①

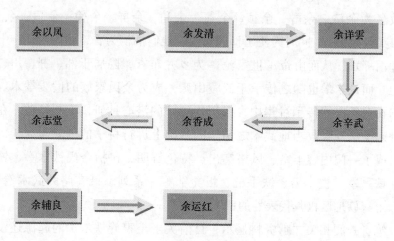

图 4 - 10　土家族铁木拳近八代传承谱系

## 二　铁木拳的技术体系与文化内涵

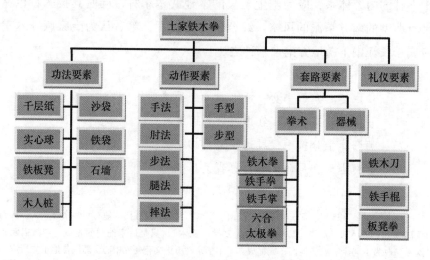

图 4 - 11　铁木拳内容体系构成

---

① 崔燃：《铁改余姓：成吉思汗后裔的传奇》，《华西都市报》2014 年 5 月 10 日。

（一）铁木拳礼仪规范及其文化内涵

武术礼仪规范作为武德的重要组成部分，是广大习武之人所共同遵守的最基本的道德行为规范。对习武者而言，它不仅体现在整个习武过程中，而且在习武之外的日常生活中也同样发挥着积极的道德教化作用。铁木拳在传承过程中十分重视礼仪规范的培养与实践，并以此来约束其弟子的言谈举止。铁木拳要求其弟子恪守"尊师重道""谦虚恭敬""讲礼守信""忠义纯笃"的行为准则，一言一行都要符合道德行为准绳。在日常生活中，铁木拳要求其门下弟子分美丑、辨善恶，具备良好的武德观念。"一惩恶来二扬善，益寿又延年。"是铁木拳弟子毕生的追求。这句话包含了两个层面的意思，它一方面告诫其弟子练拳是为了强身健体，修身养性，从而达到体魄康健益寿延年之目的，而不是寻衅斗殴，逞强好胜。另一方面亦要求精通此技之人树立起正确的价值观与处世原则，在日常生活中能够明辨是非，拥有强烈的正义感，抑恶扬善、扶助弱小。路见不平时能够挺身而出，敢于同一切邪恶势力做斗争，从而为弘扬社会正气促进和谐社会做出一定的贡献。

（二）铁木拳功法特点及其文化内涵

其一，讲究练功时间与方位。

对于练功时间而言，铁木拳讲究早练寅、卯，晚练酉、戌，寅时指黎明，为凌晨3时至5时；卯时为破晓时分，指早上5时至7时，此时太阳刚刚露脸并从东方冉冉升起；酉时指下午5时至7时，为太阳落山的时候；而戌时则指黄昏，为下午7时至9时。就练功方位而言，铁木拳则讲究早不朝东，午不朝南，晚不朝西，永不朝北。据铁木拳第37代传人余运红介绍，铁木拳对练功时间的规定并无特殊含义，当是多年以来铁木拳弟子约定俗成的一种练功习惯。而练功方位的选择则是以不正对太阳的方向站立为准，由于一天中太阳是按照东—南—西的轨迹而运行，故而在练功时其方位讲究早不朝东，午不朝南，晚不朝西。而永不朝北则包含了两层含义：第一，"北"指败北，不朝北是希望与人交手时永远立于不败之地；第二，由于铁木拳的创始人铁木真乃是北方草原上的大英雄，而余氏先祖又是由北方逃难而来，出于对先祖的敬重，故而练功时其站立的方位是不能朝北的，带有浓厚的文化意蕴。

其二，功法种类繁多、方法多样。

功法是习练武术的基础，是提高身体机能的主要途径。铁木拳拥有一整套针对身体各个部位的功法训练体系，包括各种桩功、腿功、臂功、肘功、掌功、爪功以及拍打功等。以马步桩功为例，拳谚云："要学打先扎马""入门先站三年桩"，充分说明马步桩是习练武术最基本的桩步。一般而言，扎马步桩的目的有二：一是练腿力，用以增强下肢的稳定性与身体的平衡能力，只有下盘桩步稳定了，打拳的拳才会沉稳；二是练内功，用以调节精气神并锻炼习武者的意志力。铁木拳同其他武术拳种一样，将马步桩作为习练武术的基础功法而贯穿始终。铁木拳马步桩要求扎四平马步，练功时挺胸收腹抬头，腰部与大腿成 90 度夹角，大腿与小腿亦成 90 度之夹角，同时脚尖内扣，五趾抓地，提肛收臀，两手握拳收于腰间抑或两手臂向外平举。对于有一定功底的习练者而言，为增加难度，还可在其头顶、两肩、两手掌、两膝部位各放一满碗水，然后在其身旁插上一炷燃烧的香，要求坚持一炷香的时间而水不外泼。又如铁木拳之千层纸练功方法，将粗纸多层叠挂于墙壁、木柱或树干上，每日早晚两次对准纸张进行各种冲拳或推掌练习，直至力竭为止，每练一天则撕纸一张，直至撕完后仍猛力拳击而手无损伤则为功成。其他诸如石锁、沙袋、铁袋、实心球、石墙、铁板凳、树桩、木人桩等都是铁木拳较常用的练功器具。

其三，内外结合的功法训练特点。

中国武术各门派在功法训练时大多注重内外结合，没有纯粹的外功与内功之分。铁木拳作为中国武术大家庭中的一员，同样体现出中国武术内外兼修的功法训练特点。为体现出其刚猛如铁的技术风格，铁木拳要求在硬功上下功夫，例如各种打树桩、千层纸、劈沙堆、踢沙袋练习等，就是直接以拳、掌、爪、肘、脚、腿等进行各种劈、砍、插、剁、砸、抓、压、靠、踢、踹等动作，以增强身体的实战抗击打能力。除了这种硬功练习外，铁木拳亦十分注重内功的修炼，注重静心养神，呼吸吐纳和气息的运行，以此来达到健身养生之目的。重练又重养，充分反映出铁木拳内外兼修的武学理念。

（三）铁木拳手型步型特点及其文化内涵

铁木拳的拳型包括平拳和尖拳。其中平拳在手型上与长拳之平拳无异；尖拳又称凤点头，是铁木拳中较特殊的一个手型，其手型为中指第二指节向外凸出成尖，其余四指向内卷曲捏紧，其中大拇指第一指节紧压中指第一指节以防止其滑动。由于受力面积小，实战中该拳主要用以击打穴道。铁木拳的掌型主要有剁掌、迎弓掌和柳叶掌。剁掌和迎弓掌的掌型相似，大拇指弯曲，其余四指略开，自然伸直或微屈，虎口外撑以增加击打的力度。柳叶掌的掌型特点是拇指弯曲，食指与无名指靠拢，中指位于食指与无名指上方，此三根手指叠在一起，此掌的作用除增加出掌的力度外，还可用于防守中迅速摆脱对手的抓握。铁木拳的爪型主要是鹰勾爪，又名秤钩爪。无名指与小指卷曲紧贴掌心，其余三指弯曲外撑呈秤钩形状，此手型主要用以实战中的擒拿与锁喉，具有较强的实战性。由此不难看出，铁木拳的各种手型都是紧紧围绕实战而设计的。

图 4-12　尖拳　　　　　　　　　　　图 4-13　柳叶掌

　　除弓步、马步、仆步、虚步、歇步等常见的步型外，铁木拳还拥有蝶步、跪步、独立步等诸多南拳类步型。铁木拳的雄鸡步从外观上看类似于武术的虚步，两脚前后开立，后腿稍屈膝，前脚脚尖轻点地面或稍提起，重心落于后腿，雄鸡步的作用主要是便于移动和利用前脚连续踢击对手。另外，为便于实战，铁木拳的步型没有长拳那么规整，例如弓步后腿不需要内扣，类似于横裆步，而仆步仆出腿亦不必伸直，坐盘（古树盘根）类似于歇步，各种步型其步子较小，身体重心相对较高，这样便于移动，速度快，有利于技击。铁木拳之手型步型特点亦映射出其南派武术的影踪。

图4-14　秤钩爪　　　　　　　　　　图4-15　凤眼勾

（四）铁木拳手法腿法特点及其文化内涵

铁木拳上肢技法丰富，包括各种掌法、拳法、捶法、爪法及肘法。掌法包括剁掌、劈掌、插掌等，其中剁掌力点在掌根，劈掌力点为手掌小指一侧，插掌的力点在手掌指尖，其要求是汇集全身之力于手掌进行击打。铁木拳的冲拳形式较为特别，其冲拳的方向一般不向正前方，而是向身体侧方冲出。以弓步冲拳为例，其冲拳结束时要求两脚与拳所形成的三个点呈三角形而非一条直线，同时为防止卸力，要求冲拳结束时手臂不能完全伸直。若向前冲直拳，则要求手臂紧贴肋部，其目的主要是在进攻的同时不暴露自身的薄弱点，从而能够较好地保护自己。炮子捶是铁木拳中较特殊的拳法，其动作类似于南拳的抛拳，要求直臂向前上方或下方抛击，例如搂裆炮子捶，即直臂向前下方抛击对手的裆部，极具杀伤力。铁木拳的肘法包括挑心肘、扫肘、滚肘、顶肘、砸肘、坠肘、拦肘、坐肘等，此外还有各种形式的勾法及爪法等。

图 4 - 16　侧身锁喉爪

图 4 - 17　雄鸡步

　　铁木拳下肢腿法相对较少，主要有各种铲腿、蹬腿、踊腿、踹腿、钉腿、截腿、地盘子（扫腿）等，其中铲腿主要是铲击对手膝关节以下部位，其力点在脚外侧部位。而扫腿又分为前扫与后扫两种，以一腿向前或后伏地扫击，亦可连续扫击，着力点在脚踝与脚掌部位。铁木拳的扫腿重实用而不重美观，以扫倒对手为终极目的，因此实战中其扫腿的运动轨迹往往只有半个圆。

　　（五）铁木拳套路运动特点及其文化内涵

　　套路是中国武术独特的运动形式，也是中国武术区别于其他武技的一大技术特征。它是"以技击动作为素材，以攻守进退、动静疾徐、刚柔虚实等矛盾运动的变化规律编成的整套练习形式"[1]。套路是土家族铁木拳的主要运动形式，铁木拳体系共包含铁木拳、铁手拳、铁手掌、铁木刀、铁手棍、板凳拳及其六合太极拳共计7个套路，其套路特点主要体现在如下几个方面。

　　其一，套路结构：铁木拳套路结构相对较为紧凑、凝练，重复动作较少。就动作数量而言，动作最多为56式，如铁木拳和六合太极拳，而铁手棍和铁手掌动作相对较少，均为16个动作；就演练时间而言，正常情况下铁木拳打完一套需要2分半钟，而铁手拳则在1分半钟左右，这就

---

　　① 全国体育院校教材委员会：《中国武术教程》，人民体育出版社2003年版，第16页。

使得演练起来不至于显得枯燥乏味；就动作构成而言，铁木拳套路动作方法较为丰富，主要包括身体上下肢各部位的撩、砍、挡、架、擒、锁、勾、挑、压、抛、肘、滚、踹、铲、扫等动作，其中尤以上肢技法丰富，而腿法和跳跃动作相对较少，其上下肢动作的比例在7∶3左右，体现出鲜明的南派武术特色。

铁木拳套路动作名称

预备　1. 讲礼，2. 运气，3. 沉气，4. 三响岳家手，5. 开弓，6. 滚肘，7. 弓步掌，8. 马步架打，9. 白蛇吐信，10. 弓步捶，11. 撩阴偷桃，12. 撩阴锁喉，13. 雪花盖顶，14. 铁蛇过江，15. 迎弓掌，16. 跌步砍掌，17. 压手捶，18. 顺手牵羊，19. 弟兄手，20. 里合腿，21. 比干挖心，22. 双龙抱柱，23. 金鼓齐鸣，24. 正蹬，25. 拦肘，26. 铁木拜寿，27. 半步金钱，28. 扫造式，29. 抛膝，30. 砸肘，31. 苏秦背剑，32. 金蛇上树，33. 魁心点，34. 左右勾煞，35. 连环捶，36. 霸王举鼎，37. 虎抱捶，38. 地盘子，39. 晋仓撮谷，40. 寸拳，41. 坠肘，42. 八仙敬酒，43. 侧踹，44. 燕子穿云，45. 巴公扯带，46. 挑心肘，47. 海底摸沙，48. 阴阳掌，49. 双马破槽，50. 大鹏展翅，51. 飞展，52. 蛟龙出海，53. 回马肘，54. 喉钳手，55. 乌天黑地，56. 银针插鼻　收桩

铁手拳套路动作名称

预备　1. 讲礼，2. 运气，3. 沉气，4. 三响岳家手，5. 直拳，6. 顶肘，7. 上勾拳，8. 关公阻刀，9. 横勾拳，10. 双峰贯耳，11. 双龙出洞，12. 古树盘根，13. 跪步冲拳，14. 脱背掌，15. 凤凰撑衣，16. 挫肘，17. 佛搭门，18. 双关铁门，19. 炮子捶，20. 运体捶，21. 回马鞭，22. 平胸炮，23. 盘肘，24. 金刀劈瓜，25. 连环腿，26. 开弓肘（左右），27. 关公敬酒，28. 犀牛滚塘，29. 铁牛奔栏，30. 孔明看书，31. 二龙戏珠，32. 铁扫帚，33. 元甲刀　收桩

其二，演练节奏：铁木拳套路节奏鲜明、气韵生动，演练起来显得

铿锵有力。以铁木拳第一段动作为例，其起势动作速度较为缓慢，通过"运气"和"沉气"这两个动作的酝酿，快速完成"三响岳家手"，然后通过"开弓"的平稳过渡，完成"滚肘""弓步掌"和"马步架打"三个动作。在"白蛇吐信"动作稍作停顿之后，接下来的"弓步捶""撩阴偷桃"和"撩阴锁喉"三个动作则是一步一动，节奏相对较为平缓。但紧接着从"雪花盖顶"直到"压手捶"这五个动作则要求招式连贯、一气呵成，如江河之水般川流不息。可见铁木拳在演练节奏上整体显得松紧自然，快慢相间，沉稳矫健，自然大方。

其三，劲力把握：武术套路中的劲力是武术的灵魂所在，它是武术演练过程中意、气、力三要素的高度融合与概括。一般而言，传统武术大多都讲究筋骨立形，遒劲充实。"所谓'遒劲'，就是顿折须有圆转，有力而不露棱角，遒润而有骨力。"① 铁木拳套路动作势猛力沉，发力刚脆，但刚而不僵，通畅顺达，一招一式充满遒劲。例如各种冲拳、推掌、炮捶或砸肘等动作，一般都是先蓄后发，汇聚周身力量向前击发，同时铁木拳在套路的演练过程中往往还会伴随着吐气而发声以助威助力，整体上显得遒劲充实，刚劲有力。

其四，运动路线：铁木拳套路的运动路线较具特色，其运动轨迹讲究走四方四隅，套路演练时要求练习者将其身体的东、南、西、北四个方位全都打到，最后返回原点收桩，而不是做直进直退等简单的线性运动轨迹。那么究竟何为四方四隅？《中国武术大辞典》中认为四方也即四正，指东、南、西、北四个正方向，或指身体的前、后、左、右四个方位。而四隅则指东南、东北、西南、西北四个斜方向。② 由此不难看出，铁木拳四方四隅的套路运动轨迹正好映射出其重变化，尚灵巧的技术文化内涵。

（六）铁木拳技击法则表达的文化内涵

其一，勇与神和，胆气为先。

---

① 全国体育院校教材委员会审定：《武术理论基础》，人民体育出版社 1997 年版，第143 页。

② 《中国武术大辞典》编辑委员会：《中国武术大辞典》，人民体育出版社 1990 年版，第14 页。

武术技击术历来把胆气放在第一位，叫作"一打胆"，只有勇者才有获胜的希望。《大成拳诀》中说："胆气放纵，处处有法，胆怯心虚，不能取胜。"《少林交手诀》中亦云："一虎能胜十人胆，临敌要有十虎勇。一人胆大百人怕，孤将勇猛万夫惊。"① 形象地说明了胆魄在实战中所起到的作用。临敌时，铁木拳追求勇与神合、胆气为先的技击理念，要求从气势上压制对手，拥有无所畏惧的勇气和敢打必胜的信心。"神"即眼神，透过它可以反映出一个人的内心世界。一般而言，神采奕奕的眼神昭示着一个人的自信与镇定，临敌时才不致自乱阵脚，才能冷静地运用各种对敌的技战术。而恍惚迷离的眼神则透露出一个人的心虚与胆怯，还未交手即从气势上败下阵来。故而铁木拳临敌时要求精神抖擞，处变不惊，只有这样方能赢得先机。

其二，眼与心合，声东击西。

从某种程度上来说，武术的技击实战是缩小了的战争，兵法上的某些战略战术、方法措施等同样适用于武术的技击实践。铁木拳实战中同样讲究声东击西，虚实结合的战略战术，指上打下、指左打右是其技击特色之所在。据铁木拳名家余运红介绍，一般人打拳时大多是眼到手到，即眼睛瞄向哪里拳便打向哪里，其结果往往会让人看出你的意图，从而采取针对性的防守或反击措施，容易给对手造成可乘之机。而当铁木拳的修炼达到化境之后，便可以做到眼与心合，心到手到眼到，也就是以心行拳的境界。铁木拳高手在实战时往往都是随心所欲，例如当他欲攻击对手咽喉的时候，眼睛却是盯着对手下肢或躯干的某一部位，只以余光留意攻击部位，而当眼光移动到攻击部位的时候其击打动作则早已完成。与此同时，铁木拳在技击实战中还应善于辨别对方的虚实，讲究示形动敌，避实击虚。只有明察对手的虚实，才能选择正确的技战术，从而达到避实击虚制胜于人的技击效果。

其三，以静制动，见招拆招。

虽然铁木拳具有刚劲有力、勇猛泼辣的技术风格，但实战中铁木拳

---

① 全国体育院校教材委员会审定：《武术理论基础》，人民体育出版社 1997 年版，第109 页。

在大多数情况下却不提倡主动出击，而是追求以静制动，以不变应万变的技击内涵。铁木拳交手时尤其讲究防守反击，在防守的同时一般都会承上启下地带有一个反击动作。例如当对手以弓步冲拳进攻时，可用前臂自上而下拍打将其化解，同时身体重心迅速跟上，以鞭拳顺势击打其面部或耳根。也可旋臂格挡进行化解，然后顺势以立拳或迎弓掌攻击其胸部与颈部，或者以尖拳击打其章门穴道等。铁木拳弟子在平时的训练过程中即有针对性地进行各种拆招喂招练习，并总结出了针对各种进攻招数的相应防守反击动作，经过长期的操练巩固，达到招熟后便可在实战中见招拆招、运用自如。

其四，出手变招，突袭快准。

中国武术在实战过程中大多讲究出手变招，追求变化之中出神奇的技击功效。与土家族余门拳相似，土家族铁木拳同样崇尚出手变招，一招多变手，以变制敌的技击追求。铁木拳技击出招时，一个简单的动作后面一般会伴随着较多的变化，让人防不胜防。以平拳攻击对手前胸为例，若对手向后退让则可迅速由冲拳变插掌向前戳击，若一击不中，亦可顺势以上步挑心肘向前直击对手心窝。倘若对手向侧面躲闪，则可由平拳直接变尖拳或鹰爪奔袭对手咽喉部位，可用尖拳击打对手颈动脉或以锁喉功制服对手，整个过程要求一气呵成，变招动作迅速连贯自然，以迅雷不及掩耳之势击倒对手。另外，虽然铁木拳对敌时讲究以静制动，不提倡主动出击，但这并不意味着一味地消极等待，倘若对手露出了明显的破绽，出现了较为适宜的进攻机会，则应当机立断，快速准确地突袭对手，否则机会稍纵即逝，白白贻误良好战机。

其五，一招制敌，勇猛泼辣。

受传统武术伦理道德的制约，中国武术在与人交手时有所谓的"八打"与"八不打"①之说，天门、章门、神门、命门等重要穴位以及下

---

① 康戈武：《中国武术实用大全》，中华书局2004年版，第639页。其中"八打"指练习徒手搏击时，打之易于制服对手的身体部位，具体包括眉头双眼、唇上人中、穿腮耳门、背后骨缝、肋内肺腑（双肋）、撩阴高骨（耻骨）、鹤膝虎头（髌骨）、破骨千金（臁骨）这八个身体部位；而"八不打"则指与人搏斗时，打之可能致残或致死的部位，具体包括太阳穴、胸口剑突、中心内壁、两腋、下阴、腰眼、骶尾骨、耳门这八个部位。

阴、咽喉与后脑勺等部位是严禁击打的，因为这些部位大多是人体的薄弱环节或要害部位，有致残与致死的可能性。然而铁木拳在实战过程中，尤其是与人性命相搏时，以上这些禁击部位则成为其重点攻击的部位，要求一招制敌。例如在铁木拳套路中就有诸如"撩阴偷桃""撩阴锁喉""挑心肘""喉钳手""炮子捶""蜻蜓点水"等诸多泼辣狠毒的招式。以"蜻蜓点水"为例，定势时按雄鸡步站立，进攻时重心前移，继而起后腿向前一低一高连续快速完成两次踢击动作，低腿可击打对手小腿、膝关节和裆部，而高腿则可踢打对手裆部、前胸和咽喉，其中裆部、前胸和咽喉又是其重点攻击的几个要害部位。与此同时，铁木拳在实战对敌时还拥有许多反关节擒拿招式，称之为策手，其目的是控制对手的关节、穴位以及身体的某些要害部位，以使其迅速丧失反抗能力。例如反手压臂、铁牛奔栏、苏秦背剑等动作，反映出土家族铁木拳高度重视技击实战的文化内涵。

图 4-18　土家族铁木拳常用擒拿招式：反手压臂、苏秦背剑、铁牛奔栏

# 第三节　土家族其他稀有武术拳械

　　除了余门拳、铁木拳等内容宏富、特色鲜明的传统武术拳种外，勤劳勇敢的土家族人民在改造大自然的同时也创造了许多风格独具的稀有武术拳械，成为土家族山寨文化的重要组成部分。而其中的某些武术器

械更是样式奇异，技法独特，相对于一般武术器械而言拥有较为特殊的形制和功用，这主要是土家族武人为了适应特殊的地理人文环境而创制的，其中许多都是直接由生产工具或日常生活用具演变而来，带有浓郁的民族文化气息。

## 一　土家鸡形拳

### （一）源流探析

鸡是由野禽转变为家禽的一种动物，土家山民在很早以前就将鸡作为家禽进行饲养，并且一直保持着斗鸡这种传统习俗。公鸡在土家人心目中是非常有灵气的动物，同时也是驱邪消灾之物。土家鸡形拳是流传于湖南省湘西土家族苗族自治州永顺、龙山等县市土家山寨的稀有武术拳术，其最初是由永顺县土家族武术大师张海泉先生所创，流传至今已逾100年的历史。张海泉（1879—1975）从小酷爱武术，年轻时期曾参加过义和团运动，学习过许多北方的武术拳种。张海泉特别喜欢斗鸡，家中常年饲养着数十只雄鸡。他从雄鸡相斗过程中所表现出来的各种站立、提踩、蹦跳、闪躲、拍打、嘴啄等动作，以及其闪展腾跃、起伏跌宕、灵活善战的身体姿态中得到启发，将雄鸡勇猛搏斗的矫健形态与自己所学之北方拳术有机地融合在一起，象形取义，从形态、动作、技击等方面进行精心的揣摩，形象化的模仿，终于创编出了一套风格别具的鸡形拳流传于土家山寨。

### （二）技术体系及风格

土家族鸡形拳内容丰富，形象生动，技击性较强。其步型主要有虚步、丁步、独立步（金鸡独立），步法有击步、垫步、矮子步和弧形步，腿法有踩腿、弹腿、铲腿、跳跃。手型有鸡爪、鸡嘴形，手法有啄、点、抓、叉、削等。身法讲究大开大合，颈部时伸时紧。鸡形拳的风格特点是昂首提胸、神气贯顶、提腿翻足、腿快足灵。实战中鸡形拳要求动作快速连贯，落地如钉，常以头碰、肩扛、胯靠、爪抓、脚弹等动作攻击对手。鸡形拳的技击法则是："有形无形真真假假，形内藏针其中妙门。"技击方法为："敌进洪门把钟撞，神爪前伸去投梁；他抢偏门把草卷，雄鸡踩花定遭殃。"另有十二字口诀:"洪门闯,偏门逼,吞而吐,虚实清。"① 此乃土家鸡形拳技击之精要。

现今在土家族地区广为流传的鸡形拳套路是由张海泉的第三代传人彭继详先生创编的。彭继详在师传鸡形拳的基础上,结合现代武术的技术特点,推陈出新,择取雄鸡出笼、鸣啼、寻食、啄食、拍翅、展翅、扑灰、追逐、合翅等动作创编而成。其典型动作诸如"雄鸡啄米""金鸡独立""飞爪戏珠""雄鸡挠尾""雄鸡踩花""雄鸡扒地""雄鸡高唱"等,形象生动,技击性较强。套路整体上显得快速连贯而又不失沉稳矫健,气势磅礴且自然大方。套路演练时要求模仿鸡的形态,但又不能过于追求鸡形而失去其攻防含义,必须有攻有防还有形。每做一个动作,要求气沉心稳,快速准确,手到脚到,上下相随,配合协调,常借鸡鸣之声助气助力。

### 土家族稀有武术鸡形拳套路动作名称

1. 起势,2. 左侧踹腿(雄鸡伸腿),3. 虚步勾手(雄鸡啄米),4. 虚步分掌(雄鸡闪翅),5. 左右虚步插掌(雄鸡叼口),6. 腾空箭弹(飞爪戏珠),7. 向后撩踢(雄鸡挠尾),8. 虚步吊勾手(雄鸡寻食),9. 弹腿插掌(雄鸡过坎),10. 提膝上架(金鸡独立),11. 十字坐盘(寒鸡抱蛋),12. 转身外摆腿(雄鸡摆尾),13. 右弓步反弹掌(雄鸡扑面),14. 虚步十字手(雄鸡折翅),15. 弹腿上架(雄鸡过坎),16. 左侧铲腿(雄鸡伸腿),17. 虚步立掌(雄鸡拦门),18. 左右提膝上架(左右金鸡独立),19. 虚步拍打(雄鸡拍翅),20. 虚步连环掌(鸡形步),21. 腾空连击腿(雄鸡踩花),22. 盘扫腿(雄鸡扑灰),23. 下蹲前蹬腿(矮子步),24. 连环后踢(雄鸡扒地),25. 提膝挑掌(金鸡独立),26. 虚步分掌(雄鸡展翅),27. 双夹臂(雄鸡合翅),28. 虚步插掌(雄鸡叼口),29. 虚步十字手(雄鸡合翅),30. 虚步双推掌(雄鸡拍翅),31. 左右后撩腿(雄鸡扒地),32. 马步双插掌(雄鸡拍灰),33. 收势(合翅)

---

① 涂绍生、向鸣坤:《土家族民间体育》,中央民族大学出版社2000年版,第114页。

## 二 蛮刀藤牌

### (一) 源流探析

蛮刀藤牌是土家族一种攻防性极强的复合型器械套路，由蛮刀和藤牌两种器械组成，它是土家族人民在漫长的狩猎、农牧和部族战争中逐渐形成的。就其形制上而言，蛮刀长三尺许，长柄无护手，一面刃，其刀身较长，刀身前部有一个新月形的弯钩，弯钩前段配以柳叶形刀尖。蛮刀的前身是土家族先民砍畬所用的柴刀，由于生产力水平的落后，大山深处的土家族先民曾经过着较为原始的刀耕火种的生活，以狩猎、砍畬为其生计。迫于山高林密，荆棘丛生，故而砍畬所用的柴刀必须柄长刃利，这样才能砍得远、砍得宽，一刀能砍一大片，并可避免被荆棘刺手。同时刀身前方的弯钩亦可帮助钩砍荆棘杂草，还可起到勾拉攀登、防止摔跌的作用。如若遇到豺狼虎豹等野兽袭击，还可用其与之搏斗。后来由于部族战争的需要，聪明的土家族人又在弯钩前方加一个柳叶形的刀尖，遂形成了这种可砍、可钩、可刺一器三用的武术兵械。清代著名诗人商盘即专门著有《蛮刀歌》，形象地描述了土家族土兵所用之兵器——蛮刀的特色：

蛮刀歌

沙渠土司悍且豪，大为容美小散毛；

纳地久降诸洞长，尚存蛮科悬蛮刀。

此刀出闸三尺水，吴潭素练翻秋涛；

春鹃长毛白皎洁，鹍鹅安用寻常刀。

土家族的盾牌包括虎皮盾和藤盾牌，是一种防守性的武术器械。土家族先民巴人的一支——板楯蛮便是以虎皮盾而著称，善于射虎的板楯蛮常将虎皮钉于木板上制作成虎皮盾，以壮虎威。但毕竟虎皮太过稀有，于是土家族人又发明了藤盾牌供土兵使用。藤牌是用深山绵藤、葛藤和青杠藤编制而成，青杠藤质地坚硬柔韧，不易折断。制作时将青杠藤放桐油中浸泡，然后通风晾干，编织成形似筛笋抑或长方形的藤牌，在藤牌的里面接两个环，以供手臂穿握时一环套住腕，另一环套住肘。同时为了防腐并增加藤牌的硬度，往往在其表面涂上生漆。远战时可用藤牌防箭矢和流石，近战防身，能轻松抵挡刀剑的砍刺。土家人认为蛮刀可驱魔，藤牌可隔邪，用于实战则可保全自己，战无不胜。土家族武师将蛮刀和藤牌配合使用，以充分发挥蛮刀进攻与藤牌防守的功用，并创编了四套蛮刀藤牌套路，分别为送客出门、大战连营、打虎上山和卸甲归田，但其套路具体内容现今大多已经失传。

图 4 - 19　土家族藤盾牌

(二) 技术体系及风格

蛮刀藤牌曾使土家族土兵在明代东南抗倭战争中声名鹊起，以至于明朝政府下令从招募的民兵中"择其最骁勇者，各照狼兵、土兵之法，编为队伍，结为营阵，象其衣甲，演其技艺，习其劲捷，随其动止饮食"①。其威力由此可见一斑。蛮刀藤牌的技术特色是以牌护体，刀法威猛，充分发挥攻防结合的优势。防守时用藤牌挡体以防刀刃利箭，进攻时蛮刀兼具刀、剑和钩三种器械的技术特色，拥有砍、劈、钩、扎、刺、斩等技术手段，令人防不胜防。蛮刀藤牌的主要动作有"开壮手、盾牌

---

① (明) 郑若曾:《筹海图编》，李志忠点校，中华书局 2007 年版，第 738 页。

手、砍杀手、牵马过河、钩马脚"等。在军事实战中一般以左手握藤牌，右手持蛮刀，低势矮桩前进，接敌时以蛮刀钩砍敌人下肢或马腿，使其人仰马翻，接着迅速直刺、下劈、回钩，继而以藤牌护住面部和手足，身体缩作一团像皮球一样借势向前滚动，名曰"猫儿打滚"，然后突然腾空跃起又是一阵砍杀，将蛮刀与藤牌的优势发挥得淋漓尽致。

### 三　燕尾斧

（一）起源探析

燕尾斧，又称为"斧耙锄"，属长器械，是土家族稀有武术器械之一。据《古今图书集成》载："此器械自有倭时始用，在闽粤川贵云湘，旧皆有之，而制不同。"[①] 土家族"燕尾斧"是由斧头、钉耙和锄头三种生产工具组合而成，其用法可砍、可钩、可挖，一器多用。据传该器械是由土家族草药师最先发明的，由于土家族地区坡陡路险、山高林密，常有毒虫猛兽出没，草药师采药常常需要翻山越岭、攀岩蹚沟，为了便于采药同时防身自卫，药师上山采药需携带柴刀、钉耙和挖锄等器具，其中柴刀主要是为了开路之用，而钉耙和挖锄则主要是为了采药和防身。为了方便起见，聪明的药师便将三种工具整合为一种，即为"斧耙锄"。从其形制上来看，该器械前方为锋利的斧头，在斧头的另一端加一锄头，锄尖有角，形似燕子尾巴，五根耙齿则位于斧与锄之间，如同燕子脚爪，然后在器械的正下方穿一长柄，因其整个形状像燕子，故后人名之"燕尾斧"。

（二）技术体系及风格

燕尾斧的风格特点是一器多用，技法多变，势大力沉，粗犷豪迈。由于"燕尾斧"融斧、耙、锄三种兵器于一体，故而其技法也就兼具斧法中的劈、砍、剁、抹、砸、截，耙法中的推牵、扁杀、斜压、下筑、盖耙、推挡，锄法中的钩、挂、挑、刨、推等技法。燕尾斧套路有八部开山斧、八门金锁斧和八门开山斧等，其中八部开山斧和八门金锁斧是按照八卦之"休、生、伤、杜、惊、死、景、开"几个方位创编套路，

---

① （清）陈梦雷：《古今图书集成》，中华书局1988年版。

图 4-20　土家族稀有武术器械燕尾斧

而八门开山斧则是按照身体"上、下、左、右、前、后、进、退"创编，体现出鲜明的技术特色。

## 四　宫天梳

### （一）源流探析

宫天梳是一种形似梳子而小巧灵便的防身武器，它来源于土家人的日常生活实践，其最初是由土家族巫师梯玛的法器"黄杨木梳"演变而成。由于自然条件的恶劣、生产力水平的低下，旧时土家人的生存十分不易。同时又因为土家族聚居地区巫鬼文化的盛行，当人们对日常生活中的种种祸患疾病、灾难不幸以及各种怪异事件难以理解的时候，往往都会诉诸神灵，能够与神灵沟通交流的就是巫师（梯玛），而巫师在与神灵沟通过程中所使用的法器便是"黄杨木梳"。据传为了解除民众疾苦，掌坛巫师曾叩开三十三重天，跪拜于太上老君殿前，诉说着人间的疾苦，为其诚意所感，于是玉皇大帝送他一对黄杨木梳子，用以梳洗人世间的种种疾苦与矛盾，由于梳子为天宫所赠之物，遂取名为"宫天梳"，具有浓郁的神秘色彩。后来土家族武林人士发挥其聪明才智，将其改造成一种小巧的武术器械并创编套路流传于世，即为今日之宫天梳。宫天梳的制作材料一般为坚硬木质、铜、钢或者牛羊角等。就其形制而言，梳身长约 30 厘米，有梳齿若干，在梳身两端各有锋利的棱角，梳身有便于四指穿握的椭圆形小孔。以手握宫天梳，拳面部位有刺状的梳齿，拳眼和拳轮部位有凸出的尖棱。由于其小巧轻灵、携带便利的特点，深受土家族武术爱好者的青睐。

（二）技术体系及风格

土家族宫天梳的技术风格是威猛霸气、灵活狠准，进攻方式多样，其典型动作有"美女梳头""仙人照镜""缠辫护头""猫儿洗脸""玉女抽丝""婆娘挽抱"等六十四手。实战中兼具峨眉刺两头扎及其渔叉多刃刺的功用，可上叉下插、前刺后扎、左梳右缠等。宫天梳的常用手法包括各种刺、插、拉、扎、绞、架、梳、缠、劈、勾、拌等，实战性极强。现今土家族地区流传的宫天梳套路有拦门梳、四门梳、王母梳及其南洋梳等，并形成了较为凝练的梳谱，从中即可以窥见宫天梳的技术端倪。

图 4-21　土家族稀有武术器械宫天梳及其牛角宫天梳

宫天梳谱

眼观明月镜，藐视敌人不敢进。敌人用长枪，美女梳头不用慌。
拔梳枪难扎，小拨花来斩乱麻。毒蛇出洞恶，缠辫护头跑不脱。

消声藏得紧，一出三归稳准狠。童子满身灰，仙人摇头抖干净。
敌人来得凶，猫儿洗面保鼻孔。玉女抽金丝，缠住敌人不能动。
观音回头望，倒打敌人刺胸膛。敌人来得猛，转身鸳鸯边环崩。
童子献金梳，缠头护面扎破胸。天女来散花，漫天花雨起彩霞。
白鹤亮翅闪，梳了左边再右边。敌人敢上前，迎风转膝定完蛋。①

土家族稀有器械宫天梳套路动作名称

预备势　1. 左右梳头，2. 歇步下扎，3. 翻腰转身提膝，4. 弓步前扎，5. 右潭腿前扎，6. 弓步前扎，7. 丁步下刺，8. 左潭腿前扎，9. 左弓步连扎，10. 丁步下刺，11. 并步撩，12. 击步腾空前蹬，13. 提膝下刺，14. 左右拨发，15. 退步前刺，16. 翻身轮扎，17. 弓步上刺，18. 提膝拦梳，19. 左弓步贯扎，20. 右弓步贯扎，21. 左弓步上扎，22. 右弓步上扎，23. 提膝拦梳，24. 左蹬脚，25. 右蹬脚，26. 跪步前扎，27. 弓步亮梳，28. 右侧踹腿，29. 骑龙步撩刺，30. 回身反扎，31. 左蹬脚，32. 右蹬脚，33. 弓步双扎，34. 上步潭腿，35. 弓步连环刺，36. 行步前刺，37. 盖步侧踹，38. 右蹬腿，39. 后撩腿，40. 高虚步上扎，41. 弓步前扎，42. 提膝顶肘，43. 歇步下扎，44. 盖步梳头，45. 跪步前刺，46. 左勾踢腿，47. 右勾踢腿，48. 插步反扎，49. 转身梳头，50 马步前刺　收势

## 五　烟斗杆子

### (一) 源流探析

烟斗杆子是流传于湘西土家族地区的一种稀有武术器械，它来源于土家人的生活实践。作为生活用具的烟斗杆子，土家语称作"烟筒锅巴"，一般长约一尺，是土家族人用以抽吸土烟的器具。而用作武术器械的烟斗杆子，长度在一米左右，其杆身一般采用深山楠竹鞭、茶树或刺树制成，材质坚韧不易折断。杆的两端有铜质的烟嘴和烟斗，有的烟斗

---

① 黄德君、秦可国：《张家界民族武术》，湖南人民出版社 2014 年版，第 193 页。

前方还带有一个锋利的尖锥。烟斗杆子在土家人中有着特殊的用处，既可用其吸烟，又可当防身武器，还可挑行李，年老之人甚至可将其当作拐杖使用。据传永顺县郎溪石竹山土家族人覃家卫家中，拥有一根祖传的烟斗杆，该烟斗杆长达一丈二尺，烟斗大如脸盆，覃家卫平时用其练武，硕大的烟斗杆在他手中呼呼生风，气势如虹，由于他的勇猛，乡人送其外号"扁担花"①。清乾隆年间，覃家卫参加了反清农民起义，某日一队清兵包围了他家，覃家卫即以祖传的大烟斗杆子对敌，他将烟斗杆子舞得密不透风，打得清军人仰马翻、抱头鼠窜。

（二）技术体系及风格

烟斗杆子的技术风格是嘴斗兼用，前砸后挑、发力沉稳、借力打巧、勇猛泼辣。烟斗杆子在技法上与"双头棍"相似，同时又吸收了枪和锤的优点，主要包括托、点、挑、勾、撩、挂、捅、扫、抢、架、磕、戳等技法。临敌时可前砸后挑、上架下勾，左拦右扫，充分发挥烟斗杆子巧狠结合的优势。其套路典型动作有老汉抽烟、野火烧天、岩上磕灰、拦路打虎、力劈华山、倒插杨柳、秦王扫江、仙人指路、雪花盖顶、魁星点斗等，演练起来显得威猛泼辣、气势恢宏。

图 4-22　土家族稀有武术器械烟袋杆子与棒棒烟袋

---

①　由于老虎身上有形似扁担的条状花纹，故而土家族人将老虎称为"扁担花"，有时也将勇武之男子称为"扁担花"。

烟袋杆子谱

烟袋杆子分长短，长似金枪短似鞭。生活用具不可少，随身携带又方便。

怀抱金枪不用慌，仙人指路朝前方。履底一扫倒插柳，不取性命也要伤。

老汉挑水左右歪，平抡烟袋转身强。檐前三点当中捅，野火烧天命自休。

再说烟筒锅巴鞭，挡捅架格加扫盘。反身救主逞英雄，遮挡一势拦其中。

烟嘴向前夹直捅，旋转调头似捶轰。防敌连环绕身盘，拦腰横挡胜金鞭。

反刷一筒天地崩，下拦上敲真实用。走马过河对山冲，土家烟袋显神通。①

土家族稀有器械烟斗杆子套路动作名称

预备势 1. 歇步下劈（观音坐莲），2. 马步左格，3. 丁步右格，4. 左弓步下劈烟嘴（老汉劈柴），5. 右弓步反敲（野火烧天），6. 插步反扫（旋风落叶），7. 左弓步提杆（老汉抽烟），8. 右跪步上挑（猴儿偷桃），9. 马步上架（力托千斤），10. 弓步左拨（老汉打扇），11. 转身后扫（老汉推磨），12. 盖步左右下点（岩上磕灰），13. 马步横敲烟斗（拦路打虎），14. 插步绞杆（螺丝转顶），15. 上步左转身平舞杆（乌云盖日），16. 上步右转身平舞杆（乌云盖日），17. 插步下点（岩上磕灰），18. 退步下点（岩上磕灰），19. 提膝背杆（金鸡独立），20. 进步舞花下压（筒车打水），21. 马步上架下压（螃蟹夹草），22. 右弓步转身横击（回身救主），23. 转身马步上架下压（螃蟹夹草），24. 左弓步转身横击（回身救主），25. 左弓步前戳（毒蛇出洞），26. 仆步下劈（乌鸦仆地），27. 弓步背杆推掌（仙人指路），28. 左弓步肩背杆（懒龙翻身），29. 转身平抡杆（秦王扫江），30. 上

① 黄德君、秦可国：《张家界民族武术》，湖南人民出版社2014年版，第197页。

步三点弓步前戳（檐前三滴水），31. 转身右跪步上撬（美女藏针），32. 上格下拦右弓步前戳（五虎将），33. 仆步下扫（古树盘根），34. 提膝后拔（金鸡独立），35. 插步绞烟斗（螺丝转顶），36. 腾空飞脚（浪子踢球），37. 转身肩背杆（小孩挑担），38. 转身平扫（懒婆娘挑水），39. 转身平扫（懒婆娘挑水），40. 回身弓步下插（倒插杨柳），41. 转身仆步下扫（魁星点斗），42. 提膝拿杆（金鸡独立），43. 插步左右拨杆右弓步直戳（拨草寻蛇），44. 转身弓步下点（岩上磕灰），45. 高虚步推掌（怀中抱柱） 并步收势

## 六 八角拐

### （一）源流探析

八角拐是土家族特有的稀有武术器械之一，它源于土家族人民的生产生活实践。相传其最早的雏形是土家族蓑衣匠制蓑衣的器械绞绳架，由于其具有灵巧便捷，上下左右均可发力的特点，后来土家族武师余世万受其启示，于是在"丞相拐"上加上轴，露出八个角，遂取名为"八角拐"。土家族八角拐采用钢或杂木制成，形制奇特，通过四根中轴交错排列，整体呈"井"字形构造，拐长两尺，宽一尺左右，前后左右共有八个角（笔尖刺），其中靠内臂的一根角较短，只有前端有笔尖刺，而其他三根轴的两端均有锋利的笔尖刺，拐的后端铸有一个可供前臂穿握的椭圆形孔，以方便使用时套在手臂上。"八角拐因其多角，可挡枪、棍等兵器，抡使起来，多角滚动，以角伤人，难以防范。"[①] 深受土家族武术爱好者的喜爱。

### （二）技术体系及风格

八角拐的技术风格是勇猛泼辣、攻守兼备、拐法多变、以短制长。演练八角拐时，可单手持械，亦可双手操练，同时还可搭配其他器械诸如铁尺等使用。八角拐的技法多样，主要包括刺、挑、顶、架、扎、绞、拨、掼、云、砸、扫等，临敌时可充分发挥八角拐前刺后顶、上挑下扎、左绞右拨、滚角抡击的优点，使人有遍身是角、角刃生寒、寒气逼人之

---

① 戴楚洲：《土家武术精华》（http://blog.sina.com.cn/wuling638）。

感。其典型招式有黑狗钻裆、海底捞月、牯牛钻心、羚羊献角、大蟒翻身、鹭鸶伸腿、猴儿上树等。

图4-23  土家族稀有武术器械八角拐

八角拐谱

　　天门兵器八角拐，出门行走随身带。两器合一世少见，角刃生寒好奇怪。

　　前捅后拐角穿梭，左拨右拐顺风来。上挑下扎水断流，进步退步脚擦油。

　　牛角钻裆向上顶，直角钻心低头进。海底捞月搂底扫，水牛啃草带黄泥。

　　水牯滚澡翻身打，懒牛抬蹄绊脚跟。趴角一偏似挖土，跷脚一抬如撬岩。

　　横角前撞排山倒，发疯水牯狂奔街。九牛造栏乒乓响，八角齐出称神拐。①

　　除了上述稀有器械外，土家族还拥有诸如板楯枪、护身耙、双虎凳、竹马鞭、三星针、鸡爪棍、鸡公铲、祖师棍等众多稀有武术拳械，其中绝大多数都是由日常生产器具演变而来，带有浓郁的民族文化气息，成

---

① 黄德君、秦可国：《张家界民族武术》，湖南人民出版社2014年版，第196页。

为土家族山地武术文化的重要组成部分。

# 第四节　本章小结

就武术文化体系的构成而言，拳种属于其中的本体文化部分，在整个武术文化体系中占据着举足轻重的作用。本章选取了具有代表性的土家族余门拳和铁木拳作为个案进行研究，对余门拳和铁木拳的技术体系及其所反映的文化内涵进行了深入细致的解读。

余门拳是流传于广大土家族地区独具特色的传统武术拳种，据传其起源于华佗的五禽戏，属于峨眉拳系的一个土著拳种。在其发展过程中经历代余门拳师的不断创新与补益，最终形成了这种技术特色鲜明，文化内涵丰富，理论体系较为完善的土家族优秀武术拳种。余门拳拥有一套系统而完备的功法训练体系，其独特的桩功和掌功训练充分体现出武术原始的技击本质；余门拳拥有凤眼拳、支子拳和瓦棱拳三种特殊手型，其步型与长拳步型类似，但重心偏高，不刻意追求四平八稳。余门拳上肢手法丰富，下肢腿法相对较少。总体来看，余门拳众多的手型、步型、手法与腿法都映射出其南派武术的影踪；从其套路运动特点所表达的文化内涵来看，余门拳套路动作数量多，结构较为冗长繁杂。演练节奏总体上较为平缓，显得波澜不惊。其套路运动路线较为简单，除火盘架子和七星链的运动路线分别走四方形和北斗七星的运行轨迹外，绝大多数套路的运动轨迹都是左右直线运动；实战中，余门拳的技击特点主要体现在四个方面，其一是拳走边锋、轻出重击，出手时看似轻柔无力，击打时则用重拳，要求突出击打效果。其二是出手变招、以变制敌，讲究一招多变手，追求变化之中出神奇的功效。其三是矮步截击、借力还力，余门拳实战中较少起腿，对下肢的要求是出脚不过膝，出腿不过腰。其四是以巧打快、出一看三，临敌讲究近身短打、出手迅捷，实战过程如同高手走棋，要求走一步看三步，善于观察和预测对手的招式。

铁木拳是流传于土家族地区极具代表性的传统武术拳种之一，相传其最初是由蒙古英雄铁木真所创，流传至今已有近800年的历史，经历代弟子不断地改进与完善，逐渐发展成为一门内涵宏富、风格突出、特色鲜明的土家族武术拳种。在其传承过程中铁木拳十分注重以礼仪规范来约束其弟子的言行，要求其弟子必须恪守"尊师重道""谦虚恭敬""讲礼守信""忠义纯笃"的武德行为准则；铁木拳的功法特点是内外功修炼有机结合，且拥有众多的练功方法，同时在练功过程中十分讲究时间与方位的选择；铁木拳较具特色的手型步型有尖拳、柳叶掌、秤钩爪、雄鸡步等，其独特的手型步型、手法腿法亦映射出南派武术的技术特色；从铁木拳套路运动所展现的文化特色来看：其套路结构紧凑，动作凝练，重复动作相对较少。套路节奏鲜明，气韵生动，整体上显得松紧自然，快慢相间。就劲力而言，铁木拳套路动作势猛力沉，发力刚脆，但刚而不僵，通畅顺达，一招一式充满遒劲。铁木拳套路运动路线讲究走四方四隅，演练时要求练习者将其身体的东、南、西、北四个方位全都打到，最后返回原点收桩，而不是做直进直退等简单的线性运动轨迹；实战过程中铁木拳的技击法则主要体现在五个方面：其一是勇与神合，胆气为先，临敌时要求从气势上压制对手，拥有无所畏惧的勇气和敢打必胜的信心。其二是眼与心合，声东击西，实战中要善于辨别对手的虚实，从而达到避实击虚制胜于人的效果。其三是以静制动，见招拆招，追求以不变应万变的技击内涵。其四是出手变招，突袭快准，崇尚以变制敌的技击追求。其五是一招制敌，勇猛泼辣，侧重于攻击人体的薄弱环节或要害部位，突出地反映了传统武术尤重实战的技术文化特色。

除余门拳和铁木拳外，土家族还创造了许多独具民族特色的稀有武术拳械，其中鸡形拳是土家族拳师张海泉根据雄鸡的习性所创编的一套象形拳术，流传至今已有上百年的历史。土家族的某些武术器械拥有较为奇特的形制与功用，它们大多来源于土家族人的生产生活实践，不少器械则直接由生产器具演变而来，例如蛮刀藤牌、燕尾斧、宫天梳、烟斗杆子、八角拐等，这些稀有武术器械大多拥有比较完备的技术体系，并形成了凝练的谱诀和套路流传于世，是土家族山地武术文化的重要组成部分。

# 第五章

# 巫风武影

## ——土家族民俗民风中武术文化遗存

受历史传统及其民族文化特质的影响，土家族的图腾崇拜、巫傩祭仪、丧葬习俗、神话传说以及传统舞蹈等民俗文化事象中都深深地纹刻着武术文化的印迹，成为其民族武术文化的独特表达方式。本章以土家族武术文化场域为视角，系统梳理土家族民俗民风中的武术文化事象，对于研究土家族民族性格、民族心理及其民族文化基因的守护具有一定的现实意义。

## 第一节　图腾崇拜
### ——土家族白虎信仰中的武术文化元素

图腾崇拜是原始社会氏族阶段的产物，"是由古代大自然信仰及动植物信仰发展起来的一种氏族标志的信仰形式"①。受认识水平的局限，在万物有灵思想的感召下，原始人往往认为本氏族的人都是起源于某一个特定的物种，认为自身与这一物种之间存在着某种血缘关系。而这种动植物就是他们的图腾，也就是他们的祖先，于是便对其产生了敬仰之情，并对其顶礼膜拜，从而形成了对这种图腾标记的信仰。从这个意义上来

---

① 石亚洲：《土家族军事史研究》，民族出版社 2003 年版，第 214 页。

说，图腾信仰不仅表现为对这种物象的崇拜，其深层更蕴含着对其氏族祖先的崇拜。

土家族的图腾崇拜最突出地表现为白虎信仰，"'虎文化'是土家族性格特征和文化体系最重要的核心内容"①。土家族人自认为其祖先是由白虎神演变而来的，究其原因是他们"从威猛无比的虎身上看到了一种神秘的力量，并企图利用这种神秘的力量来为自己的生存服务"②。据《后汉书·南蛮西南夷列传》载："廪君死，魂魄世为白虎。巴氏以虎饮人血，遂以人祀焉。"③ 虎乃山中霸主，为百兽之王，白虎在传说中是中国古代著名的战神，被认为是黄帝的辅弼，是力量与权贵的象征。而廪君是远古巴人的氏族首领，他拥有超凡的武艺，过人的胆识，卓越的领导才能，曾先后统一五姓氏族④，战胜盐水神女，为土家先民的开基肇业和巴人的发展壮大做出了卓越的贡献。廪君死后，巴人认为其魂魄化为了白虎，于是将白虎视为廪君的化身而加以崇拜，时至今日，在土家族聚居地许多土家族人的家中仍然供奉着白虎家神。有关土家族的白虎崇拜还有许多动人的神话传说，例如鄂西土家族地区的传说为：

> 天上的白虎星君下凡，白天化作白虎帮助一个叫琶梅的土家族姑娘放羊，夜里变成英俊的凡人小伙子与琶梅共同生活，过着人间男耕女织的美好生活，后来琶梅生下七男七女，琶梅教小伙子们称白虎为"利巴"。后来，白虎星君返回天国，七男七女繁衍的后代便成为今天的土家族人。由于祖公是白虎神，故世代祭白虎，呼白虎为"利巴"，即虎祖。

---

① 周兴茂：《土家族的传统伦理道德与现代转型》，中央民族大学出版社 1999 年版，第 174 页。

② 黄柏权：《土家族白虎文化》，中国文联出版社 2001 年版，第 1 页。

③ （宋）范晔：《后汉书·南蛮西南夷列传》，中华书局 2007 年版，第 837 页。

④ 当时武落钟离山地区共同生活着五姓氏族，分别为巴氏、樊氏、曋氏、相氏和郑氏。

图 5 - 1　土家族的精神图腾白虎

　　白虎信仰渗透到土家族传统文化的各个领域，而土家族的武术文化作为土家族传统文化不可分割的重要组成部分，亦不可避免地被打下了白虎信仰的印痕。就物器层面之武术文化而言，土家族武术器械上的纹饰独钟情于白虎。例如土家先民巴人兵械的柄上大多都会镶嵌出虎头形状或纹刻上虎形纹饰。据考古发现，巴式剑、巴式戈和巴式钺上虎形纹饰极为普遍，而巴人主要用于战阵的古军乐器錞于上也都铸有虎的形状，被史学家称为"虎钮錞于"①，显然其目的不仅仅是美观，而是图腾信仰的一种体现，是人们期望在战斗中拥有虎的威猛与力量，能够神灵附体，得到祖先神灵的护佑。

　　不独见于巴人兵械，现今长阳地区广为流传的土家族拳械"双虎凳"

――――――――――

　　① 经考证，虎钮錞于是东周至汉代，巴民族的特有乐器，錞于的顶部中央铸有虎形钮，虎形仰头张嘴，倨牙翘尾，形象生动。

也被打上了虎崇拜的烙印。长阳地区的土家族人崇拜廪君，有较强的白虎崇拜情结。传说昔日反清组织白莲教教徒土家族武士覃佳跃，在某一次战斗中被清兵合围，由于所持兵器受损，情急之中他抓住一条长板凳横冲直撞，左右格挡，有如神助，最终竟奇迹般突破重围。土家族人认为此乃祖先廪君神灵保佑的结果，于是就在长凳的两端各安一个虎头（或铜铸或木刻），遂成为一种武术器械，平日里用来练武健身，战时则将其作为格斗搏杀的武器，以得祖先神灵护佑。虽然不可避免地带有一定的神秘色彩，但从中亦可窥见其民族白虎信仰的浓烈。时至今日，许多土家族练武之人为了获得所谓祖先神灵的庇佑，往往还会在其兵械上纹刻虎头形状或虎形皮纹。因此，从某种意义上来说，虎形纹饰是巴人的族徽，白虎则成了土家族人的精神图腾。

图 5-2　虎钮錞于　　　　　　图 5-3　虎头形矛

除武术器械外，土家族的武术拳械无论是套路名称抑或是动作名称，就连武术谚语口诀等都离不开虎崇拜的影响。例如土家族与"虎"有关的武术拳械套路有"白虎拳""双虎凳""白虎赶宝""五虎擒羊棍""猛虎过岗棍""五虎下西川""虎头钩"等。而以"虎"命名的动作名称更是不胜枚举,例如《白虎拳》套路中以"白虎"命名的动作名称就有"白虎亮爪""白虎观阵""白虎下山""白虎掏心""白虎望月""白虎钻林""白虎推山""白虎跳涧""白虎寻食""白虎跳岗""白虎撞林""白虎洗脸""白虎戏羊""白虎伸腰""白虎赶羊""白虎望山""白虎归山"等。此外,与"虎"相关的武术谚语口诀诸如:"白虎堂堂坐中央,他棍打来不用慌,回棍就是鸡啄米,一棍三响九落皮";"五虎擒羊出山林,凶猛无比夜叉巡,前打三棍龙摆尾,后打三棍虎翻身……虎立四门棒打出,玉女穿梭前后棍,反背三棍入洞门,五虎擒羊传美名"等。由此可见,土家族的武术文化与猛虎信仰可谓是结下了不解之缘。

## 第二节　人神对话
### ——土家族巫傩文化中武术文化的另类表达

在万物有灵观念的影响下,虔诚信奉神灵的人们,常常将内在的宗教体验和宗教观念,通过语言和身体动作等外向性方式表达出来。[①] 巫傩文化分为巫教文化和傩文化两部分,它是远古人类思想的慰藉。土家族的先民由于长期生活在沟壑纵横、草茂林密的武陵山区,地理环境闭塞偏僻,生产力水平相对落后,受认识水平的局限,人们在生产与生活中逐渐对各种超自然的力量产生了好奇,并进而试图通过各种方式献媚崇拜,幻想能够借助这些超自然的力量达到自身所不能实现的各种祈求。因此,"畏鬼神,喜淫祀"便成为土家山寨民风的鲜明写照。同时又由于巫、舞与武的相通性,形形色色的土家族武术内容便通过巫傩这一特殊载体传承下来。

从武术的起源层面来看,武术对练套路的原始形态与原始意义起源于远古巫术,[②] 亦巫亦武,巫与武具有某种相通性。在土家族的巫文化中,巫师——梯玛是极其神秘的人物,他们大多能够卜知鬼神,并且可

---

① 陈斌、赵云生:《苗族文化论》,云南民族出版社1999年版,第100页。
② 程大力:《中国武术——历史与文化》,四川大学出版社1995年版。

与鬼神相通，同时还能够对鬼神施加法力。与武术对练套路相似，土家族的巫舞往往都是围绕某种假想敌——"鬼魂"来表演各种攻防搏杀的技巧与场景。例如土家族巫师做"招魂"① 巫术的法事时，往往头戴法帽，身穿八幅罗裙，手持师刀、斩刀、宝剑、祖师棍、八宝铜铃等器械，为了从邪魅手中将患者的灵魂重新夺回，按照一定的程式做出击、刺、斩、扎、劈等各种武术动作，仪式中巫师时而挥刀下劈，时而退步防守、伺机反击，时而奋起直追、挺剑直刺，整个过程跌宕起伏，扣人心弦。同时，巫师在表演过程中始终神情肃穆、精神专注，这与武术演练讲究精气神贯一的要求不谋而合。这种攻防动作和意识与武术套路的演练要求较为吻合，巫师就如同一位身怀绝技的武术高手一般将各种兵器演练得炉火纯青，从某种角度来说其演练的过程亦是对武术套路的一种另类诠释。

"傩文化是中国传统文化中多元宗教（包括原始自然崇拜和宗教）、多种民俗和多种艺术相融合的文化形态，包括傩仪、傩俗、傩歌、傩舞、傩戏、傩艺等项目。其表层目的是驱鬼逐疫、除灾呈祥，而内涵则是通过各种仪式活动达到阴阳调和、风调雨顺、五谷丰登、人寿年丰、国富民强和天下太平"。② 土家族傩戏中的祭仪，除常规的祈祷、供斋醮神等仪式外，还要表演原始、惊险刺激的捞油锅、下火池、踩火烨口、踩地刀、衔红铁、上刀山、翻叉绝技以及师刀、竹马鞭等套路，其中不乏武术文化的踪影。例如土家族为即将年满 12 周岁的儿童而举行的还愿仪式——"踩地刀"，表演时将 12 把刀装在竹竿上，刀刃朝上平放于地面，土老师（巫师）牵着童子赤脚从锋利的刀上走过；在驱魔赶鬼的翻叉祭仪中，土老师为了收斩恶鬼，要用 12 把钢叉向另一位代表恶鬼的土老师猛烈投射，对方则用单刀——相迎，场面极其惊险刺激。

---

① 旧时由于科学的落后，当人们染上某种难以医治的疾病时，土家族人往往认为是某种邪魅之物将其灵魂夺去的原因，如果不能及时将灵魂回归身体，病人就有丧命的危险，于是便会请巫师来做招魂的法术，以期能够将灵魂重新夺回。梯玛：土家语，意为敬神的人，也称土老师，是祭祀过程中主坛的师傅，土家先民将梯玛看作是人神合一的统一体，梯玛既是人们向神祈求的代言人，同时又是神的意志的表达者。

② 王家忠：《荆楚地域民俗武风的历史寻绎》，《北京体育大学学报》2011 年第 11 期，第 26 页。

又如土老师为驱鬼逐魔而表演的舞师刀，演练过程中表演者走方步、踏八卦，有规律地向东西南北方向劈、刺、斩、砍、撩、扎，刀风凌厉、虎虎生威，将师刀的威猛展现得淋漓尽致。舞师刀一般都有完整的套路，诸如"四门刀""小四门""大四门""四步桩"等，其身法、步法和刀法与武术匕首相似，其套路在直径一米见方之地即可演练，与武术南派套路"拳打卧牛之地"有异曲同工之妙。同时师刀表演时土老师一般会口念咒语：

> 此刀不是非凡刀，老君赐我斩邪妖。
> 一斩东方天狗精，东方天狗化灰尘；
> 二斩南方天狗娘，南方天狗尽灭亡；
> 三斩西方天狗精，斩除邪精无踪影；
> 四斩北方天狗王，从今斩去离峒乡；
> 五斩中央天狗神，从今斩去断祸根。

再如土老师表演时所用的另一个法器——竹马鞭，又称神鞭，亦是土家族巫师用以压邪驱魔的法器。仪式中土家族巫师手执竹马鞭，配合着各种武术步法，有规律地挥鞭鞭打妖魔鬼怪等各种邪恶力量。竹马鞭不仅是祭仪中常用的法器，同时亦是较理想的武术器械。竹马鞭一般由深山老竹根制作而成，质地柔韧，不易折断，且携带方便，平时可作腰带系于腰间，颇受土家族武术爱好者所钟爱。作为土家族武术器械的竹马鞭，其使用方法包括各种架格、挡、摔、砸、截、戳、盘、扫等动作，有单鞭和双鞭之分。由竹马鞭演变而来的武术套路有四门鞭、尉迟鞭等，同时为便于掌握其技巧，土家族武人在长期演练实践过程中还总结出了较为凝练的鞭谱口诀，体现出鞭法套路的技理所在。

> 竹马鞭谱
> 马鞭由来祖师传，神竹当鞭似闪电。
> 上打乌云来盖顶，下打古树把根翻。
> 左打众神皆举手，右打邪神歪鬼愁。

前打雄师百万兵，后打世上不正子。

挥鞭猛打三百下，不怕千人和万马。

翻身挥鞭要看清，神鞭一挥报太平。

图5-4　傩戏面具　　　　　图5-5　傩戏踩火烨口

图5-6　土家族上刀梯、斜走钢刀表演

　　此外，土家族巫师在盛大还愿仪式上表演的上刀梯绝技更是惊险刺激。所谓上刀梯，一般是在院坝中央竖立一根高约20米的旗杆，杆的两边左右交错插上数十把锋利的长刀，刀刃朝上。表演者光膀赤脚，在银光闪闪、寒气逼人的刀刃上攀爬，神态自然，如走平川般爬上杆顶，吹响牛角，然后再顺着刀梯爬下来，彰显出表演者深厚的武术功底与过人的胆魄，展现了土家族人民不畏艰险，迎难而上的精神风貌。这些充满着神秘色彩的巫傩文化从另一个侧面诠释了土家族尚武好勇的民族性格与精神风貌，是一种力的角逐，更是一种武功的展示，是土家族传统武术文化的另类表达。

## 第三节　丧葬习俗
### ——土家族武术独特的文化空间场域

土家族是一个乐天知命，敢于笑对生死的民族，拥有豁达开朗的生死观。土家族的丧葬习俗极具民族特色，土家族人把丧事当作喜事来操办，特别是那些寿终正寝或没有受到疾病折磨的老人的离世，大多都会以载歌载舞的方式来慰藉亡灵，体现了其民族独特的生死观，土家族独特的丧葬习俗同样打上了浓浓的武术文化痕迹。

跳丧是流行于鄂西南清江流域土家族地区极具民族文化特色的丧葬习俗，分为"文丧"和"武丧"两种形式，其中"武丧"是在丧葬仪式过程中穿插一些二人格斗表演的演武场面。据考证，它是由古代巴人的战舞及祭祀仪式演变而来的。据《夔府图经》载："巴人尚武，击鼓踏歌以兴哀……父母初丧，擎鼓以道哀。其歌必狂，其众必跳，此乃槃瓠白虎之勇也。"[①] 武丧动作粗犷豪迈，刚柔相济，由两人配合表演，并将各种武术动作融入仪式之中，其中不乏搏斗的场面，达到高潮时，犹如山中飞禽走兽，气势磅礴。例如"猛虎下山"动作，表演时两人眼睛相对逼视，口中发出老虎的吼叫声，一扑一跃，离地三尺，作饿虎扑食状，虎虎生威。而"燕儿衔泥"动作则主要体现出身体的轻灵，对下肢的力量和柔韧性具有较高的要求，表演者双臂展开，模仿燕子衔泥和展翅飞

---

① 杜帮云：《"撒尔嗬"及其民族伦理意蕴》，《理论界》2009 年第 1 期，第 163 页。

翔的动作，要用嘴将地上的"泥土"① 衔起来，其俯冲之势与武术"仆步穿掌"动作较为吻合。此外还有"犀牛望月""凤凰展翅""鹞子翻身"等动作，都很好地展现了表演者的武术功底，其动作姿态、身法、眼神等与武术象形拳具有异曲同工之妙，将民族勇敢豪放的性格体现得淋漓尽致。

打禀②——又称跳牌，是流行于湘西南部自称"禀卡"的土家族人中的一种丧葬习俗，最初是巴人为了纪念其部族首领禀君（白帝天王）的一种"军殇"习俗，后逐渐演变成土家族为寿终正寝的老人离世而举行的一种隆重的丧葬祭仪。在土家族人看来，老人的离世是应白帝天王的征召而出征打仗去了，为了给其壮行，要特意跳各种冲锋陷阵、勇猛杀敌，建立军功的舞蹈，同时还要奠酒讴歌以助声势，凸显其祖先禀君的赫赫战功。"打禀"前要举行献牲祭祀仪式，宰杀猪牛。祭祀完毕，待天傍黑时"打禀"正式开始。巫师（流落）为帅，身穿法衣、头戴法帽，肩扛祖师九拳环刀，威风凛凛地督阵指挥。另四人扮将士（阴兵），手拿竹制弓弹或持盾牌，在巫师的指挥下踏着鼓点绕棺环跳，渲染搏杀场面，表演各种冲锋厮杀场景，口中发出"嗬嗬喂——杀"的呐喊声，杀出一条"血路"。整堂"打禀"从天黑开始，一直要持续到第二天破晓。打禀的内容一般包括三堂小战鼓，三堂大战鼓，三十六堂跑马，七十二堂破

---

① 这里的"泥土"系指丧家为酬谢跳丧之人而特意准备的礼品，一般包括红包、香烟、硬币、丝巾等物，主人将其丢放在地，表演者不能用手直接拿取，而须用嘴将其衔起来，故名曰"燕儿衔泥"，以考验表演者的武功。

② 关于"打禀""跳牌"习俗的由来，清道光十八年（1838）杨姓土家族族谱中如是记叙："且查木本水源，凤属地境之民户，并无禀家之名目一说。惟我乌引里杨、田为禀家是也。父母终世，请祝史'流落'鸣鼓，破竹做弹，打禀、跳牌，源我祖白帝天王，及随同僚属之田、苏、罗三姓，率领将卒，征剿荆楚蛮蚩，鸣鼓督阵，用九拳环刀，放弓弩，剿贼党。瑶仡辰蛮，宰杀牲牢，犒赏将卒，碗盏百无一有，只可用岩盘盛肉，瓦块摆菜，吃卡崽。平定蛮寇，进京被奸臣用计，以鸩酒毒害，上马遛落而亡。其尸在途，计程十四日。气置盛暑炎蒸，随从人役，折麻叶扫去蚊蝇，采取山中蜜蜡，烧香避秽；夜护尸驱兽，演征战厮杀，发呐喊讴歌。故今杨、田、苏、罗、林、谭、吴七姓，父母终世，请祝史'流落'送丧，效先祖被谋中计，上马遛落而亡；鸣鼓，效先祖打仗督阵；破竹制弓削箭，挥使九拳环刀，效先祖放弓弩挥刀斩杀蛮寇；吃卡崽祭碗，曰岩盘，效先祖犒赏将卒；挚大令，效先祖出征督阵旗号；烧黄蜡宝香，效先人焚蜂蜡避秽……自此而始，名曰'禀卡'，杨、田、苏、罗四姓也……庶不知百姓之家，岁终宰杀牺牲，祭祀摆列，各有不同，乃是各有根源耳！"

阵等，基本上都是围绕各种战斗场面而展开的。现场"击鼓声、开弓声、喊杀声、不绝于耳"①。另外，在打廪的过程中还要穿插犒赏三窄吃"卡崽"、十二月散花等环节。

此外，在鄂西南的利川以及渝东的一些土家族聚居地区现今还流传着一种叫作"绕棺"或称"穿花"的丧葬习俗，其仪式过程与打廪、跳丧亦有相似之处。绕棺队伍的人数为奇数，一般由 5 人或 7 人组成，但不少于 3 人。绕棺进行时，"引领"手持红灯领头，从者鸣锣击鼓，绕棺而歌，飞旋起舞，依照锣鼓的紧密变换动作的节奏与速度，往往令整个丧葬活动高潮迭起。绕棺动作粗犷豪放、刚劲夸张、体态健美、造型大方，内容十分丰富，主要是由一些反映军战、武技以及原始渔猎生活遗存的动作所组成。而其典型动作诸如"雪花盖顶""天女散花""弯弓射月""懒龙翻身""海底捞虾""二棋子""倒立竖""换边拳"等，无不渗透着武术文化的踪影。

"跳丧""打廪""绕棺"等丧葬习俗反映了土家族豁达的生死观，体现出土家族人民原始、朴素的宗教信仰，同时也是对其民族尚武精神的一种宣扬。祭仪中的"搏斗格杀"是土家族武术文化的另类表达方式，丧葬习俗是土家族武术的温床，为土家族武术文化提供了独特的文化空间场域。

图 5-7　土家族跳丧舞撒尔嗬雕像

图 5-8　土家族绕棺：倒立竖

① 杨昌鑫：《土家族风俗志》，中央民族学院出版社 1989 年版，第 104—107 页。

## 第四节　神话传说
### ——土家族英雄崇拜中演绎出的武术文化基因

"神话不是因为哲学的趣意而产生的蛮野对于事物起源的冥想……神话的作用，不在解说，而在证实；不在满足好奇心，而在使人相信巫术的力量；不在闲话故事，而在证明信仰的真实。"[①] 在土家族的神话传说中，英雄人物占据举足轻重的地位，故而英雄崇拜成为土家族传统文化的核心内容。但具体而论，土家族的英雄崇拜又有其特别之处，即土家族所崇拜的英雄都是孔武有力的武功型英雄。周兴茂在对汉族与土家族的神话进行比较后指出：汉族神话高度地体现了伦理性和追求和谐的实践原则，形成了尊崇"有德者"的历史传统，汉族神话中到处可见"崇德不崇力"的伦理原则的广泛影响；而土家族则恰恰相反，"崇力尚勇"成为普遍的精神追求。[②] 故而土家族所崇拜的英雄人物基本上都是孔武有力、英勇善战的武功型英雄，在土家族的历史上都曾做出过卓越的功勋。例如向王天子（廪君）为白虎神演变而来，是土家族战神的化身；八部大神[③]是开拓湘西的八个部落的酋长，传说他们是喝老虎奶长大的，武功高强，战功卓著，生为八部大王，死后被封为八部大神；而梅山神和张五郎则为土家族的猎神，他们艺高胆大、武功卓绝，是有名的神射手，传说他们为保护土家族人民的生命而英勇地与猛虎搏斗，最终均与猛虎同归于尽；彭公爵主是五代时期溪州刺史彭仕愁，他通过战争与当时的马楚政权马希范缔结盟约，并立铜柱于溪州会溪，即著名的《复溪州铜柱记》，从而获得了政治地位与管辖疆域的确认，作为彭氏土司的开山鼻祖，彭仕愁英明神武、励精图治，奠定了彭氏在湘西800年的土司宏伟基

---

① ［英］马林诺夫斯基：《巫术科学宗教与神话》，李安宅译，中国民间文艺出版社1986年版，第71—72页。

② 周兴茂：《论土家族神话中的特殊伦理精神倾向》，《土家学刊》1997年，第2页。

③ 八部大神为酉水流域八个部落的酋长，分别是西梯佬、西科佬、那乌米、熬朝合舍、里都、苏都、拢迟地所也冲、节耶会也那非列也。他们生为八部大王，死后被封为八部大神。

业；田好汉则为彭公爵主麾下武将，他身材魁梧，天生神力，拥有一身的好本事，传说他练武用的是石磨子，将石磨向高空一抛，落下时又伸手接住，反复多次也面不改色心不跳。田好汉作为彭士愁的武将，作战勇猛，屡建奇功；另外，还有末代土司王的得力战将鲁力嘎巴和科洞毛人，鲁力嘎巴力大无穷，见老虎就捉，大老虎当板凳坐，小老虎则放在膝上玩耍。科洞毛人与敌相拼，从不畏惧退缩，一次敌兵压境，他顺手拔起一棵大枫树，向敌人横扫过去，杀得敌人尸横遍野，他虽中箭身亡，但仍然挺立，横眉怒目，吓得敌兵胆战心惊。[①]

　　廪君作为土家族的始祖，在土家族人心中其地位堪比炎黄二帝，他是战神的化身，足智多谋并拥有超凡的武功，曾一度统一并稳固了五姓部族，之后为扩展生存空间又带领部族成功射杀了盐水神女，为土家族的开基肇业做出了卓越贡献。据《后汉书·南蛮西南夷列传》记载：

　　　　巴郡南郡蛮，本有五姓，巴氏、樊氏、曋氏、相氏、郑氏。皆出于武落钟离山，其山有赤、黑二穴，巴氏之子生于赤穴，四姓之子皆生于黑穴。未有君长，俱事鬼神。乃共掷剑于石穴，约能中者，奉以为君。巴氏子务相乃独中之，众皆叹。又令各乘土船，约能浮者，当以为君，众姓悉沉，唯务相独浮。因共立之，是为廪君。乃乘土船，从夷水至盐阳，盐水有神女，谓廪君曰"此地广大，鱼盐所出，愿留共居"。廪君不许。盐神暮辄来取宿，旦即化为虫，与诸虫群飞，掩蔽日光，天地晦冥，积十余日，廪君伺其便，因射杀之，天乃开明。廪君于是君乎夷城，四姓皆臣之。廪君死，魂魄世为白虎，巴氏以虎饮人血，遂以人祀焉。[②]

---

　　① 周兴茂：《土家族的传统伦理道德与现代转型》，中央民族大学出版社 1999 年版，第178 页。

　　② （宋）范晔：《后汉书·南蛮西南夷列传》，中华书局 2007 年版，第 837 页。

图 5-9　土家族始祖廪君铜像

　　由此可见，廪君是精于射箭、擅长行舟的行家里手，他凭借高强的武艺和聪明睿智的才干，赢得了部族的信赖与拥戴，成功地坐上了五姓部族联盟首领的宝座，从而避免了五姓部族之间由于互争雄长而自相残杀局面的出现，为部族的稳固打下了坚实的基础；而为了进一步拓展生存空间，为部族的长远发展着想，廪君于是又率领部族乘坐土船（独木舟），沿夷水①逆流而上，到达盛产鱼盐的富庶之地盐阳。当时的盐阳居住着一个以虫蛇为图腾的少数民族部落，该部落在当时还处在母系氏族时期，其部落首领为盐水神女。为了扩张地盘和掠夺财富，廪君于是率领部族与盐水神女部落发生了激烈的战争。经过多日鏖战，廪君同样倚仗高超的武艺和聪明才智成功射杀了盐水神女，从而为巴人部族的发展壮大奠定了坚实的基础。可见统一五姓部族、射杀盐水神女的壮举不仅为巴人的生存与发展开辟了道路，同时也奠定了廪君在巴人心目中的英雄地位。

---

　　① 夷水乃现今湖北恩施清江的古名，亦名卟水，位于长江南岸，是长江中游在湖北境内仅次于汉水的第二大支流，全长423公里，起源于恩施州利川市齐岳山龙洞沟，流经利川、恩施、宣恩、建始、巴东、长阳，由宜都市陆城注入长江。

图 5 – 10 土家族祖先廪君及其部族

受特定地域山地经济形态的制约，狩猎曾经是土家族人最主要的生产方式之一。作为猎神出现在神话传说中，土家族主要有梅山和张五郎两位英雄，他们都身怀绝技，勇武过人，而且乐于助人。其中梅山为土家族的女性英雄——梅山阿打，"阿打"在土家语中意为"姐姐"，而作为女性能够抛头露面，无疑当是母系氏族社会时期了。

传说梅山阿打是猎人的女儿，既聪明又漂亮，在长年跟随阿爸打猎的过程中学会了一身好本领，射箭能射中天空中山鹰的脑袋，射穿悬崖上猴子的眼睛。在梅山 18 岁那年，凤凰寨对面的老石崖来了七只猛虎，周围十八峒的土人常受虎害，大家成天都足不出户，苦不堪言。梅山暗下决心，一定要帮乡亲们解除虎患。于是梅山带上弓箭、铜叉、三块用毒药煮过的猪肉和一包辣椒面，便向对面的老石崖出发了。梅山在半山腰用弓箭和铜叉杀死了两只老虎，并成功地用辣椒面辣瞎了另一只老虎的眼睛，老虎大怒，向梅山猛扑过来，梅山巧妙地向旁边一闪，老虎扑了个空。老虎睁不开眼睛，于是梅山顺势一推，那只猛虎便跌落悬崖摔死了。来到山顶，梅山又设计用毒药毒死了三只老虎。正在此时，恰逢第七只老虎出现了，这只老虎是一只母虎，异常凶猛，而此时梅山已经用完了随身所带的武器，情急之下梅山骑上虎背，但还没等她抓稳便被猛虎甩出一丈开外。只见梅山奋力跃起，展开拳脚与猛虎扭打成一团，梅山使出浑身解数，但终究力不从心。于是梅山死死抱住猛虎的一只后腿，翻滚着向悬崖边拖拽。梅山的衣服被虎爪抓得稀烂，浑身变得血肉模糊，但她强忍剧痛，抱着猛虎滚下了山崖，欲和猛虎同归于尽。而当她跌至半空时，却被仙人给救下了，后来梅山上天当了神仙，玉皇大帝封他为梅山菩萨，专管打猎撵肉之事，梅山于是时刻护卫着土家族的猎人。从那以后，每当猎人上山打猎之前都会敬梅山神，打到猎物后也会割下一包"血码子"来敬梅山猎神。①

张五郎是土家族所信奉的男性猎神，在湖北清江流域的恩施州、五峰、长阳以及湖南石门、慈利、桑植等县土家族大多都信奉张五郎。这些地方的土家族猎人上山打猎之前都要敬奉猎神张五郎，期望能够在猎神的保佑下满载而归。因此，当猎人获得猎物返回后一般都要向其还愿或祭献。

土家族民间传说张五郎是溪州张家庄人，从小爱好武艺。张五郎12岁便只身一人去往茅山向太上老君学法，32岁学成归来，途经江西龙虎山，由于他没有拜见张天师（道士张道陵）而受到张的纠缠，于是二人便打斗起来，一时难分胜负。后来太白金星劝张五郎尽早离开此地到湖广安身。张五郎来到湖广之后，经常邀集百姓上山打猎，遂成为了著名的猎手。有一天，正当猎人们在深山中打猎的时候，突然蹿出一只白额猛虎，这只猛虎张开血盆大口向猎人们扑去。在这千钧一发之际，只见张五郎大吼一声，一个箭步冲向前，张开双臂将猛虎托住，用尽平生力气将它掀下悬崖，遗憾的是张五郎来不及收身，最终和猛虎同归于尽，跌下悬崖而丧生了。猎人们悲痛不已，当天晚上猎户们都做了同样的一个梦，在梦中张五郎告诉他们自己并没有死，而是在摔下悬崖的时候被神仙搭救了，由于天上缺少一个管打猎的人，于是神仙就将他送上天了。往后乡亲们进山打猎的时候如果需要他的帮助，只需用樟木雕刻成他的样子带

---

① 刘长贵、彭林绪：《土家族民间故事》，重庆出版社1986年版，第41—45页。

在身边即可。猎人们醒来后才知道张五郎上天做了猎神，于是就遵照其梦中嘱托雕了一个樟木菩萨供奉在家神之下。其形状是头朝下脚朝天倒竖着，寓意其身躯跌下悬崖，倒挂于树上，人称"翻坛倒祖"。这之后，土家族猎人进山打猎之前都得先敬猎人张五郎，祈求他保佑安全，同时能够满载而归。猎人祭祀时念念有词："野物出山，生灵涂炭，骚扰一方，神祇不安。敬请梅山祖师大力相助，山神土地一齐来助，将孽障围上此山，急急如律令——敕！"若能获得猎物，即用猎物伤口上的血抹在木雕的口上，以示还愿和祭献猎神。

图 5-11　土家族猎神张五郎木雕像①

---

①　土家族猎神张五郎木雕像，呈头下脚上倒立状，亦称"翻坛倒祖"，相传土家族猎人上山打猎前都要先敬猎神，然后将猎神倒立，回来后再将其扶正。

向老官人是土家族的英雄传说人物，其原型为五代时期湘鄂渝黔边区土家族的头领向家祖公向宗彦。向老官人曾作为军师与田好汉将军一同辅佐彭公爵主（彭士愁），反抗封建势力的压迫，被土家族的后人奉为土王神，在土家族人的心目中具有神圣而崇高的地位。向老官人武功盖世，神勇无敌，尤其擅长舞刀射箭，是土家族的"黑马王子"，传说他曾在马草坪降服一匹害人的黑马，据《湘西民间文学资料》记载：

很久以前，在泸溪、沅陵、古丈三县交界处，有一块大草坪（现叫马草坪）。某一天，这里来了一匹浑身墨黑的马，它能吞云吐雾，来去自如。来时迷雾沉沉，去时细雨蒙蒙，吓得三县人畜不安，村民们白天都不敢出门。官府勒令附近村寨猎户三个月内捕捉黑马，眼看期限将至，猎户们万分焦急却毫无办法。这天，马草坪来了一个土家族打扮的年轻后生猎人，意欲前往降服黑马。在猎户和众乡亲的带领下，年轻后生来到马草坪降马。午时，黑马正在草坪中央吃草，只见这位后生猎手左悬弓，右插箭，手持一柄大砍刀向黑马冲去。黑马闻有生人气味，一声嘶鸣，顿时天昏地暗，冷风嗖嗖。黑马张开血盆大口，一个天蓬纵，直奔后生而来。说时迟那时快，只见那位后生猎手右手一扬，三支三寸长的雕翎排成一排飞向黑马头部。中间一支被黑马吞掉了，左右两支却射中黑马的双耳。黑马疼痛难忍，滚倒在地无法腾云。此时后生早已一个箭步飞身上马，将马耳朵上的雕翎一拉，喝道："今日认得我向老官人吗？"黑马点头一下。"既认得，从今后做我的坐骑。如愿意，点头三下。"黑马果真点头三下。于是后生将黑马耳朵上的箭取下，舞着大刀，骑着黑马，威风凛凛地绕着马草坪跑了一圈。此时，众猎户也在草坪上耍刀弄棍，打拳舞流星。而其他看热闹的乡亲们则围绕草坪中央兴高采烈地跳起了团圆鼓舞。①

---

① 湘西土家族苗族自治州文化馆编印：《湘西民间文学资料》，1980年，第36—37页。

我们大可不必刻意去佐证这些记叙和传说的真实性，因为神话作为全民口头传承的原始文化结晶，其本身就是一种文化现象，一种文化形态。对于在经济、社会文化发展等方面处于相对落后的土家族来说，为了部族的生存与繁衍，为了占有更为广阔的生存空间，他们崇力尚勇，渴望英雄是很正常的。而这些神话传说恰恰正好反映了其民族崇尚武勇的心理特征，同时也从另一个层面渲染了土家族的武术文化。

## 第五节　神歌戏曲
### ——土家族文艺作品中渗透出的武术文化踪迹

被誉为"土家史诗"的《梯玛神歌》，是一部记叙土家族族源及其发展的旷世奇歌。其格局宏大，篇幅浩繁，对土家族的发祥历史、民族迁徙、天文地理、宗教哲学、生活习俗、信仰禁忌、民族性格及其伦理道德观念等做了翔实的记叙与描写，是土家族民间文学中的珍贵文化遗产，同时也是一部研究土家族方方面面的百科全书。《梯玛神歌》中亦不乏武术文化的踪影。例如在其中的《迁徙记》一章中，就生动地描述了土家先民在迁徙的过程中齐心协力战胜妖魔鬼怪（实为各种鸷禽猛兽）的场面，其大意为：当船开到了河的尽头，正当族人准备上岸的时候，突然一群妖魔鬼怪向他们袭击过来，只见这些妖怪"嘴巴像撮瓢；眼睛像灯笼；耳朵像蒲扇；鼻子像灶孔；脚杆像柴棒；手杆毛茸茸；拿人骨头烧香；拿人皮子蒙鼓……"这群妖魔见到了人，"喊喊咔咔笑在了，嘻嘻呵呵赶来了，舞手舞脚拢来了"。这时，全氏族的人都投入战斗，大家齐心协力，"哩哩喇喇吹起了唢呐；叮叮咚咚放起了三眼炮"，那群怪物"缩手缩脚让路了"。这时，人熊又来袭击，大家"你一刀，我一刀"地拼杀，但却"杀也杀不进，砍也砍不进"。白胡子公公聪明地削个竹筒套在手臂上来迷惑人熊，让其误认为抓住了人手，"人熊掐起那个竹筒筒，笑得什么也不知了"。结果"几个人合起力，哎嗨哎嗨展个劲"，将人熊推下了万丈悬崖。"无道公公"也来袭击人们，于是"儿子孙子围拢来"，"扯的扯胡子"，"抱的抱脚杆"，然后"飞快的尖刀抽出来，对着肚子戳进去，尖刀杀在肚脐上，无道公公倒地了"。这段生动的神话故事很显然透露出一个事实，那就是生活在远古时代的土家先民们已经拥有了武术文化的萌芽。在极其恶劣的生存环境中，他们学会了制造和使用武器，并掌握了各种拳打脚踢和摔跤的技巧，正是通过器械格斗和徒手搏斗技巧才打败了各种妖魔鬼怪的侵袭，使其民族得以生存与繁衍。

又如"神歌"中的《将帅拔佩》，歌颂的是古代土家先民将帅拔佩武功高强、英勇无敌，率领族众抵御客兵（汉人）入侵的故事。其中对搏斗厮杀战斗场面的描写极其惊心动魄："客兵上来了，将帅拔配起火了，将帅拔佩动手了，藤牌大刀舞起来，齐眉棍棒飞起来，十六个哩，跟起杀开了，牛角呜呜吹响了，地皮哗哗抖动了，齐眉飞起了……扁担花（老虎，指土家族勇士）跳起了……孙孙崽崽哩，藤牌大刀飞起哩，齐眉棍棒舞起哩，搂起手杆捉起哩，飞起脚杆踩在哩……客王帽子跑掉了，客王脚杆逃断了。"① 由此可见，土家先民对武术器械诸如刀牌、棍术等格斗技巧的运用已经具有相当高的水平，并将其作为抵御外族入侵保卫氏族安全的重要手段。此外，"梯玛神歌"中的解邪歌《长刀砍邪》，则充分展现了梯玛与各种邪恶力量顽强斗争的情形，其歌词为："有啊，哥兄啊，日梦不祥啊。我要砍了它，你夜梦惊砍了它。死人头上砍了它，死鬼头上砍了它。滚岩翻坎砍了它。投河跳水砍了它。麻索吊颈砍了它。刀劈斧剁砍了它。毒蛇挡道砍了它。恶虎拦路砍了它。见钱起心、谋财害命的砍了它。五谷不得收砍了它。当面说好、背后说歹的砍了它。砍、砍、砍、砍、砍！不好不利的，统统砍了它。"梯玛认为万物有灵，一切坏的恶的事情均是由邪在作祟，因此，他要"用长刀砍了它"。这在一定程度上表达了人们希望主宰自己命运，驱逐邪恶的迫切愿望。

戏曲起源于原始歌舞，是一种历史悠久的综合舞台艺术展演样式。在中国戏曲的发展历程中，武术一直在其中扮演着极为重要的角色。"在

---

① 宋玉鹏、彭林绪、肖田：《土家族民歌》，四川人民出版社1987年版，第213—218页。

中国武术或者是戏曲发展的历史上，武术与戏曲原本就是一对姊妹文化。以'唱、做、念、打'为主要表现手段，载歌载舞的中国戏曲实际上是有着极其丰富武打艺术的。"① 早在汉代《西京杂记》所记载的"东海黄公"戏曲中，就有黄公持刀对白虎这种"空手进刀"的武术对练形式出现。而到了元代，中国戏曲进入成熟时期，更是出现了诸如《单刀会》《单鞭夺槊》《李逵负荆》《三战吕布》等武戏。土家族的戏曲主要包括傩愿戏、柳子戏、灯戏、堂戏、南剧、木偶戏等，而这其中亦有不少关于渲染武打场面的剧目，武术成为其中的一个重要内容和特色。例如流行于澧水流域土家族聚居地区的"傩愿戏"，便有"设帐招兵""排兵收狷""打路先锋"等武打剧目，表演者有时会扬戈执盾上场，与想象中的鬼神进行一番你死我活的拼杀。流行于来凤、龙山、永顺、花垣等土家族地区的木偶戏，其中的武打剧目名目繁多，几乎无戏不打，其精彩的武打场面往往令武术爱好者叹为观止、流连忘返。又如川东为纪念当地土家人祖先彭氏三兄弟的"踩戏"，就有持刀、枪、剑、棍者登台献技。② 湘西古丈的"踏摆戏"和"参军戏"也有类似武打动作的剧目，精彩的对打往往使得整场演出高潮迭起，没有武功打斗的场面好像就缺乏了生气一般。

## 第六节　舞武同源
### ——土家族民间舞蹈中折射出的武术文化音符

《毛诗序》云："情动于中而形于言，言之不足，故嗟叹之；嗟叹之不足，故咏歌之；咏歌之不足，不知手之舞之，足之蹈之也。"作为人类早期文化的结晶，原始舞蹈的产生与原始人类的生产生活密不可分。与此同时，舞蹈和武术在其产生与发展过程中又不断地进行着交融，"中国自古就有武舞同源的说法，武术和舞蹈被称为民俗文化

---

① 王明建：《武术发展的社会生态与社会动因研究——以村落武术为研究个案》，博士学位论文，上海体育学院，2013 年，第 106 页。

② 覃可国、傅冠群：《中国土家族武术》，国际展望出版社 1992 年版，第 30 页。

中的双璧。中国文化对中国武术和舞蹈的滋养可谓是源源不断，在二者的形成和发展过程中，有分有合，你中有我，我中有你，在不断的分合之间，二者得以相互交融"①。由生产力水平所决定，人类早期的舞蹈多与狩猎相关，故其动作多为模仿与猛兽搏斗中的武勇行为。而随着私有制经济的产生，部族之间为了争夺生存空间，产生了为掠夺财产、领地和人口的战争，继而便产生了反映军事武艺的武舞——战歌战舞。

土家族传统舞蹈大多带有浓郁的军事武艺的痕迹。据考证，土家族摆手舞中的大摆手舞即是源于先秦巴人的军前舞——巴渝舞。大摆手舞中的披甲、列队、拉弓射箭等军事舞蹈动作，与唐代杜佑《通典》所载巴渝舞之矛渝、弩渝如出一辙。土家族的先民巴人英勇善战，能歌善舞，曾在周武王讨伐商纣王的战争中立下汗马功劳。战斗中，巴人以雄壮豪迈的战歌战舞瓦解了殷人的斗志，使其倒戈相向，结果武王大获全胜。据《华阳国志》载："巴师勇锐，歌舞以凌殷人，（殷人）倒戈，故世称之曰'武王伐纣，前歌后舞'也。"② 巴渝舞演练时手执弓、矢、戈、矛、盾牌等武器，唱巴歌，其舞姿多为各种砍杀劈刺动作，场面极其壮观。大摆手舞演练中除一些反映生产生活实践的动作外，其主体部分同样是各种反映军功战事、战斗姿态的场景。其内容包括冲锋陷阵，缴获敌人武器以及比试武艺等，其中比试武艺有打拳、射箭、使刀枪、耍板凳、舞流星锤、打飞棒等内容。整个摆手舞的操练过程中，舞者身披铠甲，手持梭镖、盾牌等武器，表演各种击刺杀伐、冲锋陷阵动作以及攻守阵型转换的动作等。另外，在表演的同时还会吟唱古老的巴语战歌或哀怨婉转的《竹枝词》以壮声势，场面气势恢宏，摄人心魄。

毛古斯舞系土家族历代土司王祭祀的专用舞蹈，主要用以祭拜土家

---

① 王岗：《同源与殊途：武术与舞蹈的文化之路》，《搏击·武术科学》2007年第6期。

② （晋）常璩：《华阳国志》，严茜子点校，齐鲁书社2010年版，第2页。

族的猎神和祖先。① "毛"或称"茅",是因为表演者身穿茅草衣或稻草衣,形似"毛人"一般,"古斯"是"故事"的谐音,所以"毛古斯"意即装扮成毛人表演打猎的故事。毛古斯舞动作粗狂雄浑,剧烈逼真,整个舞蹈展示了狩猎的全过程,包括整队出发、跋山涉水、设卡埋伏、放狗逐兽、与兽搏斗、战胜猛兽、欢庆胜利等环节。其中与猛兽搏斗的情节惊险刺激、生动逼真,表演者时而刀叉并举闪展腾挪,时而以静制动蓄势待发,时而挥棒猛攻乘胜追击,直至将猛兽杀死,将人兽搏斗场面渲染得栩栩如生。整个场面恰似一场精彩激烈的武功对打,与武术实战演练极为相近。"而现今土家族地区广为流传的'十二埋伏拳',就是由设卡捕猎的狩猎技术演变而来的一套古老拳术。该拳整个套路结构,动作形态等都带有浓厚的狩猎舞蹈的痕迹,是土家族武术拳械的杰出代表。"②

图 5-12 土家族摆手舞蜡像

① 李继国:《对土家族民间体育文化瑰宝——毛古斯的研究》,《辽宁体育科技》2004 年第 4 期,第 67 页。

② 刘尧峰、蔡仲林、倪东业:《土家族民俗民风中武术文化探微》,《武汉体育学院学报》2014 年第 5 期,第 99 页。

图 5 - 13　土家族毛古斯舞服饰

图 5 - 14　土家族毛古斯舞祭祀场景

图5-15 土家族三棒鼓绝技中所使用的器械　　图5-16 三棒鼓飞刀绝技

图5-17 土家族肉连响

　　此外，在土家族地区广为流行的其他诸如三棒鼓曲艺绝技、肉连响舞蹈等民间文体活动中也都蕴含着丰富的武术文化元素，其典型动作、练功方法及其运动形式中都能找到武术文化的踪影。例如在三棒鼓绝技中的武术耍刀绝技，表演者需不断地变换各种姿势，接连不断地将匕首、钢叉、菜刀、镰刀、斧头等各种器械从身前左右、胯下臀后抛向空中。其动作有"关公背刀""美女梳头""草船借箭""雪花盖顶""银鼠蹿梁""双龙出洞""黄龙缠腰""古树盘根""鲤鱼漂滩""丹凤朝阳"等。技艺纯熟的三棒鼓高手甚至还可将双眼蒙住仅凭本体感觉和经验进行表演，场面惊险刺激，如裴旻再世，让人叹为观止，无不考验着表演者的武术功底与过人的胆魄；土家族肉连响舞蹈则是由"泥神道"① 演变而来，是以手掌击打人体额、脸、肩、臂、肘、腰、腿等部位发出有节奏的声响故而得名。肉连响动作粗狂、豪迈、潇洒、活泼，充分展示出人体的刚、劲、力之美，在表演过程中还会夹杂各种滚翻、空翻、头手翻及其"滚坛子"② 等高难度武术动作，由于练习过程中需要不停地拍打身体各部位，因此其与中国武术为增强自身抗击打能力而习练的拍打功有着异曲同工之妙。与此同时，为增强观赏性，现代肉连响舞蹈在创编过程中还增加了二人对练的相关技术动作，通过二人侧身或者面对面的击掌、对拳、格肘、撞肩等，充分展示肉连响的力与美，与武术套路对练形式极为相似。

## 第七节　本章小结

一个民族的骁勇善战、武运昌隆，是由其历史传统和文化环境所决定的。历史上土家族的先民巴人由于长期受到中央王朝的高压统治，政治地位的特殊性和生存环境的严酷性造就了其民族崇武善战的性格，而这种性格又会集中体现在其民族所创造的传统文化之中。从这个意义上来说，土家族的传统文化为土家族武术文化提供了广阔的生存空间。因此，反映其民族文化的民风民俗诸如图腾崇拜、巫傩祭仪、丧葬习俗、神话传说、神歌戏曲以及传统舞蹈中渗透着大量的武术文化元素是不足为奇的，土家族民风民俗中所蕴含的武术文化体现在以下几个方面：

其一，土家族的白虎崇拜中蕴含着丰富的武术文化元素。首先，就物器层面之武术文化而言，土家族武术器械的纹饰独钟情于白虎，土家先民巴人兵械的柄上大多都会镶嵌出虎头形状或纹刻上虎形纹饰。时至

---

① 民国时期，在恩施州利川市城区及其一些人口较为集中的乡镇，常有一些人在寒冬腊月赤裸上身，将头上、脸上和身上糊满稀泥，然后用双手拍打，泥土飞溅，沿街乞讨。而一些店铺老板怕其弄脏铺面影响生意，故都会主动给予施舍，人们形象地将其称为"泥神道"。

② 滚坛子：土家族民间体育，表演者双手抱头，身体蜷缩呈一圆坛状向前连续滚翻，类似体操前滚翻。

今日，许多土家族练武之人往往还会在其兵械上纹刻上虎头形状或虎形皮纹。这种做法的目的不仅仅是为了美观，而是图腾信仰的一种体现形式，是人们期望在战斗中能够神灵附体，得到祖先神灵的护佑，从而能够战无不胜。其次，土家族武术拳械无论是套路名称抑或是动作名称，就连武术谚语口诀等都离不开白虎崇拜的影响。由此可见，作为土家族精神图腾的白虎对土家族武术文化产生了深远的影响。

其二，由于土家族地区巫风浓烈，而巫、舞与武又具有某种相通性，故而形形色色的土家族武术内容便通过巫傩这一特殊载体传承了下来。与武术对练套路相似，土家族的巫舞往往都是围绕某种假想敌——"鬼魂"来表演各种攻防搏杀的技巧与场景，其动作形式和意识表现与武术套路展演较为吻合。土家族傩戏中的祭仪，除常规的祈祷、供斋醮神等仪式外，还要表演原始、惊险刺激的捞油锅、下火池、踩火烨口、踩地刀、衔红铁、上刀山、翻叉绝技以及师刀、竹马鞭等套路，其中不乏武术文化的踪影。这些充满着神秘色彩的巫傩文化从另一个侧面诠释了土家族尚武好勇的民族性格与精神风貌，是一种力的角逐，更是一种武功的展示，是土家族传统武术文化的另类表达。

其三，土家族的丧葬习俗主要包括跳丧、打廪和绕棺三种形式，其中跳"武丧"是流行于鄂西南清江流域土家族地区的一种独特的丧葬习俗，是在丧葬仪式过程中穿插一些二人格斗表演的场面。"武丧"动作粗犷豪迈，刚柔相济，由两人配合表演，并将各种武术动作融入仪式之中，其中不乏搏斗的场面，达到高潮时，犹如山中飞禽走兽，气势磅礴，例如"猛虎下山"和"燕儿衔泥"等动作；打廪是流行于湘西南部自称"廪卡"的土家族人中的一种丧葬习俗，主要是在丧葬现场跳各种冲锋陷阵、勇猛杀敌、建立军功的舞蹈；绕棺是流传于鄂西南利川及渝东一些土家族聚居地区的丧葬习俗，是由一些反映军战、武技以及原始渔猎生活遗存的动作所组成。其典型动作诸如"天女散花""弯弓射月""懒龙翻身""二棋子""倒立竖""换边拳"等，大都渗透着武术文化的踪影。"跳丧""打廪""绕棺"等丧葬习俗反映了土家族豁达的生死观，体现出土家族人民原始、朴素的宗教信仰，同时也是对其民族尚武精神的一种宣扬。丧葬习俗是土家族武术的温床，为土家族武术文化提供了独特的文化空间场域。

其四，在土家族的神话传说中，英雄人物占据举足轻重的地位，英雄崇拜成为土家族传统文化的核心内容。土家族所崇拜的英雄人物基本上都是孔武有力、英勇善战的武功型英雄，在土家族的历史上都曾做出过卓越的功勋。例如向王天子（廪君）为白虎神演变而来，是土家族战神的化身；八部大神是开拓湘西的八个部落的酋长，武功高强，战功卓著，生为八部大王，死后被封为八部大神；梅山神和张五郎则为土家族的猎神，他们艺高胆大，武功卓绝，是有名的神射手；彭公爵主是五代时期溪州刺史彭仕愁，他英明神武、励精图治，奠定了彭氏在湘西800年的土司宏伟基业；田好汉作为彭仕愁的武将，作战勇猛，屡建奇功。这些神话传说恰恰正好反映了土家族崇尚武勇的心理特征，同时也从另一个层面渲染了其武术文化。

其五，土家族的文艺作品中亦渗透出丰富的武术文化踪迹。被誉为"土家史诗"的《梯玛神歌》，是一部记叙土家族族源及其发展的旷世奇歌。《梯玛神歌》中不乏武术文化的踪影。在其中的《迁徙记》一章中，就生动地描述了土家先民在迁徙的过程中齐心协力战胜妖魔鬼怪（实为各种鸷禽猛兽）的场面。而《将帅拔佩》章节歌颂的是古代土家先民将帅拔佩武功高强、英勇无敌，率领族众抵御客兵（汉人）入侵的故事。反映出土家先民对武术器械诸如刀牌、棍术等格斗技巧的运用已经具有相当高的水平，并将其作为抵御外族入侵保卫氏族安全的重要手段。土家族的戏曲主要包括傩愿戏、柳子戏、灯戏、堂戏、南剧、木偶戏等，这其中亦有不少渲染武打场面的剧目，如各种傩愿戏、木偶戏、参军戏等，表演时演员往往会持刀、枪、剑、棍登台献艺，武术成为其中的一个重要内容和特色，体现出武术与戏曲的融合。

其六，土家族的传统舞蹈带有浓郁的军事武艺痕迹。土家族摆手舞中的大摆手舞即是源于先秦巴人的军前舞——巴渝舞，摆手舞中的披甲、列队、拉弓射箭等军事舞蹈动作，与唐代杜佑《通典》所载巴渝舞之矛渝、弩渝如出一辙。大摆手舞演练中除一些反映生产生活实践的动作外，其主体部分同样是各种反映军功战事，战斗姿态的场景。其内容包括冲锋陷阵，缴获敌人武器以及比试武艺等，其中比试武艺有打拳、射箭、使刀枪、耍板凳、舞流星锤、打飞棒等内容。整个摆手舞的操练过程中，舞者身披铠甲，手持梭镖、盾牌等武器，表演各种击刺杀伐、冲锋陷阵动作以及攻守阵型转换的动作等。毛古斯舞系土家族历代土司王祭祀的专用舞蹈，主要用以祭拜土家族的猎神和祖先。毛古斯舞动作粗狂雄浑、剧烈逼真，整个舞蹈展示了狩猎的全过程，其中与猛兽搏斗的情节惊险刺激、生动逼真，表演者时而刀叉并举闪展腾挪，时而以静制动蓄势待发，时而挥棒猛攻乘胜追击，直至将猛兽杀死，将人兽搏斗场面表现得栩栩如生。整个场面恰似一场精彩激烈的武功对打，与武术实战演练极为相近。

此外，在土家族地区广为流行的其他诸如三棒鼓曲艺绝技、肉连响舞蹈、地龙灯、板凳龙、舞狮、斗角等民间文体活动中也都蕴含着丰富的武术文化元素，从其典型动作、练功方法及其运动形式中都能找到武术文化的踪影。

# 第六章

# 天性韧勇

## ——土家族军旅武术文化之尚武精神

### 第一节　以战扬武
#### ——土家族尚武精神的历史红线

#### 一　土家族先民巴人主要军事活动

土家族的先民巴人早在 4000 年以前就已经活跃在华夏大地上，这是一个以"虎"为图腾，既桀骜又忠诚，性格刚烈，尚武精神极为浓郁的民族。在整个先秦时期及其封建社会早期，巴人兵戈频动，武风浓烈，军事活动极为频繁，参加了一系列的征讨防御战争，成为其尚武精神的生动实录。

（一）中原逐鹿——巴人武姿跃动

远古时期，在我国中西部的山区，生活着一支关系密切的分别以"虎""豹""熊""罴"为图腾的族团，《山海经》中称其为"四鸟"。这个"四鸟"集团后来逐渐发展成为一个强大而稳固的军事联盟，其中又以"虎"为老大，后来建立了虎方。司马迁《史记》之《五帝本纪》在记载黄帝逐鹿中原的战争中，曾提到黄帝率领熊、罴、貔、貅、貙、虎之师，分别与炎帝和蚩尤进行了著名的阪泉之战和涿鹿之战，最终一统中原的战争史实，"轩辕乃修德振兵，治五气，艺五种，抚万民，度四方，教熊、罴、貔、貅、貙、虎，以与炎帝战于阪泉之野，三战，然后得其志"①。《论衡·率性》亦载："黄帝与炎帝争为天子，教熊、罴、貔、虎以战于阪泉之野，三战得志，炎帝败绩。"② 因古人作战常以猛兽之威来压制对方，而这里的"熊、罴、貔、貅、貙、虎"则应该分别是指以熊、罴、貔、貅、貙、虎等猛兽为图腾的几个氏族或部落联盟。

巴人以虎为图腾，依据现代学者的研究观点认为，这里的虎部落应为巴人的先民，或者与巴人有着某种密切的渊源关系。③ 由此可以断定，巴人虎部很早之前就与黄帝有熊氏结成了稳固的军事联盟。又据《韩非子》"虎狼在前，鬼神在后"的描述，说明巴人虎部作为黄帝集团的生力军一直都是冲锋在前，敢死陷阵的"领头雁"和"排头兵"，只是司马迁在"择其言尤雅者"后的记录中将"虎豹熊罴"的顺序打乱。鉴于黄帝有熊氏是这次战争的发起者和组织者，因此将"熊"放在首位也是在情理之中的。但毋庸置疑的是，巴人虎部作为黄帝集团的生力军，在黄帝逐鹿中原的系列战争中确实起到了极为重要的作用。

（二）牧野兴师——巴人兵锋凌厉

殷商末年，纣王骄奢淫逸、残忍暴虐，其昏庸无道使得社会矛盾不断激化，朝野上下怨声四起。西汉韩婴《韩诗外传》云："纣之为主，戮无辜，劳民力，冤酷之令，加于百姓，僭凄之恶，施于大臣，群下不信，百姓疾怨，故天下叛而愿为文王臣，纣自取之也。"④ 与此同时，活动在西部渭河流域的姬姓周国则迅速崛起，周武王姬发韬光养晦、励精图治，他继承文王遗志，并重用姜尚等人，从而使得国力不断强盛，伐纣时机成熟。公元前 1122 年，武王联合西土各诸侯联军，其中包括 3000 人的巴人虎贲军为先锋，在距殷商首都朝歌 70 里的牧野举行誓师大会，列举纣王罪行，宣扬替天行道，从而发动了中国历史上著名的牧野之战。武王"乃遵文王，遂率戎车三百乘，虎贲三千人，甲士四万五千人，以东伐纣……帝纣闻武王来，亦发兵七十万人距武王。武王使师尚父与百夫致

① （西汉）司马迁：《史记》，中州古籍出版社 1996 年版，第 1 页。
② （东汉）王充：《论衡》，上海人民出版社 1974 年版，第 27 页。
③ 曾超：《巴人尚武精神研究》，博士学位论文，中央民族大学，2005 年，第 48 页。
④ （汉）韩婴：《韩诗外传集释》，许维通校释，中华书局 1980 年版，第 177 页。

师，以大卒驰帝纣师。纣师虽众，皆无战之心，心欲武王亟入。纣师皆倒兵以战，以开武王。武王驰之，纣兵皆崩，畔纣"①。牧野之战中，殷军土崩瓦解，周国联军长驱直入、势如破竹，一举攻陷了殷商首都朝歌，统治了近 600 年之久的殷商王朝大厦随之倾覆。

现代学者通过大量的文献考据证明，土家族的先民巴人曾在武王伐纣这场正义之战中起到了举足轻重的作用。晋人常璩在《华阳国志·巴志》中说："周武王伐纣，实得巴、蜀之师，著乎《尚书》。"② 明确说明巴人参与武王伐纣战争的史实。而《华阳国志·巴志》在具体描述牧野之战的情景时，更是对巴人的勇猛睿智进行了高度的肯定："巴师勇锐，歌舞以凌殷人，（殷人）倒戈，故世称之曰'武王伐纣，前歌后舞'也。"③ 巴人将士先声夺人，他们一手持盾，一手执戈或钺等青铜兵器，作出各种恫吓性的攻防刺杀动作，同时嘴里还高唱着阴森恐怖、摄人心魄的巴语战歌逼近殷师。结合巴人崇虎的信仰，倘若这些巴人还身披虎皮，戴着凶相毕露的虎饰面具，敲打着虎钮錞于等向殷人逼近，殷人风声鹤唳，其"前徒倒戈"恐怕也就是意料之中的事情了。殷人的车马受到前面倒戈相向之步兵的羁绊而发挥不了其应有的威力，其结果也只能是徒唤奈何了。总之，巴人将士在牧野之战中可谓是功勋彪炳，也正是因为此，才有了后来巴人被周王朝赐予姬姓，并分封为巴子国的特殊政治礼遇。

中国武术史在阐述中国古代武术的发生时，一般都会提到古代用于军事训练手段之一的武舞，认为武舞是中国古代武术套路的雏形。《尚书·牧誓》中说："夫子助哉，不愆于四伐、五伐、六伐、七伐，乃止齐焉。"④ 伐为击刺之意，一击一刺为一伐。⑤ 这种击刺之武舞其原型即是巴蜀之师在牧野誓师时所演练的军前舞，而巴人则在战争中进行了实

---

① （西汉）司马迁：《史记》，中州古籍出版社 1996 年版，第 15—16 页。
② （晋）常璩：《华阳国志·巴志》，严茜子点校，齐鲁书社 2010 年版，第 2 页。
③ 同上。
④ 张馨：《尚书》，中国文史出版社 2003 年版，第 154 页。
⑤ 全国体育院校教材委员会审定：《中国武术教程》，人民体育出版社 2003 年版，第 32 页。

践。① 后来周人为颂扬武王伐纣之丰功伟绩，遂创编了这种手持干戚，击刺有序并不断变换队形，威武雄壮的大武舞，可见巴人的战舞成了大武舞的原型。唐杜佑亦认为，巴人从周以来的武舞，即为干戚舞、巴渝舞和牟弩舞。

（三）陈仓暗度——巴人勇当先锋

秦朝末年，秦二世昏庸无能，奸宦权倾朝野，秦朝长期的高压统治不断激起民众的反抗。公元前209年，陈胜、吴广率先发难，大泽乡起义的火种迅速蔓延，继而全国各地的农民起义呈燎原之势发展，秦始皇所苦心经营的帝国大厦终于倾覆于农民起义的滚滚洪流之中。在此次大规模农民起义中逐渐形成了以项羽和刘邦为核心的两大军事实力集团。相比之下，项羽在军事上占优，而刘邦则深得民心，拥有张良、萧何、韩信、樊哙等众多谋士猛将。公元前206年，项羽自立为西楚霸王，同时分封其他十八诸侯。为了牵制刘邦，遂废弃入关之盟，将刘邦分封至偏僻荒凉的巴、蜀、汉中之地为汉王，都南郑（今陕西南郑县东北）。项羽此举的意图是要使刘邦画地为牢，使其丧失争夺政权的地理优势。同时为了限制刘邦的东进，将秦朝归降的三位将领章邯、司马欣和董翳分封于关中之地，以拒刘邦。其中章邯为雍王，都废丘，辖地为咸阳以西及其甘肃东部地区；司马欣为塞王，都栎阳，辖咸阳以东至黄河；董翳为翟王，都高奴，辖陕北之地，由于此三人系秦朝故将，故称为"三秦"。

汉王刘邦胸怀大志，到达南郑以后，立刻召集谋士商讨抗楚对策。巴人儒将范目建议刘邦征巴人，组劲旅，北出秦岭而东取关中。史书中关于巴人板楯蛮帮助汉高祖刘邦平定三秦之事，最早见于东汉应劭《风俗通义》的记叙："高祖为汉王时，阆中人范目说高祖募取賨人定三秦，封目为慈凫乡侯，并复除目所发罗、朴、督、鄂、度、夕、龚七姓，不供租赋。"② 而《华阳国志·巴志》的记叙则更为明晰："汉高帝灭秦，为汉王，王巴、蜀。阆中人范目，有恩信方略，知帝必定天下，说帝，为募发賨民，要与共定秦。秦地既定，封目为长安建章乡侯。帝将讨关

---

① 曾超：《巴人尚武精神研究》，博士学位论文，中央民族大学，2005年，第54页。

② （东汉）应劭：《风俗通义》，上海古籍出版社1990年版。

东，赏民皆思归，帝嘉其功而难伤其意，遂听还巴……目复请除民罗、朴、督、鄂、度、夕、龚七姓不供租赋。"① "赏"乃赏布，是古代巴人赋税的专称，故而这里的赏民当指巴人无疑。而刘邦亦深知巴人勇武，且有随武王伐纣，"歌舞以凌殷人"的辉煌战斗史，于是任命范目迅速征调并组建了一支7000人的巴人精锐武装力量做汉军前锋。在樊哙带兵修建栈道以迷惑楚军的同时，范目则跟随韩信率领着一支以巴人为前锋的汉军，绕过崇山峻岭从而顺利地度过了陈仓要道。这支巴人劲旅不但勇锐，而且擅长干戈弓弩等武器。他们履险如夷、冲锋陷阵，战斗时既歌又舞，被视为"神兵"天降。巴人将士出陈仓后，一接敌就陷阵，以迅雷不及掩耳之势打败了咸阳以北的翟王董翳，咸阳以西的雍王章邯和咸阳以东的塞王司马欣，成功平定了三秦，从而为刘邦顺利挺进关中乃至汉王朝基业的开创立下了汗马功劳。

鉴于巴人北定三秦之功，刘邦对巴人给予了极高的政治礼遇。范目被封为建章乡侯、慈凫乡侯和渡沔县侯，史称"亡秦范三侯"，而随同征战的罗、朴、督、鄂、度、夕、龚七姓巴人不供租赋，余户则轻徭薄赋，"岁入赏钱，口四十"②。又据《后汉书·南蛮西南夷列传》载："至高祖为汉王，发夷人还伐三秦……天性劲勇，初为汉前锋，数陷阵。俗喜歌舞，高祖观之，曰：'此武王伐纣之歌也。'乃命乐人习之，所谓《巴渝舞也》。"③ 这段史料不仅清晰地记叙了巴人作为刘邦伐三秦部队之先锋攻城略池的历史史实，赞扬了巴人不仅勇猛无敌，而且锐气喜舞的尚武精神。同时也透露出汉高祖刘邦对这支部队的赞赏有加，认为巴人所习歌舞乃武王伐纣之舞，并将其命名为"巴渝舞"而在宫中传习。

曾超在《巴人尚武精神研究》中认为，巴人板楯蛮帮助汉高祖刘邦平定三秦的历史史实表明：首先，巴人积极参与了汉高祖北定三秦的战争，特别是阆中巴人范目"识时务，有谋略"，具有高度的战略眼光，大力说服刘邦招募巴人灭秦。其次，巴人在帮助刘邦平定三秦的军事风云

---

① （晋）常璩：《华阳国志·巴志》，严茜子点校，齐鲁书社2010年版，第4页。
② （宋）范晔：《后汉书·南蛮西南夷列传》，中华书局2007年版，第838页。
③ 同上。

中，履险如夷，冲锋陷阵，敢死在前，立功于先，表现出卓越的军事才华与军事艺术，特别是巴人的"军歌"——武王伐纣之歌与巴人的"军舞"——巴渝舞备受刘邦青睐，得到充分肯定，并被纳入中国封建王朝雅乐体系——乐府。最后，刘邦鉴于巴人对建立汉朝的特殊功勋，除封范目为异姓侯以外，还复除七姓巴人不供租赋，用以笼络巴人，也可以说是对巴人北定三秦战功的回报和褒赏。①

巴人这种勇锐的尚武精神在历史上是一以贯之的，在整个巴人的历史上，除助力于武王伐纣，汉高祖刘邦平定三秦以外，东汉中期，巴人亦被征调以平定西北羌乱："其人勇猛，善于兵战。昔永初中，羌人汉川，郡县破坏，得板楯救之，羌死败殆尽，故号为神兵。羌人畏忌，传语种辈，勿复南形。"② 其勇猛可见一斑。三国时期，蜀汉军师诸葛亮也曾征用巴人为连弩士。及至封建社会后期，巴人后裔亦被频繁征调。明嘉靖时期，倭寇为患，巴人后裔湖广土兵更是慨然应诏、万里从征，为平定东南沿海的倭患立下了汗马功劳。

## 二　死不旋踵，南征北战的明代土兵

### （一）南征倭寇——东南战功称第一

明世宗嘉靖年间（1522—1566），朝政腐败，海防空虚，东瀛日本海盗乘机在我东南沿海地区进行大规模的骚扰滋事。倭寇所到之处，烧杀掳掠无恶不作，其滔天罪行罄竹难书。北起辽东，南至福建、广东各省，沿海居民深受倭乱之苦。当时的明朝政府虽屡派东南官军抗击倭寇，但由于将领昏庸无能，贪生怕死，且士兵士气萎靡不振，战斗力缺乏，被倭贼打得溃不成军，频频败北，东南沿海局势岌岌可危。在这种战局不利的情形下，明朝廷启用张经总督东南各省军务，全面主持抗倭事宜。张经审时度势，奏请朝廷征调湖广土兵和广西"狼兵"③ 前往东南沿海抗击倭寇。时任浙江巡抚的胡宗宪亦认为："短兵相接，倭贼甚精，近能制

---

① 曾超：《巴人尚武精神研究》，博士学位论文，中央民族大学，2005 年，第 39—40 页。
② （宋）范晔：《后汉书·南蛮西南夷列传》，中华书局 2007 年版，第 838 页。
③ 专指明代广西出身之战斗人员，不隶军籍。广西"狼兵"以骁勇善战著称，其兵源多数为壮人，少数为瑶人，东南抗倭时的统领为田州女土官瓦氏夫人。

之者，惟湖广兵钩镰枪弩之技。"① 明郑若曾的《筹海图编》中亦道：
"湖广九溪等卫、容美宣慰等司、桑植安抚长官司等司，及麻寮等所，上
峒茅等峒，各有骁勇土兵，惯熟战阵，宜选各卫谋勇素著，指挥统领。"②
清魏源《圣武记》中云："明代征剿，动调土兵……以少击众，十出九
胜，天下莫强矣。"③ 由此可见，湖广土兵的英勇善战早已是闻名遐迩且
为有识之士所认可的。

为了保卫祖国的海疆，土家族将士临危受命，积极应征。据《明
史·湖广土司传》载："三十三年冬（1554），调永顺土兵协剿倭贼于
苏、松。"④ 出征前，土司采取降级使用的方法挑选精兵良将。所谓降
级使用，即对将士的级别进行下调，能带千人的将领，让其充当百人的
长官，能带领百人的长官，让其充当十人的头目，这种方式极大地提高
了土兵的战斗力。同时，为鼓舞士气，出征时还举行了隆重的祭祀仪
式，土司将牛头置于桌上，旁边放置银两，然后下令："有敢冲锋者收
此银，啖此牛首，勇者报名。"⑤ 土家族将士怀着强烈的爱国热忱和必
死的信念，慨然赴战。魏源《圣武记》云："土兵亦踊跃赴调，往往私
倍于在官之数，如调兵三千辄以六千至，调兵五千辄以万人至。"⑥ 显
示出其高涨的爱国热情。1554 年冬，以永顺、保靖、桑植、容美、酉
阳等土司为首的数万名土家族将士开赴抗倭前线，从而拉开了土兵东南
抗倭战争的序幕。

土家族土兵开赴苏州、松江抗倭前线后，迅速扭转了东南战场的局
势。胜墩一战，土家将士小试牛刀，永顺土兵在宣慰司彭翼南率领下自
北面围剿，广西狼兵在瓦氏夫人统领下从南面夹击，两军协同作战，斩
首三百余级，使得倭贼望风而逃，这是土兵抗倭以来所取得的首场胜利。
嘉靖三十四年（1555）四月，保靖土官彭守忠率领千余土兵参加由兵备

① 《土家族简史》编写组：《土家族简史》，民族出版社 2009 年版，第 100 页。
② （明）郑若曾：《筹海图编》，李志忠点校，中华书局 2007 年版，第 738 页。
③ （清）魏源：《圣武记》，中华书局 1984 年版，第 549 页。
④ 石亚洲：《土家族军事史研究》，民族出版社 2003 年版，第 125 页。
⑤ 《土家族简史》编写组：《土家族简史》，民族出版社 2009 年版，第 95—96 页。
⑥ （清）魏源：《圣武记》，中华书局 1984 年版，第 549 页。

副使仁环指挥的三丈浦围剿战役，结果大获全胜，俘斩倭贼二百八十余人。"我兵皆踊跃思奋进攻之。贼遂大败，俘斩二百八十有奇，我兵不损一人。自用兵以来，旱战全捷，未有如此者也。"① 胜墩、三丈浦战役的胜利，极大地震慑了倭贼的胆魄，打击了倭寇的嚣张气焰，同时也鼓舞了广大官兵将士的斗志，更加坚定了其保家卫国、肃清倭患的决心。

是年五月，倭寇集结四千余人，大肆进犯嘉兴。总督张经遣参将卢镗督彭荩臣率领保靖土兵驰援嘉兴。与此同时，总兵俞大猷率彭翼南和彭明辅所领永顺土兵和广西狼兵至平望驻扎，参将汤克宽率舟师由中路推进，形成水陆三面的合击之势。战斗打响，彭荩臣率保靖土兵首挫其锋于石塘湾，倭寇败走平望，被俞大猷率领的永顺土兵和广西狼兵以迎头痛击。最后，倭寇仓皇逃往王江泾，保靖土兵乘胜追击，与官兵、狼兵一同围剿倭寇于王江泾，此战共俘斩倭寇一千九百多人，溺死无数，使得倭寇元气大伤。据《明史·湖广土司》记载："及王江泾之战，保靖犄之，永顺角之……倭为夺气，盖东南战功第一云。"② 都御史唐顺之评价此次战役时说："王江泾数千倭子乘胜西上，非永、保之兵力挫其锋，则何所不至？"③ 高度评价了永、保土兵在该战役中所起的作用。王江泾之役成为了整个抗倭战争的分水岭，影响了战争的总体走向，从而使得明朝官兵能够在后来的战斗中占据主动。此后，永、保土兵又取得了陆泾坝之捷，容美土司田九霄率土兵先后取得了后梅之捷、清风岭之捷、乍浦之捷和沈家庄大捷。总督胡宗宪曾盛赞容美土兵功绩曰："容美精兵，悍甲诸部，万里从征，朝气正锐！"随着抗倭名将俞大猷等指挥广大官兵和土兵取得舟山之捷，为害多年的东南倭患被彻底荡平了。在土家族土兵东南抗倭战争中，广大土兵成为冲锋陷阵的主力，他们为捍卫祖国领土与海疆安全，做出了突出贡献。

① （明）郑若曾：《筹海图编》，李志忠点校，中华书局 2007 年版，第 409 页。
② （清）张廷玉等：《明史·湖广土司》，中华书局 1974 年版，第 7794 页。
③ 《土家族简史》编写组：《土家族简史》，民族出版社 2009 年版，第 97 页。

表6-1                     明代土兵抗倭主要战役与战绩

| 时间 | 战役名称 | 主要战绩 |
| --- | --- | --- |
| 1555年1月 | 胜墩战役 | 斩敌300余人 |
| 1555年4月 | 三丈浦围剿战 | 俘斩倭寇280余人 |
| 1555年5月 | 王江泾战役 | 俘斩倭寇1900余人，溺死无数 |
| 1555年7月 | 陆泾坝之战 | 俘斩倭寇500余人，溺亡无数 |
| 1555年12月 | 清风岭之捷 | 俘斩倭寇170余人 |
| 1556年8月 | 乍浦之战 | 俘斩倭寇1200余人 |

图6-1  土兵抗倭"东南第一功"纪念碑

（二）北拒满骑——血洒浑河忠义嘉

明朝末年，建州女真迅速崛起，明神宗万历四十六年（1618），东北后金政权努尔哈赤举兵反明，接连攻陷明朝在东北的军事要塞，后金大军直逼辽阳，一时间朝野震动。明廷随即集结数十万大军北上，意欲一举摧灭后金政权。万历四十七年（1619）三月，明军主力与后金军决战于萨尔浒，然而久疏战事的明军抵不住清朝铁骑的冲击，结果以明军惨败告终，辽东局势更是急转直下。在这种岌岌可危的形势下，明朝廷启用熊廷弼替代杨镐为辽东经略，以期稳定辽东战局。但此时明廷可征调之兵将已是捉襟见肘。鉴于土兵东南抗倭战争中的英勇表现，于是朝中便有人提议征调土兵北上援辽。例如韦蕃即认为"土司兵马强锐，尤可借为一臂之用"①。周西令则在自己的奏疏中用较大篇幅论述了征调土兵的有利之处和具体安排，他认为土兵与女真兵在某些方面具有相似之处："其人筋骨嗜好皆与人异，利刃就弓以为佩带，射生历险以为耕作。穿耳刖足以为法，断头贯胸以为常。每有战阵，胜则不尽敌不休，衄则不报仇不舍，以土兵性习与虏无异也。"②而兵部尚书黄嘉善更是直接向神宗提议征调西南土兵，他在《议调水陆精兵疏》中提道："湖广、四川、贵州各土司兵生长悬崖峻坂之间，利臂轻足，性悍嗜杀与掳相埒。且素有藤盔、毒弩等器械，足为御虏长技。"③

明廷权衡利弊，最终决定征调土兵北上援辽，而此次应征的对象则主要是以酉阳、石柱和保靖土家族土兵为主。天启元年（1621）三月，努尔哈赤率兵围攻沈阳，川浙总兵陈策等率官军和土兵火速驰援，结果在沈阳城外的浑河发生遭遇战。石柱土司副总兵秦邦屏率先渡河，后金兵乘其立足未稳率先发难，"奴以铁骑五万四面蹙攻之，诸将殊死战。斩贼堕马者三千人余。贼却而复前。如是者三，自辰至酉，奴骑益众"④。浑河血战中石柱、酉阳和保靖土家族土兵损失惨重，石柱土兵主帅秦邦屏战死，其土兵将士损失一千余人。酉阳土兵主帅宣抚司冉跃龙之弟冉见龙捐躯，损兵千余。而保靖土司彭象乾部更是全军覆灭。

辩证地看，土兵浑河折戟有其客观原因，首先是兵力上的悬殊，区区万余人的土兵在数量上无法与后金兵相提并论，而长期养尊处优的晚明军队又很难给予其有力的支援；其次是身处大西南的土家族土兵很难适应山海关以外恶劣的作战环境；最后是兵种上的差异，善于步战与水战的土兵很难抵挡后金铁骑的冲击。故而其结局是可想而知的。虽然浑河之战以失利告终，但土家族土兵在战斗中所展现出的强大战斗力及其昂扬斗志让人震撼，土兵的作战能力与战斗意志得到了交战双方的认可，

① 张万东：《酉阳、石砫土司与明朝关系考论》，硕士学位论文，吉林大学，2013年，第35页。
② 同上。
③ （明）程开祜：《筹辽硕画》，商务印书馆1937年版。
④ （明）王在晋：《三朝辽事史录》，上海古籍出版社2002年版。

可谓是虽败犹荣。据《明熹宗实录》所载："（浑河之战前）我兵帅望风先逃。未闻有婴其锋者。独此战以万余人当虏数万。杀数千人，虽力屈而死。至今凛凛有生气。"① 战后兵部亦高度评价川兵："东征三载……独四川兵悍勇知方。沈阳一战，几大捷而转败，非战之罪也。"② 而土兵在浑河之战的英勇表现也让后金统治者心有余悸，"川兵尤甚所恨，拿获川兵一名者，赏银十两"③。土兵的英勇善战由此可见一斑。

# 第二节　坚甲利兵
## ——土家族尚武精神的物质表征

《左传》云："国之大事，在祀与戎。"④ 既然战争乃国之大事所在，那么兵器的先进与否在某种程度上便成为了决定战争走向的重要因素。因此，历史上任何一个骁勇善战的民族，其文化形态必然体现出对兵器工业的极度重视。兵器是一个民族尚武精神的物化表现，其发达与否在一定程度上也衡量着一个民族尚武精神的浓烈程度。

### 一　先秦巴人的青铜兵器

周武王克殷后，为了稳定天下的政治局势，大肆分封功臣与宗族到各地为诸侯，以屏护周王室。其中就包括地处现今渝东、鄂西一带的巴子国。巴国在地理位置上东临强楚，西接蜀国，而北方则是虎视眈眈的秦国。由其特殊的地理位置所决定，巴蜀之地在整个春秋战国时期即是一个战事频仍之地。为了各自的利益，巴、楚、蜀之间数相攻伐，干戈不断，巴人先后与楚国、蜀国发生过频繁的战争，而战争则直接推动了兵器的发展。

---

① 《明熹宗实录》，"中央研究院"历史语言研究所1962年版。
② （明）王在晋：《三朝辽事史录》，上海古籍出版社2002年版。
③ 同上。
④ 左丘明：《左传》，蒋冀骋点校，岳麓书社2006年版，第141页。

（一）巴人青铜兵器的出土

"巴文化遗存的一个显著特点就是巴人兵器的大量发现。"[①] 巴以战争而载入历史，以其勇猛而闻名，从巴人墓葬中兵器的普遍性来看，巴人社会当具有"全民皆兵"的意义。早在 20 世纪 40 年代，在我国四川境内就曾出土了一批与中原地区不尽相同的青铜兵器，这是我国最早发现的巴蜀兵器。1941 年，考古学家卫聚贤在《说文月刊》上发表了《巴蜀文化》一文，认为巴蜀兵器可以分为直刺、横刺、勾击三大类，其花纹有人、龙、手心、饕餮、鱼、蛇、蛙等。出土的錞于上还有虎，船载旗鸟等纹饰。[②] 成为最早研究巴式兵器的著作。随后，在一些巴人的墓葬中又陆续出土了大批巴式青铜兵器，1954—1957 年，考古学家先后在四川昭化的宝轮院和重庆巴县的冬笋坝发现了大批船棺葬，其文物遗存"与战国时期的巴人应有一定的关系"[③]。在这些考古遗存中大多包括巴人的兵器诸如柳叶形剑、三角援戈、空首斧钺（俗称烟荷包式）、长骹双耳矛、胡戈、镞等。而随着巴人兵器的不断出土，其反映和体现出的文化内涵也越来越丰富，巴文化的神秘面纱也逐渐被揭开。

（二）巴人青铜兵器的种类

每个民族的兵器均有自己鲜明的特色，显著的特征。总体而言，巴人的青铜兵器种类齐全、数量众多。主要包括剑、戈、戟、矛、钺、斧、镈、镦、板楯、胄顶、箭镞、弩机、虎钮錞于等，其中长兵器主要包括戈、矛、戟、斧、钺，短兵器主要有剑和刀，射远兵器则主要是箭和弩，胄顶则主要是用以护头的铜头盔，板楯是用以防身的盾牌。

1. 巴式青铜剑

先秦兵器，有"巴剑蜀戈"之说，意即巴以剑闻名，蜀以戈见长。巴式剑是先秦巴人最具代表性的兵器之一。巴式剑是一种形似柳叶的青铜短剑，考古学界形象地称为"柳叶形剑"。该剑形制特点是扁茎无格，剑身与剑茎连铸，剑身为柳叶形，剑身与剑茎相接之处收分，剑茎上有

---

① 曾超：《巴人尚武精神研究》，博士学位论文，中央民族大学，2005 年，第 70 页。
② 卫聚贤：《巴蜀文化》，《说文月刊》1941 年第 4 期。
③ 冯汉骥等：《四川古代的船棺葬》，《考古学报》1958 年第 2 期。

二穿或一穿，剑刃平直且中脊呈圆柱状隆起，剑把中空，上有花纹，剑茎末端插于剑把中。据考古研究发现，目前所出土的巴式柳叶形剑种类较多，按照其型式和年代的久远又可区分为 A、B、C、D、E、F 六种类型。其演变轨迹是"从最原始的形态即体扁薄、短小、质差，往后变得厚重，剑身变长，质地愈晚愈精良"①。以剑身的长度为例，其中 A 型剑其体长仅 20.9 厘米，稍后的 B 型剑其体长增加到 28 厘米左右，而 E 型剑其剑身最长则达到 66.5 厘米，巴式柳叶形剑大约成熟于春秋时期。此外，在巴地亦出土不少 U 形剑，当是由秦地带入，或是当地仿秦、楚等国的兵器铸造而成，其时代处于战国中晚期，从中可映射出当时的文化交流融合境况。

据考古研究表明，先秦巴人的居住之地多为丘陵山地，山峦起伏，河流沼泽密布，同时气候温暖湿润，植被茂盛，这样的自然地理环境决定了在战场上骑兵和战车是没有用武之地的。先秦兵书《六韬》在论证车战之弊端时详细列举了十个不利于车战的地形："凡车之死地有十……越绝险阻，乘敌远行者，车之竭地也；前易后险者，车之困地也；陷之险阻而难出者，车之绝地也……左险右易，上陵仰阪者，车之逆地也……殷草横亩，犯历深泽者，车之拂地也……道路溃陷，前不能进，后不能解者，车之陷地也。此十者，车之死地也。"② 由于车战需要在较为开阔的地理环境下才能进行，故而先秦时期的巴蜀之地车战是没有用武之地的。鉴于巴蜀之地的地理环境，当时的战争应是以步兵作战的方式为主，这就直接增加了士兵短兵相接的机会，而在近距离的血刃肉搏中，短兵器使用的灵活性要远远大于长兵器。由于剑具有轻便锋利的特征，在短兵相接的过程中剑便成为了更称手的兵械。因此，巴人的柳叶形剑在巴蜀之地大量出土也就在情理之中了。

---

① 江章华：《巴蜀柳叶形剑研究》，《考古》1996 年第 9 期，第 78 页。

② 徐玉清、王国民注译：《六韬》，中州古籍出版社 2008 年版，第 167 页。

图 6-2 巴式剑（战国巴式青铜剑，

湖北巴东东渡口出土）及巴式柳叶形剑各部位名称

## 2. 巴式青铜矛

矛是古代用以刺杀的一种进攻性武器，与戈、殳、戟等并称为"五兵"。矛的形制构造相对较为简单，由带刃的矛头和长柄两个部分组成，使用方法主要为直刺和挑扎。矛的历史久远，其原始形态可以追溯到原始狩猎时期，当时的矛就是将木棒或棍的前段削尖而成。进入新石器时期以后，人们开始在磨尖的石头或者动物的骨、角上穿孔，然后用藤条将其捆绑固定于木棍的前端而制成。随着生产力的发展，到奴隶社会时期，以青铜铸造而成的矛头开始登上历史的舞台，自商代一直到春秋战国时期，青铜矛一直是军队中的主要武器装备之一。矛也是巴人的主要兵器之一，巴式矛的形制主要有两种类型，Ⅰ型矛其锋为柳叶状，长骹，身起脊线，贯至锋端，其骹中圆銎，上至矛身则变作菱形銎腔，在骹的正面或者背面一般有虎形抑或是龙形图案，其侧面有形似双耳的钮，Ⅰ型矛的体长可达到 30 厘米左右，相比中原同时期的矛，其形体硕大而极富气势。Ⅱ型矛其锋较前且短而丰肥，骹较短，其锋是骹之长度的两倍，其骹銎为圆形，直近锋部，侧面有两弓形耳。① 体现出高超

---

① 曾超：《巴人尚武精神研究》，博士学位论文，中央民族大学，2005 年，第 66 页。

的锻造工艺。

3. 巴式铜戈、铜钺、铜箭镞

戈是先秦时期主要用以勾和啄的一种曲头作战兵器，横刃，装有长柄，其击法有勾挂、挑扎等。戈亦是先秦巴民族的主要兵器之一，巴式戈形制多样，特色鲜明。吕建昌在《先秦巴蜀青铜兵器研究》一文中指出，目前考古发现的巴蜀戈共计246件，其形制多样，大体可分为八型十式。[1] 巴式戈的主要特点是援身较宽，无胡，援中部有一大圆穿，近栏处另有两小穿。方内，内上之穿有圆形、尖桃形、菱形等种。内端或平直，或呈W形;[2] 巴式钺，俗称"烟荷包"式钺，圆刃折腰平肩，因其形像烟荷包而得名，钺身呈圆形或者椭圆形，三面作刃，銎长而深，在巴人墓葬中较常出现，如在重庆巴县冬笋坝和四川昭化宝轮院两处墓葬出土的40件青铜钺中，这种烟荷包式钺即达到36件之多，是典型的巴人兵械。另外，由于巴处山水之间，为了更好地发挥山地丘陵作战优势，巴人还较好地利用了其射远兵器弩与箭镞。《孙膑兵法·八阵上》云："易则多其车，险则多其骑，厄则多其弩。"[3] 其中"易"指地势平坦之地，而"厄"则专指两边高峻之狭窄的地形，显然这样的地形是适宜用弓弩作战的，巴地弩机数量出土较多也很好地印证了这一点。

4. 虎钮錞于

錞于是我国古代的一种铜制打击军乐器，它与兵器的关系极为密切，其作用主要是用以军中指挥战斗所用。由于巴蜀大地地势险要，林广树密，对于指挥军队的进退行止，远不及中原一带以旗帜号令便利，故多以金属鸣击之声号令军队的进退与行止。[4] 巴人錞于的典型特征就是将巴人的图腾——虎铸造于錞于之上，故而又称虎钮錞于。虎钮錞于在湖北、湖南、四川、贵州、重庆、陕西等古代巴人生活的地域均有发现和出土。例如在四川及其重庆的涪陵、酉阳、彭水、成都、潜江、万县、云阳、

① 吕建昌：《先秦巴蜀青铜兵器研究》，《军事历史研究》1997年第2期，第106页。
② 童恩正：《中国西南民族考古论文集》，文物出版社1990年版，第118页。
③ 银雀山汉墓竹简整理小组编：《孙膑兵法·八阵上》，文物出版社1975年版，第60页。
④ 孙敬明：《巴渝文化》，重庆师范大学出版社1994年版，第212—223页。

秀山、梁平等地所出土和传世的虎钮錞于共计13件，其中12件的形制基本相似。其特征为：椭圆椎筒形，突肩，上阔大而下略小，足口平直，錞面盘状，盘中央立虎钮。錞于的形制细分略有差异，一种錞体浑圆筒形，椭圆度椎度都不明显，制造工艺比较粗糙，虎钮造型比较简单。一种錞于形体修长，椭圆度和椎度十分明显，制造精致。虎钮造型生动逼真，真实性强。① 虎钮錞于参见图5-2。

图6-3 巴式铜戈、矛、钺（湖北巴东西渡口出土）；
带有虎纹图案的巴式戈

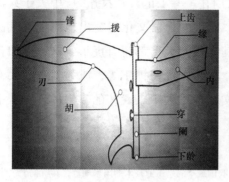
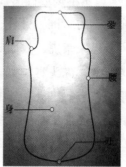

图6-4 巴式戈、巴式钺各部位名称

---

① 幸晓峰：《四川境内出土或传世錞于述略》，《四川文物》1996年第2期，第43页。

图 6-5　巴式铜箭镞（战国巴式铜箭镞，
湖北巴东西渡口出土）

　　总的来说，土家族先民巴人的兵器不仅种类齐全，数量众多，其制作工艺亦相当纯熟，反映出其昌明的锻造科技。例如在涪陵小田溪战国巴人墓群中出土的一件巴式铜矛，利用现代的科学化验，发现其青铜合金的比例为铜占 82.11%，锡占 15.04%，铅占 1.51%，锌占 0.037%，铁占 0.064%，硫占 0.011%。而另一柄铜剑，其青铜合金成分为铜占 82.21%，锡占 14.67%，铅占 1.28%，锌占 0.043%，铁占 0.039%，硫占 0.056%，基本接近古代《周礼·考工记》"六齐"[①] 中关于兵器制作铜锡合金 5∶1 的水准。另外，巴人的兵器文化还突出地体现了其民族的图腾崇拜。巴人崇虎，故而其兵械上大多都铸有虎形纹饰，例如各种虎纹矛、戈、剑，虎头青铜钺，军乐器虎钮錞于等，成为判定该兵器民族归属的重要依据。巴人兵器文化是巴人军事武艺的集中体现，从中可以窥探出其民族尚武精神的内核。

----

　　① 《周礼·考工记》是迄今为止我国最早的手工业技术的国家规范，其所记工艺分 6 类 30 个工种，包括攻木之工、攻金之工、攻皮之工、攻色之工、刮摩之工、抟埴之工等。其中有关于我国古代青铜冶金术的经验总结，其文云，金有六齐：六分其金而锡居一，谓之钟鼎之齐；五分其金而锡居一，谓之斧斤之齐；四分其金而锡居一，谓之戈戟之齐；三分其金而锡居一，谓之大刃之齐；五分其金而锡居二，谓之削杀矢之齐；金锡半，谓之鉴隧之齐。它将制造兵器的铜锡合金比例定在 5∶1 左右。

## 二　明代土家族土兵征战兵器

### （一）钩镰枪弩

在东南抗倭战场上，土家族土兵的威猛在一定程度上也得益于其独特的兵刃，土兵所独创的钩镰枪弩之技曾使倭寇闻风丧胆。如前所述，时任浙江巡抚胡宗宪即认为："短兵相接，倭贼甚精，近能制之者，惟湖广兵钩、镰、枪、弩之技。"①他认为倭寇擅使倭刀近身搏杀，明朝官兵曾在战斗中吃尽苦头，而唯有湖广土兵的钩镰枪弩之技才能使之丧失战斗优势，这里充分肯定了钩镰枪弩之技的威力。所谓钩镰枪弩之技，苦于没有专门的史书记载其明细，故此今人莫知其详。根据零星的文字推测判断，土兵的钩镰枪弩并非几器合一的复合型兵器，而是由钩、镰、枪、弩四种单独的兵器配合而成。有学者认为，钩和镰当是由土家族砍火畲之生产工具改进而成，土人将其提炼加工用作武术兵械，战斗时可钩砍敌人腿脚以使其人仰马翻。枪是常见之步战兵器，长而锋利，使用灵便。而弩则类似于箭，是西南少数民族一种独特的射远兵器。土家族尤以毒弩箭而出名，土家弩弓长0.5—1米，其箭为铁制，箭头为三角形，箭尾呈燕尾状。在狩猎与战争中，毒箭威力巨大，凡射中者会见血封喉。毋庸置疑，钩镰枪弩当是由多人将以上这几种步战兵器巧妙配合而成。当然，这几种兵器也会因为战况不同而采取不一样的用法，例如在水战时，"钩镰枪"便会用来"舟中或割或撩，或钩其船，或割其棚间绳索，必不可少"②。体现出灵活便利的优点。

### （二）白杆枪

白杆枪是明末石柱女土司秦良玉根据当地多山的地势特点而创制的一种作战兵械。秦良玉本人为石柱土家族土司宣抚使马千乘之妻，马千乘死后，秦良玉继任石柱土司之职。她虽生就女儿身，但却文韬武略样样精通，是我国古代真正被当朝皇帝册封的唯一一位女将军。身处风雨缥缈的明末乱世，秦良玉恪守精忠报国的远大理想，训练出了一支戎伍

---

① （明）郑若曾：《筹海图编》，李志忠点校，中华书局2007年版，第738页。
② （明）茅元仪：《武备志·军资乘·水二》，国家图书馆出版社2013年版。

肃然远近闻名的石柱土家族土兵。《南明史·秦良玉传》中说："善用长矛，以白木为之，不假色饰。厥后屡立战功，石砫白杆兵遂著名天下。"① 由于这支队伍所使用的武器为白杆枪，故又被称为"白杆兵"。白杆枪形制独特，其枪杆由坚韧结实的长白蜡树杆（即小叶桛）做成，枪尖下方铸一带刃的钢钩，枪把尾部则配一坚硬铁环。作战时可用枪的前端刺、砍、挑、拉，同时还可以尾部的铁环捶击。行军途中，白杆枪首尾钩环相接，环环相扣，即可作为攀山越墙之工具。悬崖峭壁，如履平地，如神兵天降一般神出鬼没，非常适宜山地作战环境。历史上秦良玉率领的这支以白杆枪为兵器的白杆土兵，在镇压土司杨应龙叛乱和抵御后金满骑入侵以及平定奢崇明之乱和张献忠之乱中，屡立战功，威名远播。

明代土家族土兵征战疆场，除了其独特的镰钩枪弩、蛮刀藤牌和白杆枪等兵械外，还有其他一些较为常见的兵器，如禅杖、钢叉、狼牙棒、月牙铲、流星锤等，亦是其兵器文化的体现。

图6-6　土兵东南抗倭战争中所使用的部分兵器

---

① 南炳文：《南明史·秦良玉传》，南开大学出版社 1992 年版。

## 第三节　军事武艺
### ——土家族尚武精神的文化缩影

### 一　先秦巴人军事武艺

（一）精湛的射技

射击之术是巴人最为擅长的军事武艺，巴人的射技主要包括箭射和弩射。巴人支系廪君蛮部靠射术立族。据《世本》《后汉书》《太平御览》等典籍所载，土家族的部族首领廪君在带领族人开疆拓土的过程中，曾与居住于盐阳以"虫"为图腾崇拜的盐水神女部族发生过激烈的争斗，战斗过程中"廪君伺其便，因射杀之，天乃开明"①。廪君正是以其高超的射术射杀了盐水神女，从而确立了其在清江流域的统治地位。由此可见，精于射技乃是廪君部族得以不断强大的保障；而巴人板楯蛮②支系则以擅射白虎而出名，《华阳国志·巴志》中说板楯蛮专以射白虎为事，"板楯七姓，以射白虎为业，立功先汉，本为义民"③。秦昭襄王时，巴人曾以其高超的射术射杀了为害一方的一只白虎。据《后汉书·南蛮西南夷列传》记载："秦昭襄王时有一白虎，常从群虎数游秦、蜀、巴、汉之境，伤害千余人。昭王乃重募国中有能杀虎者，赏邑万家，金百镒。时有巴郡阆中夷人，能作白竹之弩，乃登楼射杀白虎。"④ 在重庆合川发现的东汉"濮王冢"石室墓的石刻画像中，就有一幅一人弯弓射虎的图案。可见，巴人板楯蛮部同样具有高超的射技。另外，巴地大量弓、弩、箭、镞等文物的出土也印证了巴人精于射技的事实。李德洙在《中国少数民族文化史》一书中提道，在某一巴人墓中，墓主人身边放有 14 枚呈扇形

---

① （宋）范晔：《后汉书·南蛮西南夷列传》，中华书局 2007 年版，第 837 页。

② 巴人在发展演变过程中逐渐发展为两大支系：廪君蛮和板楯蛮，他们在信仰方面有所差异，其中廪君蛮信仰白虎，有着浓厚的白虎崇拜情结，而板楯蛮则恰恰相反，他们视白虎为害，以射杀白虎为事。

③ （晋）常璩：《华阳国志·巴志》，严茜子点校，齐鲁书社 2010 年版，第 8 页。

④ （宋）范晔：《后汉书·南蛮西南夷列传》，中华书局 2007 年版，第 838 页。

排列的箭镞，当是巴人将士随身携带之物。而在湖北巴东沿江的溪峒或石隙中，经常能发现重达十来斤的青铜箭镞及其各种断残兵刃，据此可以推想出昔日巴人与楚人在崇岭峡谷之间短兵相接和弓矢相交的激烈战斗场面。① 由此，巴人擅射乃是毋庸置疑的事实。

（二）精妙的剑术

巴人天性劲勇，能征善战。据考古遗存发现，巴人墓中兵器较多，凡男子墓均有兵器随葬，从各种兵器在墓葬中的普遍性来推测，巴人社会当具有"全民皆兵"的意义。② 而在众多出土的兵器中，又尤以巴式剑最为典型，巴式剑为一种无格的柳叶形青铜短剑。巴人擅剑术，据《后汉书·南蛮西南夷列传》所载："巴郡南郡蛮，本有五姓……未有君长……乃共掷剑于石穴，约能中者，奉以为君。巴氏子务相乃独中之，众皆叹。"③ 能够随手掷剑于悬崖石穴之中，可见廪君当是精于剑术的行家里手，其剑术本领达到了登峰造极出神入化的境地。关于巴人精妙的剑术，限于文献记载的缺失，现已无从考证，但从巴式剑被大量出土的事实，以及这些巴式剑成熟的铸造工艺，可以推断出巴人剑术武艺的高超。因为只有拥有熟练、过硬的剑术武艺，才能利用好这些兵器，而称心如意的兵器又会反过来促进武术技艺的提高，二者是相辅相成的。

除精于射技和剑术外，巴人还以善用板楯而著称。板楯乃是用坚硬木板做成的盾牌，外观呈梯形，上小下大。弩以射敌，楯以保身，板楯是在战斗中保护自己的一种防御性武器。巴人的支系板楯蛮即是因其善于制造和使用板楯这一武器而得名。巴人板楯的显著特点是在板楯上装饰金银，并在板楯上蒙以虎皮或刻画虎形纹饰，据《南齐书·蛮传》所载："蛮俗：衣布，徒跣，或椎髻、或剪发，兵器以金银为饰，虎皮衣楯，便弩射。"这亦是其区别于其他民族兵器的显著性标志。

① 李德洙：《中国少数民族文化史》，辽宁人民出版社1994年版，第1610页。
② 曾超：《巴人体育简论》，《北京体育大学学报》2005年第11期，第1492页。
③ （宋）范晔：《后汉书·南蛮西南夷列传》，中华书局2007年版，第837页。

## 二 明代土兵军事武艺

### (一) 土兵武艺训练

历史文献中鲜有关于土兵个人武艺的记载，但毋庸置疑的是，土兵在战争中能够连战皆捷，屡建奇功，除了其本身高涨的爱国热忱和严格的军事纪律作保证外，最主要的还是其在屡次征战过程中形成了重视武艺的传统。据悉，土民生婴儿后，若为男婴，则称与其重量相当之毛铁，浸泡于毒药中，待其年满 12 周岁，便将毛铁取出铸刀，并教其操练武艺。同时用生竹片烤油为婴儿烙脚板，以使脚板之皮增厚，爬山奔跑不伤脚，久之即可练成所谓"铁脚板"。① 由于实行全民皆兵的特殊军事体制，在整个土司制度时期，土家族聚居地区土民尚武之气蔚然成风，儿童从小即弯弓射箭，飞棒猎鸟。土民时常于校场聚集练武，操练战阵。"永顺司治西二里许，有校场坪，土人常于此处演武。又西北五里，有搏射坪，又北五里有射圃，地势均宽敞，土人每于此搏射。"② 在今恩施州地区的散毛、大旺、金峒等土司遗址的衙署前，都有校场或称作"马道子"的地方，是专供土司练兵跑马射箭的场所。《鹤峰州志》亦载："土司世崇武功。"③ 昔日土司练兵时，吹响号角，土民闻号而聚，在庄严而肃穆的鼓点声中列队操练。据清顾彩《容美纪游》叙："其兵素皆练习，闻角声则聚，无事则各保关砦。盔重十六斤，衬以厚絮，如斗大，甲重者数十斤，利箭不能入……一人搏虎，二十人助之，以必毙为度，纵虎者重罚。猎他兽亦如之，得擒则倍赏当先者。"④ 关于土兵练武，在今恩施州土司城土司校场遗址旁便设有供土兵练习身法、步法和迷踪术的梅花桩阵以及训练胆气的刀梯，长期操练可使其能在悬崖峭壁上交战时眼疾步稳，如履平川。此外，还有供土兵练力所用的石杠、石锁、石磨等武术器具，土兵具有空手搏虎的本领，这种超凡的气力都是用这些原始

---

① 黄德君、秦克国：《张家界民族武术》，湖南人民出版社 2014 年版，第 3 页。

② 彭官章、朴永子：《土家族土兵在嘉靖年间抗倭斗争中的重大贡献》，《广西民族研究》1986 年第 4 期，第 49 页。

③ 乾隆《鹤峰州志》卷 14。

④ （清）顾彩：《容美纪游》，吴伯森校注，湖北人民出版社 1998 年版，第 86 页。

的器具操练出来的。

图6-7　土家族少年蹑足佩剑　　　图6-8　土家族武士射箭雕像

图6-9　土司城九进堂外的土司校场①

（二）土兵奇门阵法

明代土家族土兵在长期的战斗实践中逐渐总结并创编了一套精湛的战斗阵法，名曰"宝塔阵"，这亦是土兵能够威震海疆之原因所在。由于在明代土司统治秩序中，"旗"既是基层行政单位，亦是基本军事组织，故而土兵的阵法也以"旗"为基本单位。其阵法一般分为24旗，每旗由26人组成，其中包括一名旗长。临战时，阵法以1人为旗头居前，其后

---

① 土司校场是昔日专供土司爵爷点练兵丁，操练武功的场所。

图 6-10 土司城内用于练武的步伍掠阵桩与刀梯

依次排列 3、5、7、9 人，共计五排，形成尖锥状的战斗序列，而 24 旗亦呈一个整体的尖锥状。若前一人倒下，则后排居中者迅速补上，前一旗倒下，则后面居中一旗迅速补上。以此类推，以保证整体队形不受破坏。旗长与总司长官则均在本旗或本司队伍后面督阵指挥，有利于充分发挥集体的战斗力。此阵法进可攻、退可守，根据战斗需要，既可长驱直进，亦可化纵为横，又可化整为零。既可以旗为单位各自为战，也可配合他旗协同作战。同时有严格的纪律，只许进击，不许割取被击毙的敌兵首级，以免分散注意，搅乱阵形。① 从而保证了土兵整体协调配合作战的优势。由于该阵法的队形似宝塔，故名"宝塔阵"，同时又由于其两翼在战斗中同进同退，互相声援，如同一体，故又名"鸳鸯阵"。明廷曾对土司将领及其阵法赞赏有加："掌兵权而谙三令五申之法；督军伍而明六花八阵之图"，"云屯万灶，素娴坐作进退之方；雾拥千军，深得拒守攻围之法"。② 后来戚继光创立的鸳鸯小阵，便是在土兵"宝塔阵"的基础上演变而来的。魏源《圣武记》中即指出："知土兵之所以胜于官兵，则知官

---

① 石亚洲：《土家族军事史研究》，民族出版社 2003 年版，第 187 页；《土家族简史》编写组：《土家族简史》，民族出版社 2009 年版，第 100 页；董珞：《与猛虎有不解之缘的土家族》，湖北教育出版社 2006 年版，第 132 页。

② 邓辉：《论土家族土司制度下的兵制"旗"》，《中南民族学院学报》（人文社会科学版）2000 年第 3 期，第 66 页。

兵之必法乎土兵。谭伦、戚继光之鸳鸯阵法，即土兵之法。”① 由此可见，戚继光所创长短兵互用的鸳鸯阵法对土兵阵法实曾有过借鉴抑或是参考，从而使其能够威名震宇，名闻天下。

| 单位 | 人数 | 队形 | |
|---|---|---|---|
| 一旗 | 26 人 | 一旗列队 | ♀表示 1 人 |
| | | 第一重　1 人 | ♀ |
| | | 第二重　3 人 | ♀♀♀ |
| | | 第三重　5 人 | ♀♀♀♀♀ |
| | | 第四重　7 人 | ♀♀♀♀♀♀♀ |
| | | 第五重　9 人 | ♀♀♀♀♀♀♀♀♀ |
| | | 尾　　1 人 | ♀（旗长） |
| 一司 | 24 旗<br>651 人 | 一司列队 | Δ 表示 1 旗 |
| | | 第一重　26 人 | Δ |
| | | 第二重　78 人 | ΔΔΔ |
| | | 第三重　130 人 | ΔΔΔΔΔ |
| | | 第四重　182 人 | ΔΔΔΔΔΔΔ |
| | | 第五重　234 人 | ΔΔΔΔΔΔΔΔΔ |
| | | 尾　　1 人 | Δ（司长） |
| 总司 | 24 司<br>16276 人 | 总司列队 | O 表示 1 司 |
| | | 第一重　651 人 | O |
| | | 第二重　1953 人 | OOO |
| | | 第三重　3255 人 | OOOOO |
| | | 第四重　4557 人 | OOOOOOO |
| | | 第五重　5859 人 | OOOOOOOOO |
| | | 尾　　1 人 | O　土司（宣慰） |

图 6－11　土家族土兵“宝塔阵”阵形

资料来源：参见石亚洲《土家族军事史研究》。

① （清）魏源：《圣武记》，中华书局 1984 年版，第 549 页。

戚继光鸳鸯阵法简介

鸳鸯阵法：古代著名的小阵之一，是戚继光在抗倭战争中根据东南沿海地区多丘陵沟壑、道路狭小的地形，以及倭寇擅使单刀近战的特点而创立的，因其形似鸳鸯结伴而得名。其阵法一般由12人组成，前面为两名盾牌手，持牌以保护全队前进；牌后为两名狼筅手，此二人手持长约1丈5尺左右由大毛竹制成的带枝节丫杈的狼筅，用以抵御手持倭刀的敌兵，保护前排盾牌手的安全；狼筅手后面有4名长枪手分列左右，以击刺被盾牌手和狼筅手牵绊住的倭寇；长枪手后面则设置两名短刀手，其作用是发挥短兵器灵活的特点，用以迅速砍杀被长枪刺伤的敌兵。另外还有一名队长和一名伙夫，队长持牌在队伍的最前方以指挥调度整个队伍，伙夫则位于队伍的最后，负责队伍的后勤补给。这种鸳鸯小阵灵活机动，充分发挥了长短兵优势互补整体作战的特色，在抗倭战场上发挥出巨大的作用。

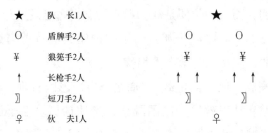

图 6 – 12　戚继光鸳鸯阵法队列

湖广土兵在抗倭战争中所体现出来的昂扬斗志，铁的纪律，精巧的武技以及奇妙的阵法，对当时的明朝军队产生了较大的影响。一时间，官军民兵纷纷效法模仿，他们一方面从土兵中挑选技术超群者充任教官，来教授其钩镰枪弩武技及其各种阵法的设置与应运，另一方面又从招募来的民兵中，"择其最骁勇者，各照狼兵、土兵之法，编为队伍，结为营阵，象其衣甲，演其技艺，习其劲捷，随其动止饮食。以一教十，以十教百，推而上之，日渐月染……"① 从武技阵法乃至衣食住行各方面效法土兵。

# 第四节　精忠报国
## ——土家族尚武精神的人文实录

在漫长的中国历史上，土家族作为偏隅一方的少数民族，却不乏拥有自己的民族英雄，诸如巴蔓子、相单程、彭荩臣、彭翼南、田九霄、秦良玉、陈连升等，不胜枚举。他们或与专制王权的残酷压迫与剥削做不屈不挠的斗争，或是为了祖国领土的完整而英勇抗击外来侵略者，他们都以其实际行动书写了一部部荡气回肠的历史诗篇。

### 一　割头保土——奇志苦节巴蔓子

在中国历史的漫漫长河中，身首异处，而又能在两国交战中以"上卿"或者"王侯"之礼进行安葬的将军仅有两位，其中的一位是三国时期蜀国大将关羽，而另一位便是战国时期巴国将军巴蔓子。但相比之下，关羽是被迫受死的，而巴蔓子却是为了维护民族的尊严与城池的完整而主动英勇献身的，其奇志苦节令人惊悚、令人钦服。

据《华阳国志·巴志》记载："周之季世，巴国有难，将军蔓子请师于楚，许以三城。楚王救巴。巴国既宁，楚使请城。蔓子曰：'借楚之灵，克弭祸难。诚许楚王城，将吾头往谢之，城不可得也。'乃自刎，以头授楚使。王叹曰：'使吾得臣若巴蔓子，用城何为！'乃以上卿礼葬其头。巴国葬其身，亦以上卿礼。"②

巴蔓子是古巴国忠州（今重庆忠县）人，为东周末期巴国的将军。春秋战国时期，巴、楚、蜀之间干戈不断，致使巴国的势力日渐衰微。约公元前4世纪，巴国胸忍（今万州一带）发生叛乱，国君受到叛乱势力的胁迫，百姓亦遭残害，而此时的巴国已经无力平定内乱了。情势危

---

① （明）郑若曾：《筹海图编》，李志忠点校，中华书局2007年版，第729页。
② （晋）常璩：《华阳国志·巴志》，严茜子点校，齐鲁书社2010年版，第3页。

急，巴国将军巴蔓子临危授命，请求邻近的楚国出兵协助巴国平定内乱。于是他装扮成穷苦百姓，带上巴国铜剑，沿清江而下，只身前往楚国求援。到楚国后，巴蔓子拜见了楚王，并请求楚王即刻发兵平乱，但楚王起初并不愿意出兵，于是巴蔓子动之以情、晓之以理，以唇亡齿寒的道理说服了楚王。楚王答应了巴蔓子的请求，但他同时也提出平定叛乱之后，巴国必须割给楚国三座城池作为报答。巴蔓子万般无奈，为了早日平息叛乱，只好勉强答应了楚王的要求。于是巴蔓子带领楚国的一支军队回到巴国，迅速扭转局势并很快平定了叛乱。不久，楚王派使臣前来巴国索讨巴蔓子曾经许诺的三座城池。巴蔓子设宴款待楚国使者，宴席开始，将军脱下上衣，赤膊抱起一坛酒，并倒满三大碗，一饮而尽，然后将碗重重地摔碎在地上，楚使面面相觑。这时巴蔓子慨然道："许诺乃大丈夫之言，但是巴国的疆土确实是不能分割，作为人臣岂能私下随意割城，吾宁可一死以谢食言之罪，请把我的头颅带回去答谢楚王吧！"于是挥剑自刎，头颅应声落地。一时间满座大惊，全场哗然，所有人无不为之动容。楚使者于是将巴蔓子的头装进紫檀木盒子，带回了楚国。楚王极为感动，他折服于巴蔓子的民族气节，感慨道："若能得到巴蔓子这样的忠臣，又何需几座城池。"于是乃以上卿之礼厚葬其头，并将其头朝着巴国的方向葬在一座高山上（相传为今利川市的都亭山），以使他能够看到自己的故乡。而巴国同样也以上卿之礼厚葬了巴蔓子的身子。巴人后裔土家族，至今仍以喝摔碗酒的形式来纪念自己的民族英雄巴蔓子将军。

在崇尚忠信礼义的春秋战国时代，巴蔓子这种"出尔反尔"的做法看似带有几分欺诈的色彩，但其本质却不失为一种既忠又信的做法，为了民族的利益与尊严，同时又不能失去做人的诚信，巴蔓子最后只好割头保土、以身殉国了。巴蔓子的死令人扼腕，但从他身上所体现出来的却是超越家国恩怨的勇气，这种大义凛然、笃诚笃信、救国救民的精神是永恒的，在土家族及其中华民族的历史上书写了光辉的一页。

图 6-13　巴蔓子将军塑像

## 二　志安社稷——巾帼女豪秦良玉

在中国古代军事史上，能够征战沙场且名垂青史的巾帼英雄并不少见。第一位有据可查的当是商高宗武丁的王后妇好，妇好一生东征西讨，鼎助夫君将商朝版图扩大了数倍。第二位为北魏时期的花木兰，其女扮男装替父从军的故事流传至今，并且成就了一段忠孝节义的历史佳话。但是在中国历史上真正被当朝皇帝正式册封并列为国家编制的女将军，二十四史单独作传的女子恐怕也就只有重庆石柱土家族女土司秦良玉一人了。

秦良玉（1574—1648），字贞素，四川忠州（今重庆市忠县）人，为石柱土家族土司宣抚使马千乘之妻。秦良玉虽生就女儿身，但她不爱红妆爱武装，自幼就同兄弟一起随其父秦葵习文练武，精通文韬武略，娴熟骑射击刺之术。据《南明史·秦良玉传》记载："良玉为人饶胆智，善骑射，料敌如神，兼通词翰，常为男子装。"① 明万历二十年（1592）秦良玉嫁给石柱宣抚使马千乘为妻，到石柱后，秦良玉协助其夫整饬土政，训练营伍，锻造出了一支以戎伍肃然、作战勇猛而闻名遐迩的石柱土家族土兵。石柱土兵所执武器为八尺带钩钢矛，尾部有圆环，作战时可刺可砍可拉，而行军时，钩环相扣，即可轻松攀上悬崖峭壁，非常适宜于山地作战环境。由于其枪杆为白蜡树干制成，故而被称为"白杆枪"，而石柱土兵则被称为"白杆兵"。

明万历二十七年（1599），四川播州（今贵州遵义）土司宣慰使杨应龙叛乱，连克重庆、泸州等战略要地，逼近成都。作为地方土司，石柱土司马千乘奉旨调三千土兵随四川总督李化龙征讨叛军。为解国难，秦良玉亦率五百亲兵，自备军粮马匹随夫从征。秦良玉夫妇率领白杆精兵一路奏凯，接连得胜。万历二十八年（1600）正月初二夜，由于明军连连克捷，上下松懈，于是军营大办酒席庆贺新春。洞晓兵法的秦良玉料定贼军必来偷营，于是叮嘱其夫马千乘令"白杆兵"严禁饮酒，持矛裹甲严阵以待。半夜时分，贼军果来偷袭，处于醉梦中的官军被打得四处溃逃，而此时早有准备的秦良玉夫妇率领"白杆兵"发动反突袭，迅速扭转了局面。叛军转身奔逃，秦良玉夫妇乘胜追击，连破金筑寨、明月关寨等七寨，直抵叛军老巢桑木关。桑木关堪称天险，山险关峻，易守难攻，而喘息之后集结而来的明军官兵更是望关心叹，一时间束手无策。此时，"白杆兵"充分发挥了他们的看家本领，利用其白杆枪枪头上的钩与枪尾上的铁环相搭，环环相扣，像演杂技般迅速攀爬上山，一举攻破险关，与明军一道将杨应龙围歼于海龙囤，从而成功平息了播州之乱。在此次平乱中，秦良玉夫妇首次用兵便获"南川路战功第一"。万历四十一年（1613），由于内监邱乘云的诬陷，马千乘含冤病死于云阳狱中，秦良玉以大义为重，未有生出任何反叛不臣之心，反而代替其夫接任石柱宣抚使司职，终生忠于职守。

---

① 南炳文：《南明史·秦良玉传》，南开大学出版社1992年版。

泰昌元年（1620），后金努尔哈赤率兵侵入辽东，由于明军之前在萨尔浒战役中惨败，元气大伤，于是明廷诏令在全国范围内征精兵援辽。秦良玉深明大义，乃遣其兄秦邦屏，弟秦民屏率五千"白杆兵"先行，随后又携其子马祥麟亲率三千精兵奔赴辽东战场。在沈阳城外，秦氏兄弟身先士卒，率"白杆兵"勇渡浑河，众将士同仇敌忾，血战满洲兵，斩杀敌军数千人。恶战中满洲兵的主力赶到，秦氏兄弟被合围，终因寡不敌众，秦邦屏及其土兵千余人捐躯沙场，秦民屏则身负重伤突出重围。战后兵部尚书张鹤鸣在奏章中称："浑河血战，杀奴数千，皆石柱、酉阳二土司之功。"① 浑河之战被誉为"辽东用兵以来第一血战"②，石柱"白杆兵"从此名闻天下。浑河之战后，秦良玉当即赶制一千多件冬衣配送辽东抚恤残卒，收容流亡，同时率领三千"白杆兵"精锐日夜兼程奔赴前线榆关（今山海关）驻防，控扼金兵入关咽喉。金兵进逼山海关，秦良玉率"白杆兵"与明军一道严防死守，两军苦战，"激战中祥麟目中箭，尤拔矢逐贼，斩获如故，敌惊退，被军中誉为'赵子龙'、'小马超'"③。金兵久攻不下，以至其后来不得不改道长城入关。战后，秦良玉奉命镇守榆关。明王朝赐秦良玉诰命夫人，进二品服，并赐予"忠义可嘉"匾额一块，秦良玉之子马祥麟授指挥使，秦民屏进都司金书，赠秦邦屏都督金事。天启二年（1622）九月，秦良玉率部回到石柱，又成功平定了土司奢崇明的叛乱，并迅速收复新都、安岳、乐至、成都和重庆等地。秦良玉捷报朝廷，熹宗帝诏令加封其一品夫人，授都督金事，兼任总兵官。

崇祯二年（1629），皇太极放弃榆关，率十万大军取道蒙古改从长城喜峰口入关，直逼明朝首都北京城。崇祯皇帝惊慌失措，急诏天下兵马勤王，于是秦良玉万里请缨，再次率兵北上，昼夜兼程，进驻北京，驻兵于宣武门外。清兵来袭，云集北京城下勤王的各路官兵 20 万人皆作壁上观，畏缩不前，唯秦良玉率兵奋勇出击，与督师孙承宗先后收复滦州、

---

① 《明熹宗实录》，"中央研究院"历史语言研究所 1962 年版。

② （清）夏燮：《明通鉴》，上海古籍出版社 1991 年版。

③ 田荆贵：《中国土家族历史人物》，民族出版社 1993 年版，第 45 页。

迁安、永平与遵化四城，迫使皇太极撤围而去。战后崇祯皇帝召见秦良玉，赐采币羊酒，并亲赋诗四首以表其功。

> 诗一：学就西川八阵图，鸳鸯袖里握兵符。
> 　　　由来巾帼甘心受，何必将军是丈夫。
> 诗二：蜀锦征袍自裁成，桃花马上请长缨。
> 　　　世间多少奇男子，谁肯沙场万里行！
> 诗三：露宿风餐誓不辞，饮将鲜血代胭脂。
> 　　　凯歌马上清平曲，不是昭君出塞时。
> 诗四：凭将箕帚扫胡虏。一派欢声动地呼。
> 　　　试看他年麟阁上，丹青先画美人图。

清顺治五年（1648）五月二十一日，秦良玉病逝于石柱大都督府玉音楼，享年 75 岁。作为西南边陲一名女土司，秦良玉生于多事之秋的晚明时期，注定了其一生有其悲剧性的一面，但秦良玉一生戎马三十载，南征北战，辗转奔驰，内平土匪流寇、外拒满骑倭奴，以其志安社稷、忠君爱国的精神书写了一部巾帼不让须眉的传奇历史。清代史学家、文学家赵翼作诗赞曰："卸了罗襦缚袴褶，提兵累赴疆场急。战袍裂尽锦袍存，犹带当年泪痕湿。召对平台拜赐时，力旌健妇胜须眉。"①

### 三 浩气长存——忠烈英雄陈连升

被誉为"东方战神"的土家族民族英雄陈连升（1775—1841），是鸦片战争以来第一位为国捐躯的少数民族将领。陈连升为今湖北省恩施土家族苗族自治州鹤峰县邬阳关人，自幼酷爱武术，长年不辍，青年时投身军营。清嘉庆年间任鹤峰州清军千总，道光年间递升至广西左江镇都司、广东连阳营游击、增城营参将。道光十九年（1839），陈连升率部镇守九龙宫涌山炮台，在广东水师提督关天培的率领下，先后六次击退英国侵略者的进攻，大破英军于官涌。1840 年，陈连升又在磨刀洋屡次击

---

① 叶健：《近六十年秦良玉研究综述》，《重庆三峡学院学报》2014 年第 1 期，第 28 页。

图 6 – 14　巾帼英雄秦良玉雕像

败英军，使得英国侵略者对其是既恨又怕。但是软弱无能的满清政府却加紧了对洋人的谈判，为了讨好侵略者，琦善下令清军将士不准擅自开炮，并拆走了用于防卫的木排铁链，同时裁减兵力船只 1/3，大大削弱了陈连升部队的战斗力。

　　1841 年 1 月 7 日，义律抓住清军已撤防的大好时机，率兵船二百余艘，英军二千多人突然向大角、沙角炮台发动猛攻，陈连升坐镇炮台，指挥士兵奋起反击，一次又一次地击退敌军的进攻。后来英军在汉奸的指引下，绕道对官兵形成夹击之势，陈连升父子手持弓箭，射杀敌军二三十人。敌军节节进逼，蜂拥而上，陈连升父子拔出佩刀，率众冲入敌阵，"矢尽短兵接，又杀数逆"，[1] 在增援无望的情况下与五倍于己的敌军展开了白刃战，终因寡不敌众，陈连升中弹身亡。其子陈鹏举见父亲受伤，"提戟大呼，左右戮杀数夷"[2]，负伤十余处。鹏举见父亲已气绝，誓

①　鲍正鹄：《鸦片战争》，新知识出版社 1954 年版，第 18 页。
②　同上。

不突围，最后悲壮地投海殉国。沙角之战极其惨烈，陈连升所部官兵集体阵亡。由于陈氏父子的英勇善战，使得英军在战斗中尝尽了苦头，战后兽性大发的英军将陈连升的尸体剁成碎块以示报复。并将其坐骑黄骠马掳去香港，据传该马忠烈无比，英国侵略者喂之不食，近则踢击，跨则坠摇，终日向北悲鸣不已，最终绝食而死，人们崇尚它的气节，誉之为"节马"。

陈连升牺牲后，广东人民为其建造了专祠，并为其坐骑立了"节马碑"石刻，当地百姓将士兵遗骨合葬于沙角山南麓的白草岗上，取名"节兵义坟"，并立碑纪念。晚清爱国诗人张维屏作《三将军歌》，高度赞扬了陈氏父子英勇奋战的高尚爱国主义情操。

### 三将军歌

三将军，一姓葛，两姓陈，捐躯报国皆忠诚，英夷犯粤寇氛恶，将军奉檄守沙角。奋前击贼贼稍却，公奋无如兵力弱。凶徒蜂拥向公扑，短兵相接乱刀落。乱刀斫公肢体分，公体虽分神则完。公子救父死阵前，父子两世忠孝全……①

图6-15 土家族民族英雄陈连升蜡像

---

① 360百科：《陈连升》（https：//baike. so. com/doc/5679708-5892382. html）。

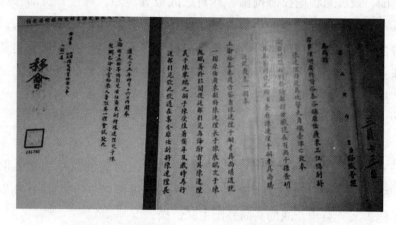

图6-16　陈连升阵亡后抚恤其家属的奏折及上谕

图6-17　陈连升阵亡后　　　　　　图6-18　沙角山白草岗上
履历清册封面　　　　　　　　　　"节兵义坟"碑①

## 四　投身革命——土家儿女意志坚

新民主主义革命时期，土家族民众同样发扬其忧国忧民的历史传统，

---

① 陈连升等爱国将士牺牲后，大部分尸体被焚毁，其中75具四肢不全的遗体被当地群众偷出掩埋。两年后遗体合葬于百草山麓，取名为"节兵义坟"。

他们积极响应党的号召，义无反顾地投身革命事业。他们跟随贺龙闹革命，利用湘鄂渝黔边区农民运动此起彼伏的形式及其独特的地理环境，相继建立起了湘鄂西、湘鄂川黔革命根据地，在中国共产党的正确领导下，他们英勇地粉碎了国民党反动派的"围剿"。1937 年 7 月，日本帝国主义发动罪恶的侵华战争，在民族危亡的紧要关头，富于革命斗争传统的广大土家族人民又义无反顾地投身于抗日战争的历史洪流中。

在整个新民主主义革命时期，先后涌现出一大批可歌可泣的土家英雄儿女，诸如覃辅臣、韦广宽、庹万鹏、向国宽、田见龙、田庆荣、彭春荣、彭司琰、向麟、覃子斌、田文成、孙秀亮、牟能扬等，他们无不置之死地而后生，全身心投入革命事业，以实际行动书写了近代土家族历史的不朽篇章。土家族人民把自觉的革命斗争意识与崇力尚勇的民族天性有机地结合起来，产生了民族思想的火花和革命欲望四溢的感情冲动，在此背景下诞生了许多慷慨激昂的革命斗争歌谣。[①] 表现出其誓死革命的决心与气魄。

　　　　土家族革命斗争歌曲选录 1：
　　一声春雷天下响，来了救星共产党，
　　红旗招展紫云开，从此世界乾坤转。
　　太阳出来满天红，扛起梭镖跟贺龙，
　　贺龙又跟共产党，救国救民好英雄。
　　吃菜要吃白菜心，当兵就要当红军，
　　土家跟定红军走，夜里有了北斗星。
　　要吃辣子不怕辣，要当红军不怕杀，
　　刀子搁在颈项上，脑壳掉了碗大疤。
　　打铁不怕火烫脚，革命不怕砍脑壳，
　　救得穷人出水火，就是死了心也乐。
　　有心上山不怕高，有心革命不怕刀，

---

① 周兴茂：《土家族的传统伦理道德与现代转型》，中央民族大学出版社 1999 年版，第 182 页。

钢刀当得板凳坐，铁链当得裹脚包。

土家族革命斗争歌曲选录2：
霹雳叭！霹雳叭！托起枪，向前杀。
杀尽反动派，巩固苏维埃，
嗨！我们苏维埃的红旗插遍天下！

土家族革命斗争歌曲选录3：
送郎当红军，一心往前进，
打土豪，杀劣绅，一个莫留情。
嗨哟！我的哥呀！一心往前进。

土家族革命斗争歌曲选录4：
团团转转亲和族，参加革命我带头。
你有儿子随后去，要为穷人把血流。

# 第五节　本章小结

土家族的历史是一部盛武的历史，崇武尚勇、贵兵轻死是巴人到土家一以贯之的民族性格，尚武精神成为其民族生命发展的神经中枢，是其民族赖以生存的手段。这个以猛虎为图腾的民族不仅骁勇善战，而且勇猛睿智。早在先秦时期，巴人虎部便曾协助黄帝逐鹿中原，他们作为黄帝集团的生力军一直都是冲锋在前，敢死陷阵的"领头雁"和"排头兵"；而殷商末年，武王伐纣的战争则更加凸显了其民族凌厉的兵锋。战斗中，巴人将士身披虎皮，面戴虎具，前歌后舞般冲锋陷阵，迫使殷军倒戈相向，从而使得统治了近600年之久的殷商王朝大厦随之倾覆；楚汉战争中，为了协助刘邦北出秦岭而东取关中，巴人儒将范目组建的7000名巴人精锐武装作为汉军的前锋，他们履险如夷，绕过崇山峻岭最终顺利地度过了陈仓要道。这支巴人劲旅不但勇锐，而且擅长干戈弓弩等武器,被视为神兵天降。巴人将士出陈仓后,一接敌就陷阵,以迅雷不及掩耳之势平定了三秦,从而为刘邦顺利挺进关中乃至汉王朝基业的开创立下了汗马功劳。

明嘉靖年间,由于朝政腐败,海防空虚,东瀛日本海盗乘机骚扰滋事,东南沿海局势岌岌可危。为了保卫祖国的海疆,土家族将士临危受命,慨然应诏,1554年冬,以永顺、保靖、桑植、容美、酉阳等土司为首的数万名土家族将士开赴抗倭前线,从而拉开了土兵东南抗倭战争的序幕。土司开赴苏州、松江抗倭前线后,迅速扭转了东南战场的局势,他们与官兵和广西"狼兵"协调配合,先后取得了胜墩、三丈浦、王江泾、后梅、清风岭、乍浦、沈家庄及其舟山大捷,从而使得危害多年的东南倭患被彻底荡平了,鉴于湖广土司在抗倭战场上的英勇表现,朝廷授予其"东南战功第一"的美誉,高度肯定了其在南平倭寇战争中的功绩;明朝末年,东北后金政权努尔哈赤举兵反明,大军直逼辽阳,久疏战事的明军抵不住满清铁骑的冲击,结果以明军惨败告终,辽东局势更是急转直下。为了北拒满骑,酉阳、石柱和保靖土家族土兵更是万里请缨,踏上援辽战场,虽然浑河之战以失利告终,但土家族土兵在战斗中所展现出的强大战斗力及其昂扬斗志让人震撼。土家族土兵南平倭寇,北拒满骑的壮举,彰显了其民族刚烈的武风和赤诚的爱国情怀,在中华民族的历史上书写了光辉的一页。

兵器是一个民族尚武精神的物化表现,其发达与否在一定程度上也衡量着一个民族尚武精神的浓烈程度。早期巴人的兵器文化较为发达,其兵器的种类主要包括巴式柳叶形剑、巴式戈、巴式铜矛、铜钺、铜箭镞和板楯等,巴人兵器不仅种类齐全,数量众多,而且其制作工艺亦相当纯熟,反映出其昌明的锻造科技。另外,由于巴人崇虎,故而其兵械上大多都铸有虎形纹饰,例如虎纹矛、戈、剑,虎头青铜钺,军乐器虎钮錞于等,成为判定该兵器民族归属的重要依据。在军事武艺方面,巴人以射击之术见长,巴人的射技主要包括箭射和弩射,巴人支系廪君蛮部即是靠射术立族,板楯蛮部则以擅射白虎著称。除此之外,他们还精于剑术、板楯等,成为巴人得以立足的保障;土司制度时期,由于实行全民皆兵的特殊军事体制,土民尚武之气蔚然成风,儿童从小就弯弓射箭，飞棒猎鸟，土民时常于校场聚集练武，操练战阵。土兵严酷的武艺训练使其具有空手搏虎的本领。在抗倭战场上，土兵的威猛在一定程度上也得益于其独特的兵刃，其独创的钩镰枪弩、蛮刀藤牌之技曾使倭寇闻风丧胆。土兵的钩镰枪弩武技、灵活多变的宝塔阵法以及其独具特色的练功方式方法等，也为土家族武术文化添上了浓墨重彩的一笔，成为研究土家族武术文化的重要历史素材。

土家族的历史是一部充满传奇色彩的历史，先后涌现出了一批可歌可泣的英雄人物，不断地为其历史增辉添彩。在古代历史上，巴国将军巴蔓子，笃诚笃信，忠信两全，割头保土义凛然；巾帼女豪秦良玉，戎马一生，南征北战，爱国之心日月鉴；忠烈英雄陈连升，镇守炮台，驱逐英帝，为国捐躯美名传，在他们身上完美地诠释了武将志在安邦的志向与信念。及至近代，在新民主主义革命时期，一大批土家族英雄儿女积极响应党的号召，义无反顾投身革命事业，粉碎国民党反动派的"围剿"，抗击日本侵略者的入侵，他们以实际行动书写了近代土家族历史上不朽的篇章，不愧为民族的精神与脊梁，成为土家族尚武精神的生动实录。

# 第七章

# 适者生存

## ——土家山地民族崇尚武勇的归因

## 第一节　严酷恶劣之自然环境的磨砺

### 一　土家族生存的山地自然环境

　　自然地理环境是人类赖以生存的物质基础，同时也是文化创造的自然前提。《四书五经·礼记》中提道："广谷大川异制，人生其间异俗，刚柔、轻重、迟速异齐，五味异和，器械异制，衣服异宜。"① 指出了人和地理环境是密不可分的。就民族的进化而言，从巴人到现今的土家族都是一个典型的山地民族，大山始终是其生存的依托。据文献记载并结合相关考古发掘来看，早期的巴人大致生活在西南的大巴山至峡江一带地区。公元前316年，巴国被强秦所灭，巴人被迫迁徙，其中的一部分散布于武陵山至大巴山腹地，后来在长期的发展过程中与其他民族融合而逐渐形成了今天的土家族。

　　土家族生活的湘鄂渝黔边区，处在我国云贵高原的东部延伸地带，位于北纬28°—30°，处于中国地形第二阶梯东缘的中段，总面积超过10万平方公里。其整个地区基本上处于大山的环围之中，群山广布，跬步皆山，是其地貌的基本特征。北面绵延着三峡巫山山系，南面矗立着巍

---

① 谭国清：《四书五经·礼记》，西苑出版社2003年版，第234页。

峨的武陵山脉，还有逶迤于湘渝之间百余里的八面山和耸立于渝鄂之间的齐岳山，满眼所见的全是大山。可谓是山连着山，山套着山，山衔着山，山抱着山，山上还有山，千山万岭，峰峦叠嶂。海拔多在500—2000米，平均海拔在1000米左右，其中海拔800米以上的地区占全境的70%，而武陵山脉的主峰——梵净山，海拔达到2492米。① 该地多山的地理环境，在各种史志中亦多有记载，《宋氏府志》载："地处万山中……高山密箐，风气特聚"。而顾彩在《容美纪游》中开篇即描述道："容美宣慰司，在荆州西南万山中，距枝江县六百余里，草昧险阻之区也，或曰桃源地也……武陵地广袤数千里，山环水复，中多迷津……夫以地广人稀，山险迷闷，入其中者，不辨东西南北……合诸司地，总计之不知几千百里。屏藩全楚，控制苗蛮，西连巴蜀，南通黔粤，皆在群山万壑之中。然道路险侧，不可以舟车，虽贵人至此，亦舍马而徒行，或令土人背负，其险处一夫当关，万人莫入。"② 他有感于此地的山水风物，故而作诗云："冒雨褰裳径涉川，四周山色尽苍然。六丁未凿疑无地，一线初开忽有天。丛箐九秋藏虎豹，寄峰千仞碍鸟鸢。相呼直到清虚境，我欲穿云抢石眠。"《鹤峰县志》卷3载："鹤峰环邑皆山也……顾重峦叠嶂中，有冲要，有险隘，概不容略。"③ 道光《施南府志》卷12载："施州，山深地僻，层峦茂林，俗尚节俭，盗贼不作。"④ 由此可见，土家族人的生活是与大山紧密联系在一起的。

水性使人通，山性使人塞，一定的生存环境决定着人们的生活方式。"八山半水分半田"是土家族地区的真实写照，由于山高林密，岩石遍布，土地贫瘠，除了较为狭窄的坡地、山间少量的小盆地小台地能够种植作物外，很少有成片的土地用以农业耕作，这也直接导致了土家族人生产方式的落后性，刀耕火种这种原始粗放的农业生产方式长期以来便一直为土家山民所沿用。但同时由于土家族所生活的武陵山区属于亚热带地区，这里冬无严寒，夏无酷暑，野生动植物繁多。漫山遍野的野生

---

① 360百科：《武陵山》（https：//baike. so. com/doc/5568934. html）。

② （清）顾彩：《容美纪游》，吴伯森校注，湖北人民出版社1998年版，第1—2页。

③ 《鹤峰县志》编纂委员会：《鹤峰县志》卷3，湖北人民出版社1990年版。

④ （清）道光《施南府志》卷12。

植物的根和果，可供猎取的众多的野生动物，成了土家人生活的主要来
源，① 这就为采集和狩猎创造了条件，表现出特有的山地经济形态。土家
族人民在生产力水平极其低下，而大自然又是极其恶劣的情况下，就把
周围的自然"为我所用"，这是一种典型的靠山吃山的山地生活的真实写
照。从相关史料反映的情形来看，直到清初，土家族一些地区仍以采集
渔猎为主，伐木烧畲的粗放农业为辅。唐代诗人常建在其《空灵山应田
叟》中写道：

> 湖南无村落，山舍多黄茆。
> 淳朴如太古，其人居鸟巢。
> 牧童唱巴歌，野老亦献嘲。
> 泊舟问溪口，言语皆哑咬。
> 土俗不尚农，岂暇论肥硗。
> 莫徭射禽兽，浮客烹鱼鲛。
> 余亦罘罝人，获麋今尚苞。

此诗既是一幅深山中的风俗画，形象地勾画出了人与大自然融为一
体，和谐共生的场景，同时也是唐代湘西土家族地区采集和狩猎等原始
经济形态的生动写照，反映出土家族地区原始落后的生产力状况。

### 二　严酷的生存环境锻造出强健之体魄和勇武的个性

首先，由于生产力水平的低下，为了生存与繁衍，土家山民不得不
长期与严酷恶劣的自然环境做斗争。然而也正是在这种极端生存环境的
磨砺下，土家族人塑造了强健的体魄，养成了坚忍不拔的品性，从而为
其民族尚武性格的形成奠定了坚实的基础。

以采集和狩猎为主要生活来源的土家族，其获取生活资料的过程极
为艰难。由于地势的险要，到处是连山叠岭和险峡急流之地，可谓险象
环生。为了采集野果块茎，人们有时不得不铤而走险，他们钻进荆棘丛

---

① 黄柏权：《土家族白虎文化》，中国文联出版社 2001 年版，第 86 页。

生的沟壑、爬上高高的树梢、攀上壁立的悬崖、蹚过湍急的溪流、荡过幽深的峡谷。可以想象，如果不具备一定的力量、柔韧、弹跳、灵敏和耐力等身体素质，要想在如此险恶的地理环境下获取生活资料是极其困难的。与此同时，为了获取肉质生活资料，土家山民在狩猎过程中与猛兽搏斗也是极其寻常的。在火枪发明之前，早期土家山民的狩猎主要是依赖长刀、匕首、梭镖、镰刀、木棒和弓弩等相对较为原始的武器。人们在围猎较大型的猎物如野猪、豪猪、羚羊等动物时，首先放猎狗进行搜山驱逐，猎人们则事先在野兽的必经之地堵卡埋伏。当猎物经过时便用弓弩、梭镖等武器猛力投射，待受伤的野兽四处逃窜时，猎人们便一拥而上，用长刀、匕首、镰刀和木棒等武器进行砍杀，直至将野兽杀死。这一过程是极其危险的，受伤的野兽会做垂死挣扎，稍不留神便会受到致命的攻击，这就要求猎人们拥有强健的体魄并掌握一定的搏杀技能。

其次，生存环境的极度险恶，大山深处危机四伏，由于山高林密，杂草丛生，虎、豹、熊、豺、狼、蛇等毒虫猛兽出没无常，时刻威胁着土家山民的生命安全。据相关文献记载，历史上土家族居住地区老虎众多，例如成书于战国年代的《山海经》中便有较多关于巴地多虎的记载。《华阳国志·巴志》亦载："秦昭襄王时，白虎为害，自（秦）［黔］、蜀、巴、汉患之。"①《长阳县志·物异志》卷7中说："邑旧多虎患，虎多之年，岁必凶，名曰'虎荒'。"民国《贵州通志·土民志》卷2载："省溪司土人离治远居，幽谷深箐之间，尝畏虎狼，昼耕则持刀弩往，暮则合聚同归。"清康熙年间，戏曲作家文人顾彩受容美土司王田舜年之邀，游历鄂西南容美土司地区（今恩施州鹤峰县境内），在其所著《容美纪游》中便详细地记叙了容美地带多虎的事实。例如他在前往容美途中便写道："荒草茸杂，冈峦回互，道多虎迹，人家稀少"②；"夜爇火四隅防虎"③；在《牛斗虎》诗中写道："虎有爪兮牛有角，两雄相遭相喷薄，牛恃力兮虎恃威，战酣未决雌雄谁。大家用力尽方止，牛虎一双岩

① （晋）常璩：《华阳国志·巴志》，严茜子点校，齐鲁书社2010年版，第3页。
② （清）顾彩：《容美纪游》，吴伯森校注，湖北人民出版社1998年版，第11页。
③ 同上书，第16页。

下死。"① 他在日记中写道："十五日晴，时有虎食一驴于屋后圃"；而其在记叙李虎坡时又写道："李虎坡长亘五十里……洞穴叵测，虎穴在焉，常夜出伤牛畜……守宿者不敢于楼下卧，一夕众炬火逐虎，虎下万人洞，啮一犬去。"②《容美纪游》中还有许多关于写虎的记叙，在顾彩的眼中，容美地带到处是虎，虎患成灾。由此可见，土家山民的生存环境是极端严酷恶劣的，而拥有强健的体魄则是其防身立命的基础，是其免于猛兽之灾，并得以生存和繁衍之根本。

总之，原始的生产方式和严酷的生存环境，迫使土家山民不断地改善自己的体力与智力，苦练各种生存技能。为了生存，他们不得不披荆斩棘、爬山蹚水，不得不面临毒虫猛兽攻击的危险，并英勇地与猛兽搏斗，因为这是他们获取生活资料的必要途径。同时也正是得益于这个过程，使得他们必须苦练筋骨，磨炼意志，从而塑造了强健的体魄，提高了身体素质，掌握了各种搏杀的本领，培养了勇猛无畏的精神。可以说，大山造就了一个如山般勇武坚毅的民族，培养出了土家族人崇武尚勇的个性品质。

## 第二节　兵祸连连之社会环境的砥砺

在军事家的眼中，土家族是一个用战争书写历史的少数民族。在长达 3000 多年的历史长河中，不论是正义使然而大举兴师，还是为了生存空间的拓展而兵戎相见，抑或是为了抵御外族的入侵而积极响应中央王朝的征调，所有的这一切都与军事战争相生相伴。据相关文献资料统计显示，从巴人到土家，历史上与其相关的战争大小不下 200 次，这还不包括各土司之间相互吞并和扩张领土所进行的军事战争。③ 总体而言，历史上土家族所经历的战争主要包括两种类型，一种是强盛部族或封建统治阶级对土家族的"征""讨""伐""剿"与土家族人民英勇反抗这种

---

① （清）顾彩：《容美纪游》，吴伯森校注，湖北人民出版社 1998 年版，第 78 页。

② 同上书，第 151 页。

③ 石亚洲：《土家族军事史研究》，民族出版社 2003 年版，第 6 页。

"征""讨""伐""剿"而进行的民族自卫战争，另外一种则是土家族人民积极响应中央王朝的征调，参加为抵御外族入侵，捍卫领土完整和祖国统一而进行的正义战争。而这种频繁征战的社会历史环境也催生出了土家族崇力尚勇，贵兵轻死的民族性格。

## 一　反抗压迫之民族自卫战争

历史上由于反抗封建统治阶级的剥削与压迫而受到残酷镇压的少数民族不在少数。与苗族一样，土家族的历史既是一部被征剿的惨痛史，同时又是一部敢于反抗斗争的英雄史。[①] 历史上土家族人民地位低下，始终摆脱不了被压迫受歧视的地位。长期以来，他们被统治阶级侮辱性地称之为："蛮""夷""僚""土""贼"等，如"武陵蛮""施州蛮""溇中蛮""夷人""土人""土民"便是各个时期对他们的专属称谓，而其生活的湘鄂渝黔边区则被称为"洞""峒""老林溪峒"，认为他们是生活于蛮夷之地未被开化的野蛮人。

在整个中国古代史上，历代封建统治阶级对巴人或土家族的残酷剥削从来都没有停歇过，而这种剥削主要体现在繁重的赋税和劳役两个方面。例如公元前316年，秦灭巴国之后，为了加强对巴蜀之地的统治，于是在巴、蜀之地设郡，同时增派赋税徭役。公元前280年，秦将司马错途经巴、蜀之地攻打楚国黔中，便在巴、蜀两郡补充十万大军、一万艘大船及其六百万斛大米，可见其赋税徭役之重。当时的巴人除从事一定的农业生产外，还善于纺织"賨布"———一种被称为"幏"的布匹。东汉许慎在《说文解字》中解释道："幏，南郡蛮夷賨布也。""賨，南蛮赋也。"[②] 因此賨布则特指南郡蛮夷少数民族充当赋税的布匹。由此不难看出，巴人纺织賨布的目的主要是向统治阶级缴纳赋税。西汉初年，巴人因助汉高祖刘邦伐三秦功勋卓著，遣返以后，统治阶级免除了罗、朴、督、鄂、度、夕、龚七姓巴人首领的租赋，但其他姓氏的巴民则仍然需要每年人均缴纳賨钱四十。范晔《后汉书·南蛮西南夷列传》中记载道："汉

---

① 郑勤、田云清：《神奇的武术》，广西人民出版社1991年版，第87页。

② （东汉）许慎：《说文解字》，（清）段玉裁注，中国戏剧出版社2008年版，第1006页。

兴，改武陵郡，岁令大人输布一匹，小口二丈，是所赉布。"①而东汉政府对巴人板楯蛮的压迫更是残暴："长吏乡亭，更赋至重，仆役过于女婢，棰楚降于囚虏，乃至嫁妻卖子或自刭割。"②板楯蛮的赫赫战功并未改变自己受压迫的境地，于是他们揭竿而起。唐至清末，历代封建王朝开始对土家族聚居的湘鄂渝黔边区实行羁縻政策，但无论是唐代施行的羁縻州县政策还是元代以来的土司制度，土家族人民都承担着向朝廷缴纳赋税，提供兵役、劳役的义务。

这种无休止的剥削与压迫不断激起土家族人民的反抗，而随着这种反抗的不断升级，最后便以战争的形式爆发出来。例如东汉光武帝建武二十三年（47），由于东汉政府的残酷压榨与剥削，"零阳蛮"（今慈利、桑植）精夫（土家语：首领）相单程起而反叛，朝廷派威武将军刘尚统南郡、长沙、武陵三郡官兵一万余人前往进剿，结果相单程利用有利地形以逸待劳，全歼汉军。朝廷后来不得不派伏波将军老将马援前去征讨，但结果仍是无功而返，马援最终也含恨病死于沅陵的二酉山下，他在临死之时还写了一首《武陵深行》的诗："滔滔武陵一何深，鸟飞不渡，兽不敢临，嗟哉武陵多毒淫。"东汉光和二年（179），板楯蛮起兵反汉，活动于广汉、蜀、犍及其汉中诸郡，朝廷派兵征讨，却接连失利。汉中郡官员程包上书朝廷认为，板楯蛮自秦汉以来屡为朝廷出力，结果却为地方官贪暴威逼，以致积怨日升，官逼民反："虽陈冤州郡，而牧守不为通理。阙廷悠远，不能自闻。含怨呼天，叩心穷谷，愁苦赋役，困罹酷刑，故邑落相聚，以致叛戾。非有谋主僭号，以图不轨。今但选明能牧守，自然安集，不烦征伐也。"③后朝廷听取程包建议，选派贤明官吏加以治理，板楯蛮的反叛便随之停止；南朝宋明帝泰始元年至七年（465—471），由于荆州刺史沈攸之为政苛暴，民怨积深，当时的"建平（郡治恩施）夷王"后裔向宗头、"酉溪蛮"（今湘西永顺、保靖、龙山）首领田头拟、田娄侯等发动起义，后被沈攸之残酷镇压；又如清乾隆后期，

---

① （宋）范晔：《后汉书·南蛮西南夷列传》，中华书局2007年版，第833页。

② （晋）常璩：《华阳国志》，严茜子点校，齐鲁书社2010年版，第8页。

③ （宋）范晔：《后汉书·南蛮西南夷列传》，中华书局2007年版，第839页。

统治阶级日益腐败，苛税激增、徭役不断，广大土家族民众忍无可忍，在胡正中、田谷敦、覃加耀等率领下掀起了轰轰烈烈的白莲教起义，斗争烽火燃遍来凤、龙山、宣恩、咸丰、利川、巴东、建始、长阳等土家族地区。

自秦至清末的整个封建社会中，土家族人民与封建王朝之间的冲突不断，战争更是不可胜数。但这些战争的起因绝大多数都是因为土家族人民不堪封建统治阶级的残酷剥削、横征暴敛而发生的。作为偏隅一方的少数民族，他们其实并没有僭越之心，而他们之所以揭竿而起只是为了安身立命，获得一席生存空间。而这一斗争的过程也充分展现了土家族人民英勇顽强、坚忍不拔的民族性格特征，是其民族尚武精神的特写。也正是在这些斗争中涌现出了一批优秀的土家儿女，造就了土家族自己的英雄，他们在血与火的考验中铸造着民族的灵魂，以自己的实际行动诠释着土家族尚武精神的内核。

表 7 - 1　　　　　　　　　　　巴人至土家军事史上的大事记列举

| 年　份 | 事　件 |
| --- | --- |
| 公元前 1122 年 | 巴人参与武王伐纣之战。 |
| 公元前 703 年 | 巴楚联合，攻打邓国。 |
| 公元前 689 年 | 巴楚联合伐申，因巴人军队被楚军误攻，巴人转而攻楚。 |
| 公元前 617 年 | 庸人攻打楚国，楚联合巴、秦军助阵。 |
| 公元前 477 年 | 巴人进攻楚国，楚军反击，打败巴军。 |
| 公元前 377 年 | 巴、蜀联合攻楚，占领楚兹方。 |
| 公元前 316 年 | 蜀兵伐巴，巴求助于秦，秦灭蜀，并乘机灭巴，巴国灭亡。 |
| 公元 17 年 | "五溪蛮"田强率其子起兵反抗王莽。 |
| 公元 47—48 年 | "武陵蛮"相单程起兵，后双方议和。 |
| 公元 78—80 年 | "溇中蛮"覃儿健起兵，转战两年，后为东汉击溃。 |
| 公元 137 年 | "澧中、溇中蛮"起兵反抗东汉王朝增加赋税。 |
| 公元 179 年 | 板楯蛮起兵反汉，活动于广汉、蜀和汉中诸郡。 |
| 公元 230—231 年 | 因吴蜀反复争夺，人民难以安生，"武陵五溪蛮"举兵。 |
| 公元 465—471 年 | "酉溪蛮"田头拟、田娄侯率五溪诸蛮起义。 |
| 公元 479—482 年 | 酉溪蛮田思飘举兵反南齐，攻占酉阳城。 |

| 年　份 | 事　件 |
|---|---|
| 公元 724 年 | 溪州覃行璋起兵反唐。 |
| 公元 811 年 | 因劳役繁重，张伯靖率各族人民起兵反唐。 |
| 公元 939—940 年 | 溪州刺史彭士愁率兵攻打马楚政权，后双方议和，订盟约。 |
| 公元 1076 年 | 溪州土家族首领彭师晏、向永胜、覃文猛等反宋。 |
| 公元 1282 年 | 湖北叉巴洞向世雄兄弟起兵反元。 |
| 公元 1291—1294 年 | 湖北施溶洞土兵反元，后为元招抚。 |
| 公元 1370—1372 年 | 慈利土司覃垕起兵反明，容美、散毛、酉阳等土司纷纷响应。 |
| 公元 1381 年 | 容美土官起兵反明，攻陷施州城。 |
| 公元 1389—1390 年 | 安福所土千户夏得忠起兵反明，攻陷石门、慈利两县。 |
| 公元 1554 年 | 永顺宣慰彭翼南、保靖宣慰彭荩臣率土兵开赴苏州抗倭战场。 |
| 公元 1555 年 | 永顺、保靖土兵配合明官兵，取得胜墩、三丈浦、石塘湾、王江泾、陆泾坝战役胜利，容美土兵取得后梅、清风岭大捷。 |
| 公元 1556 年 | 容美、永顺、保靖土兵配合官兵取得乍浦、沈家庄战役胜利。 |
| 公元 1558 年 | 土官彭志显、田世爵所率土兵在俞大猷指挥下取得舟山大捷。 |
| 公元 1619 年 | 后金努尔哈赤南侵，保靖、酉阳、石柱土司援辽。 |
| 公元 1629 年 | 皇太极进兵北京，石柱土司秦良玉率"白杆兵"万里勤王。 |
| 公元 1796—1798 年 | 来凤田谷敦、向文进、唐贵，长阳覃加耀率白莲教徒起义。 |

## 二　抵御外侮之国家正义之战

土家族人劲勇淳朴、能征善战，他们既桀骜又忠诚，在他们身上有着反抗压迫的铮铮铁骨，同时又存有顾全大局的浩然正气，这是从巴人到土家一以贯之的民族性格。每当国家处于危急之际，统治阶级的执政者又总是会及时地想起这支"蛮勇之师"来，从而征调他们为国出力。而土家族人民也深明大义，家国同忧，他们看似天高皇帝远，实则心诚朝廷近，有着较强的祖国一统观念。为了正义的使命与国家领土的完整，他们万里出征，死不旋踵，在战场上屡立奇功，用实际行动谱写了一曲震撼华夏大地的正义之歌。

土家族被征调的历史应追溯到其祖先先秦巴人的时代。公元前 1122 年，巴人参加了武王伐纣的正义战争，他们作为周人的先锋部队，勇猛睿智，前歌后舞，使得殷人前徒倒戈，被视为"神兵"，为牧野之战的最终胜利做出了卓越的贡献，其功绩亦被载入史册。《华阳国志·巴志》载："周武王伐纣，实得巴蜀之师，著乎《尚书》。"① 这是巴人将士参加正义之战的历史首秀；西汉初年，汉王刘邦听从巴人儒将范目的建议，组建巴人劲旅，北定三秦。作为汉军的先锋部队，巴人将士履险如夷、冲锋陷阵，在主帅韩信的指挥下明修栈道、暗度陈仓，以迅雷不及掩耳之势成功平定了三秦；西汉末年，阶级矛盾尖锐，奸臣王莽乘机篡位，自立为帝，为了镇压声势浩大的农民军起义，王莽意欲拉拢当时的"五溪夷"（今湖南泸溪一带）首领田强，阴谋唆使田强出兵镇压起义军。但田强深明大义，认为王莽是乱臣贼子，篡汉的罪人，于是以"吾辈汉臣，又不事莽"②，断然拒绝了王莽的笼络，并转而加入到反抗王莽的斗争行列之中，加速了王莽政权的崩溃；唐代诗人刘禹锡在其诗词《西塞山怀古》中写道："王濬楼船下益州，金陵王气黯然收。"该句诗词吟咏了西晋平东吴而统一中国的历史伟绩，而当时王濬水军中的精锐也正是巴人。③ 由此可见，巴人将士不仅兵锋凌厉、锐气勇猛，而且具有深明大义，赤诚衷心的民族本性。

自元代施行土司制度以来，由于土家族土兵勇猛强悍，极富战斗力，因此其被封建王朝的征调更是极其频繁，其足迹几乎遍及南北各地。"西摧都掌，东抵苏松，南征米鲁，北遏辽东。"④ 这其中虽不乏被封建统治阶级所利用，以蛮攻蛮，充当朝廷鹰犬以镇压人民起义而备受贬责的例子，但更多的却是踊跃参加为保卫祖国边疆，抵御外来侵略的正义之战。其中最负盛名的战绩便是明代土家族土兵东南抗倭，为了彻底扫除倭患，永顺、保靖、容美、桑植、酉阳等土家族土司临危受命，慨然从征，率三万余名精锐土兵开赴东南抗倭前线，先后取得了胜墩、三丈浦、王江泾、后梅、乍浦、清风岭以及沈家庄等战役的胜利，从而肃清了为害多

---

① （晋）常璩：《华阳国志·巴志》，严茜子点校，齐鲁书社2010年版，第2页。
② 陈致远：《东汉武陵"五溪蛮"大起义考探》，《中南民族学院学报》2000年第1期，第81页。
③ 董珞：《与猛虎有不解之缘的土家族》，湖北教育出版社2006年版，第5页。
④ 王承尧、罗午、彭荣德：《土家族土司史录》，岳麓书社1991年版。

年的东南倭患，被赐予"东南战功第一"的美誉。"明朝末年，内忧外患，已是多事之秋。"① 东南抗倭战场的烽火刚刚熄灭，土家族土兵又火速踏上了东北的援辽战场。"万历年间，东北后金政权努尔哈赤举兵南侵，直逼辽阳，明朝政府调集天下兵马北上，抵抗后金南下，土家族土司多次出兵应征。"② 此次应征的土家族土司包括永顺土司彭元锦、保靖土司彭象乾、酉阳土司冉跃龙、石柱土司覃良玉等。土兵在东北战场上与清兵展开殊死搏斗，但由于天寒衣薄、不悉战况等原因，终因寡不敌众而损失惨重，历史无情，援辽战役最终以失败告终。清朝得以入主中原，这是历史的选择，但土家族人民在国家危亡之际所表现出来的这种赴火蹈刃的勇气和浩然正气却是与世长存的。

学者们在描述巴人及其土家族民族性格的时候往往都会用到"天性劲勇"这个词语，认为这个民族天生就是彪悍勇猛、能征善战的。其实严格地讲这种说法应该是不确切的，因为一个民族其性格的形成一定是与其生活的社会文化背景息息相关的，是一个长期熏陶的过程。土家族作为偏隅一方相对弱小的一个少数民族，其浓郁的尚武精神是由其生活的特殊社会环境所决定，是在血与火的战争中磨砺出来的。一方面为了民族的生存与繁衍，他们需要应付统治阶级和强盛部族的剥削与压迫，以不屈不挠的斗争来维护其生存空间。而另一方面为了保卫祖国的边疆，又必须奔波于抵御外侮的战场，显示出马革裹尸、死不旋踵的气概。正是这种动荡的社会环境和频繁的征战历程锻造出了土家族人强健的体魄和过硬的身体素质，催生了其民族崇力尚勇、贵兵轻死的民族性格。

表 7-2　　　　　　　　明朝廷征调土家族土兵军事活动一览

| 年份 | 征调土司 | 征调过程及奖励 | 性质 | 资料来源 |
|---|---|---|---|---|
| 洪武四年<br>(1371) | 唐崖长官司 | 覃值什用奉调随左将军廖永忠，奉旨平蜀。 | 征蛮 | 唐崖《覃氏宗谱》 |

---

① 石亚洲：《土家族军事史研究》，民族出版社 2003 年版，第 139 页。
② 田敏：《土家族土司兴亡史》，民族出版社 2000 年版，第 124 页。

| 年份 | 征调土司 | 征调过程及奖励 | 性质 | 资料来源 |
|---|---|---|---|---|
| 洪武二十三年<br>（1390） | 永顺土司 | 二十三年，东川侯、晋宁侯，调征安福夏二，向天福，斩获天黄、地黄等级，并生擒解验，捷闻奉敕奖。 | 征蛮 | 乾隆《永顺县志》 |
| 洪武年间 | 唐崖长官司 | 覃忠孝奉命招抚蛮民。 | 征蛮 | 唐崖《覃氏宗谱》 |
| 永乐十二年<br>（1414） | 永顺土司 | 征竿子苗寇。 | 征蛮 | 乾隆《永顺县志》 |
| 永乐十八年<br>（1420） | 永顺土司 | 总兵官萧绥奉敕调征岩头等处。 | 征蛮 | 乾隆《永顺县志》 |
| 宣德七年<br>（1432） | 永顺土司 | 征大小荷蓬等处有功，累加奖。 | 征蛮 | 乾隆《永顺县志》<br>卷4 |
| 正统十四年<br>（1449） | 永顺、保靖土司 | 随湖广参将张善镇压五开（今贵州黎平）苗及广西壮人反抗。 | 征蛮 | 《明英宗实录》<br>卷176 |
| | 永顺土司 | 调征远焦溪，有功授两江口长官。 | 征蛮 | 同治《永顺县志》 |
| 景泰元年<br>（1450） | 永顺土司 | 调征五开，铜鼓（今贵州锦平）。 | 征蛮 | 乾隆《永顺县志》<br>卷4 |
| 景泰六年<br>（1455） | 永顺宣慰使彭世雄、保靖土司 | 随南和伯方瑛征讨五开、铜鼓苗族反抗。 | 征蛮 | 民国《永顺县志》<br>卷24 |
| 景泰七年<br>（1456） | 西阳土司 | 调宣抚金事冉廷璋兵，征五开、铜鼓叛苗。 | 征蛮 | 《明史·四川土司二》<br>卷312 |
| | 保靖土司 | 命调保靖土兵协剿铜鼓、五开诸蛮，先颁赏犒之。 | 征蛮 | 《明史·湖广土司》<br>卷310 |

续表

| 年份 | 征调土司 | 征调过程及奖励 | 性质 | 资料来源 |
|---|---|---|---|---|
| 天顺二年<br>(1458) | 永顺土司 | 谕世雄土兵会剿贵州东苗。 | 征蛮 | 《明史·湖广土司》<br>卷310 |
| | 保靖土司 | 敕宣慰彭舍怕俾即先兵进讨铜鼓、五开诸蛮。 | 征蛮 | 《明史·湖广土司》<br>卷310 |
| 天顺六年<br>(1462) | 永顺土司 | 奉敕调征贵阳苗寇。 | 征蛮 | 乾隆《永顺县志》 |
| 天顺七年<br>(1463) | 永顺土司 | 调征天柱南洞叛贼。 | 征蛮 | 乾隆《永顺县志》 |
| 天顺八年<br>(1464) | 酉阳土司 | 命进宣抚冉云散官一阶，以助讨叛苗及擒石全州之功也。 | 征蛮 | 《明史·四川土司二》<br>卷312 |
| 成化元年<br>(1465) | 永顺、<br>保靖司 | 征广西大藤峡瑶民其一。 | 征蛮 | 民国《永顺县志》<br>卷24 |
| 成化二年<br>(1466) | 保靖土司 | 以保靖宣慰彭显宗征蛮有功，明给诰命。 | 征蛮 | 《明史·湖广土司》<br>卷310 |
| | 永顺土司 | 敕征襄阳流民。 | 从征 | 乾隆《永顺县志》 |
| 成化三年<br>(1467) | 永顺土司 | 兵部尚书程信请调永顺兵征贵州都掌蛮（今四川兴文县）。 | 征蛮 | 《明史·湖广土司》<br>卷310 |
| | 保靖土司 | 复调保靖兵征都掌蛮。 | 征蛮 | 《明史·湖广土司》<br>卷310 |
| 成化四年<br>(1468) | 永顺土司 | 敕征四川西襄贼。 | 征蛮 | 乾隆《永顺县志》 |
| 成化五年<br>(1469) | 保靖土司 | 免保靖宣慰诸司成化二年税粮853石，以屡调征广西及荆、襄、贵州有功也。 | 从征 | 《明史·湖广土司》<br>卷310 |
| 成化六年<br>(1470) | 永顺、<br>保靖土司 | 随明廷军队镇压李源领导的荆襄百万流民大起义。 | 镇压农民起义 | 《明史·项忠传》 |

| 年份 | 征调土司 | 征调过程及奖励 | 性质 | 资料来源 |
|---|---|---|---|---|
| 成化十一年<br>（1475） | 永顺土司 | 讨平九甫二塘叛贼。 | 征蛮 | 乾隆《永顺县志》 |
| 成化十三年<br>（1477） | 永顺土司 | 以征苗功，命宣慰彭显英进散官一阶，仍赐敕奖劳。成化十五年免永顺赋。 | 征蛮 | 《明史·湖广土司》卷310 |
| | 保靖土司 | 以平苗功，保靖致仕宣慰彭显宗、子宣慰仕珑皆进一阶。 | 征蛮 | 《明史·湖广土司》卷310 |
| 成化十四年<br>（1478） | 永顺土司 | 调征永宁州贼，奏捷，奉敕奖赏。 | 征蛮 | 乾隆《永顺县志》 |
| 弘治五年<br>（1492） | 永顺土司 | 敕调征施州银山岭叛贼，剿获浮级解官。 | 从征 | 乾隆《永顺县志》 |
| 弘治七年<br>（1494） | 酉阳土司 | 宣抚冉舜臣以征贵州叛苗功，乞升职。 | 征蛮 | 《明史·四川土司二》卷312 |
| | 永顺土司 | 贵州奏平苗功，以宣慰彭世麟等有功，乞升职。 | 征蛮 | 《明史·湖广土司》卷310 |
| 弘治八年<br>（1495） | 永顺土司 | 谕彭世麟调土兵征贼妇米鲁。 | 镇压土司反叛 | 同治《永顺县志》 |
| 弘治十年<br>（1497） | 保靖土司 | 敕调保靖彭世英从征贵州，兵部移文有"两江口长官司"字样，保靖宣慰彭仕珑因之与其攻讦。 | 征蛮 | 《明史·湖广土司》卷310 |
| 弘治十四年<br>（1501） | 永顺土司 | 世麟以北边有警，请帅土兵一万人赴延绥助讨贼。兵部议不可……以方听调征贼妇米鲁故也。 | 镇压土司反叛 | 《明史·湖广土司》卷310 |
| | 永顺土司 | 自愿历身征武冈苗，降敕褒奖。 | 征蛮 | 乾隆《永顺县志》 |
| | 保靖土司 | 以保靖宣慰等方听调，免明年朝觐，时有征贵州贼妇米鲁之役故也。 | 镇压土司反叛 | 《明史·湖广土司》卷310 |
| | 酉阳土司 | 调酉阳兵五千协剿贵州贼妇米鲁。 | 镇压土司反叛 | 《明史·四川土司二》卷312 |

| 年份 | 征调土司 | 征调过程及奖励 | 性质 | 资料来源 |
|---|---|---|---|---|
| 弘治十七年<br>（1504） | 永顺土司 | 调征广西思恩府逆贼岭浚，俘获贼首，奉敕奖谕。 | 从征 | 乾隆《永顺县志》 |
| | 永顺土司 | 调征河南逆贼。 | 从征 | 同治《永顺县志》 |
| 正德元年<br>（1506） | 永顺土司 | 以世麟从征有功，赐红织金麟麟服，世麟进马谢恩。 | 征蛮 | 《明史·湖广土司》卷310 |
| | 永顺土司 | 调征山西汉中府、四川僭号刮地王，俘获解验。 | 从征 | 乾隆《永顺县志》 |
| 正德三年<br>（1508） | 唐崖长官司 | 覃文铭奉调征四川江津曹甫。 | 从征 | 唐崖《覃氏宗谱》 |
| 正德六年<br>（1511） | 永顺土司 | 四川蓝延瑞、鄢本恕等及党二十八人倡乱两川，乌计十万余人。……永顺土舍彭世麟，翼缓兵……擒斩溺死者七百余人。……是役世麟为首功。 | 镇压农民起义 | 《明史·湖广土司》卷310 |
| 正德七年<br>（1512） | 永顺土司 | 七年，贼刘三等自遂平趋东贵，宣慰彭明辅及都指挥曹鹏等以土军追击之。贼仓促渡河，溺死者二千人，斩首八十余级。 | 镇压农民起义 | 《明史·湖广土司》卷310 |
| | 永顺土司 | 调征郴桂苗叛兄，获延溪大王解验。 | 征蛮 | 乾隆《永顺县志》 |
| | 永顺土司 | 征贵州铜仁苗寇，奏捷。 | 征蛮 | 乾隆《永顺县志》 |
| | 保靖土司 | 赴湖北会剿刘六、刘七等起义。 | 镇压农民起义 | 《湖北省志》 |
| | 酉阳、石柱、建始土司 | 参与对四川方四领导的农民起义的镇压。 | 镇压农民起义 | 《明武宗实录》卷83 |
| 正德九年<br>（1514） | 唐崖长官司 | 覃天富奉调征剿川寇麻儿六。 | 从征 | 唐崖《覃氏宗谱》 |
| 正德十二年<br>（1517） | 永顺土司 | 奉檄克破土尧险寨，生擒苗阿傍、阿浪等解验。 | 从征 | 乾隆《永顺县志》 |

| 年份 | 征调土司 | 征调过程及奖励 | 性质 | 资料来源 |
|---|---|---|---|---|
| 正德十三年<br>(1518) | 永顺土司 | 广西思恩贼叛，率兵进剿。 | 征蛮 | 乾隆《永顺县志》 |
| 嘉靖四年<br>(1525) | 永顺土司、保靖土司 | 征广西田州土官岑猛反叛，擒岑猛。 | 镇压土司反叛 | 《通鉴辑览》 |
| 嘉靖六年<br>(1527) | 永顺土司 | 论擒岑猛功，免应袭宣慰彭宗汉赴京，而加宗汉父明辅、祖世麟银币。 | 镇压土司反叛 | 《明史·湖广土司》<br>卷310 |
| | 永顺土司 | 广西思恩恶目反，奉檄征剿南宁，闻归降，又征浔州，斩获贼级解报，后以屡征有功，降敕加级。 | 从征 | 乾隆《永顺县志》 |
| | 保靖土司 | 宣慰彭九霄以擒岑猛功，进湖广参政，赐银币。 | 镇压土司反叛 | 《明史·湖广土司》<br>卷310 |
| | 永顺土司、保靖土司 | 随两广总督王守仁再次镇压大藤峡瑶民起义。王守仁以土兵为主力，"计前后擒斩三千人，两江底定"。 | 征蛮 | 乾隆《永顺县志》 |
| 嘉靖十九年<br>(1540) | 保靖土司 | 调征镇竿，其子守忠亦报家丁土兵五百名从征。 | 征蛮 | 《彭氏土司·彭荩臣》 |
| 嘉靖二十二年<br>(1543) | 保靖土司 | 调征贵州田平。 | 征蛮 | 《彭氏土司·彭荩臣》 |
| 嘉靖二十五年<br>(1546) | 保靖土司 | 再征镇竿，进至贵州铜仁。 | 征蛮 | 《彭氏土司·彭荩臣》 |
| | 唐崖长土司 | 覃万金奉巡抚刘调征麻阳苗民起义。 | 镇压农民起义 | 唐崖《覃氏宗谱》 |
| 隆庆四年<br>(1570) | 唐崖长土司 | 覃柱奉调征剿金峒土叛覃壁。 | 征蛮 | 唐崖《覃氏宗谱》 |
| 隆庆时<br>(1567—1572) | 永顺土司 | 隆庆时，大征古田，怀远知县马希武召诸瑶役之，诸瑶遂反。总制殷正茂知诸瑶独畏永顺钩刀手及狼兵，乃檄三道兵数万人击太平、河里诸村，大破诸瑶。 | 镇压农民起义 | 《明史·广西土司》<br>卷317 |

续表

| 年份 | 征调土司 | 征调过程及奖励 | 性质 | 资料来源 |
|---|---|---|---|---|
| 万历元年<br>（1573） | 保靖土司 | 调保靖兵征广西怀远，养正率土兵四千人及报效家丁杀手一千九百名，于二年正月进抵独坡营，亲督舍把彭万臣，分兵设伏，出奇制胜。 | 征蛮 | 《彭氏宗谱·彭养正》 |
|  | 永顺土司 | 征剿广西瑶寇，大破巢穴，斩擒三百余解验。 | 征蛮 | 乾隆《永顺县志》 |
| 万历二年<br>（1574） | 桑植土司 | 宣慰使向仕禄，奉调随刘纪率兵援助朝鲜，征倭酋关白，建立功勋，神宗奖状回司。 | 从征 | 《桑植司志》 |
| 万历六年<br>（1578） | 永顺土司 | 万历六年，北山蛮谭公聚党为乱，与河塘韦宋武傍江结寨。……守巡道吴善、陈俊征永顺白山兵及狼兵剿之。 | 征蛮 | 《明史·广西土司》卷317 |
| 万历十五年<br>（1587） | 永顺土司 | 播州叛，奉调征剿乾溪、苦茶园等关，攻进海龙等屯，斩获贼级解验。 | 征蛮 | 乾隆《永顺县志》 |
| 万历二十三年<br>（1595） | 石柱土司、西阳土司 | 杨应龙反播州，马千乘应调，与西阳冉御同征应龙。 | 镇压土司反叛 | 《明史·四川土司一》卷311 |
| 万历二十五年<br>（1597） | 永顺土司 | 东事棘，调永顺兵万人赴援，宣慰彭元锦请自备衣粮听调，既而支吾，有要挟之迹，命罢之。 | 从征 | 《明史·湖广土司》卷310 |
| 万历二十七年<br>（1559） | 施南、散毛、忠建等宣抚，忠峒、高罗、大旺、龙潭、忠孝等安抚，容美、卯峒、永顺、保靖、石柱等土司 | 随四川巡抚李化龙征四川播州宣慰使杨应龙，土兵总兵力十万余人。 | 镇压土司反叛 | 李化龙《平播全书》 |

| 年份 | 征调土司 | 征调过程及奖励 | 性质 | 资料来源 |
|---|---|---|---|---|
| 万历二十八年<br>（1600） | 各地土司 | 总督李化龙驻重庆征兵伐播州宣慰使杨应龙，分八路进，每路约三万人，官兵三之，土兵七之。 | 镇压土司叛乱 | 李化龙《平播全书》 |
| 万历四十六年至天启元年<br>（1618—1621） | 酉阳土司 | 四十六年调酉阳兵四千，命宣抚冉跃龙将之援辽，四十七年跃龙遣子天胤及文光等领兵赴辽阳，驻虎皮、黄山等处三载，解奉集之围。再援沈阳，以浑河失利，冉见龙战没，死者千余人。撤守辽阳，又以降敌纵火，冉文焕等战死，死者七百余人……天启元年授跃龙宣慰使，并妻舒氏，皆给诰命，仍恤阵亡千百余家。 | 援辽 | 《明史·四川土司二》卷312 |
| 万历四十七年<br>（1619） | 永顺土司 | 兵部言："前调宣慰元锦兵三千援辽，已半载，至关者仅七百人。"……继而檄调八千，仅以三千……元锦不得以行，兵抵通州北，闻败，遂大溃。 | 援辽 | 《明史·湖广土司》卷310 |
| 万历四十七年至四十八年<br>（1619—1620） | 保靖土司 | 调保靖兵五千，命宣慰彭象乾亲统援辽，四十八年加象乾指挥使，象乾至涿州病，中夜兵逃散者三千余……明年，象乾病不能行，遣其子侄率亲兵出关，战于浑河，全军覆没。 | 援辽 | 《明史·湖广土司》卷310 |

续表

| 年份 | 征调土司 | 征调过程及奖励 | 性质 | 资料来源 |
|---|---|---|---|---|
| 万历中 | 石柱土司 | 石柱女土官覃氏行宣抚使。土司马邦聘谋夺其印，覃氏上书言："臣自从征叠、茂，击贼大雪山，斩首捕寇，皆著有功劳，屡膺上官奖。" | 征蛮 | 《明史·四川土司二》卷312 |
| 天启元年（1621） | 石柱土司 | 秦良玉兄邦屏、民屏率五千人，秦良玉及其子马详麟率三千人援辽，浑河失利，邦屏战死，祥麟重伤，战败。 | 援辽 | 《明熹宗实录》卷13 |
| 天启二年（1622） | 石柱、西阳、平茶土司 | 征讨永宁土司奢崇明与贵州水西土司安邦彦反叛。 | 镇压土司反叛 | 《明史·四川土司一》卷311 |
| | 西阳土司 | 奢崇明反叛，跃龙率援师合围重庆。 | 镇压土司反叛 | 《明史·四川土司一》卷311 |
| 天启二年（1622） | 唐崖长官司 | 秦鼎奉总兵薛，调授渝城，生擒樊龙、樊虎。 | 从征 | 唐崖《覃氏宗谱》 |
| | 唐崖长官司 | 覃杰征水西安邦彦，平息苗民起义。 | 征蛮 | 唐崖《覃氏宗谱》 |
| 天启三年（1623） | 唐崖长官司 | 秦鼎奉调征奢崇明、奢世辉，血战报功大捷。 | 镇压土司反叛 | 唐崖《覃氏宗谱》 |
| 天启七年（1627） | 唐崖长官司 | 覃宗尧奉荆州府刘推官调剿流寇，防守荆州。 | 从征 | 唐崖《覃氏宗谱》 |
| 崇祯三年（1630） | 唐崖长官司 | 覃宗禹奉四川巡抚邵捷春调守夔府紫阳城。 | 从征 | 唐崖《覃氏宗谱》 |
| | 唐崖长官司 | 奉分巡道调平卫乱。 | 从征 | 唐崖《覃氏宗谱》 |
| 崇祯十三年（1640） | 容美土司 | 调容美土司增当阳、远安戍是也。 | 从征 | 同治《宜昌府志》 |

续表

| 年份 | 征调土司 | 征调过程及奖励 | 性质 | 资料来源 |
|---|---|---|---|---|
| 崇祯十六年<br>（1643） | 保靖土司 | 张献忠攻长沙、益阳地方，常德、澧州一带日告警。偏沅巡抚调保靖司兵固守，保常、澧。……朝柱发精兵三千……引兵守关隘……获大胜。 | 镇压农民起义 | 《彭氏宗谱·彭朝柱》 |

资料来源：参见石亚洲《土家族军事史研究》，民族出版社 2003 年版，第 107—116 页。

# 第三节　强健彪悍之民风遗俗的熏陶

除了严酷恶劣的自然生存环境和频繁的征战历程以外，土家山地民族崇力尚勇的民族性格特征还与其彪悍的民风遗俗不无关系。《永顺县志》记载："土俗耐劳习险，劲勇善斗。"《苗防备览·风俗考研究》言："巴人遗裔，轻生好斗。……永堡土人，劲勇好斗。"[1] 《中华全国风俗志》云："宣恩……俗嗜暴悍。来凤……性狂而悍。"[2] 光绪《秀山县志·礼志》卷 7 亦说秀山土人："重淫祀、尚巫觋，好争喜斗。"而《魏书·南蛮传》在记载南蛮僚人的风俗时说："其俗畏鬼神，尤尚淫祀，所杀之人，美鬓髯者必剥其面皮，笼之于竹，及燥，是之曰'鬼'，鼓舞祀之，以求福利。"劲勇蛮悍、好斗轻死，其彪悍之民风据此可见一斑。

历史上，土家族生活的武陵山区是一个信巫鬼、重淫祀的地区。例如土家族人崇拜白虎神，将白虎作为勇猛、力量的象征而加以礼赞，其实质是希望自身也能够具有老虎一样的威猛与力量。由于巴人崇虎，直至清代，土家族地区还保留着杀人祭虎的远古遗风，以杀人的形式来祭祀白虎神。随着社会的进步，人们认识能力的提升，人祭这种残酷的仪式逐渐被取缔，继而代之以"还相公愿""还人头愿""开红山""歼头"等变相的人祭形式进行。例如今贵州土家族地区在还傩愿的祭祀仪式中，

---

① （清）严如熤：《苗防备览·风俗考研究》，贵州人民出版社 2011 年版。

② 胡朴安：《中华全国风俗志》，岳麓书社 2013 年版。

就还保留着"开红山"或"歼头血祭"（土家族巫师在祭神时用刀在自己额头上划一刀，以自己的鲜血来代替杀人祭祀）这种遗俗。又如土家族地区存在着"过赶年"的习俗，所谓"过赶年"，也即提前一天过年，据说是由于明嘉靖三十三年（1554）冬天，正值年关，而恰遇朝廷征调土兵抗击倭寇，官兵们为了不贻误战机，遂决定提前一天过年，后人为纪念这一特殊的日子而将"过赶年"的习俗延续至今。例如思南县杨姓土家族在杀年猪后，将肉藏在大门背后，并用蓑衣挡住，一人持刀躲在门角边守候，如若有人经过，则持刀追赶，赶上后必拉此人到家里吃饭喝酒。而更为奇特的是除夕之夜，待酒席摆放就绪后，全家人要戴斗笠、披蓑衣，手持刀枪围着房子转一周后才能进屋吃团年饭。再如，印江县土家族地区有敬风神的习俗，其目的是消除旱涝灾害，求得风调雨顺五谷丰登。据道光《思南府续志》记载："翻江则于六月六日，祭风神，或曰丰神，多以杨姓主其事，届日椎牛烹鸡鹅鱼肉五牲必俱。跪拜仪节，回与常殊，设诸旗于广场，曰：大白小白，拜舞其前，士女倾城往观。"祭风神分为大祭和小祭，大祭为十二年一次，并杀牛及七十二牲，规模宏大；小祭杀五牲，规模较小。大祭风神的杀牛仪式场面极其血腥，杀牛之前将硕大公牛拴在"风神树"上，先用酒将牛灌醉，然后在牛角及牛尾上挂上爆竹，待午时三刻一到，便点燃鞭炮，醉牛受惊，围绕"风神树"转圈乱跑，这时屠手抹上花脸，手提锋利的大刀藏在牛必经之处，待牛跑近，便挥刀将牛砍死。然后跳进河中将脸洗净，并换上一身干净的衣服方可上岸。除此之外还有土家族地区的狩猎遗风，巫傩祭仪中的上刀梯、踩火烨口以及丧葬仪式中的跳武丧等，不胜枚举。

这种彪悍的民风遗俗在外人看来着实不能理解，甚至是匪夷所思，但它却切切实实地反映了土家族人民崇力尚勇的民族天性。也正因为如此，历代统治者才将土家族称之为"蛮"，诸如"廪君蛮""板楯蛮""巴郡蛮""南蛮""南郡蛮""武陵蛮""土蛮"等。"蛮"即蛮勇、蛮干、粗野、凶狠、不通情理的意思，显然带有一定的歧视之意，但这其中也透露出统治阶级对这支蛮勇之师的敬畏之心。久之，土家族人也就毫不避讳地自称为"蛮"了，他们视"蛮"为勇武的代名词，"蛮"也随之由贬变褒。"即使是在今天，土家族内部还对一些体魄强健、武勇过人的年轻人称之为'蛮子',而被称呼者也并不感到难堪,相反还带有一定的自豪感。"① 正是受到这种民风的熏陶,土家族人民才逐渐形成了崇力尚勇、刚猛坚毅、强健彪悍如磐石般坚韧的民族性格特征。

## 第四节　本章小结

马克思和恩格斯在《德意志意识形态》中认为:"人创造环境,同样环境也创造人。"② 道出了人与环境之间相互依赖与互为因果的关系。环境包括自然环境与社会环境,就自然环境而言,土家族世代生活在严酷而险恶的山地自然环境之中,要想征服和改造自然,在险峻的高山大川中生息繁衍,就必须具备强健的体魄和百折不挠的勇武精神。就社会环境来说,土家族作为偏隅一方的少数民族,其历史上始终摆脱不了受压迫、被剥削和被征调的命运。因此,土家族的历史是与军事战争相生相伴的,而战争是性命攸关的大事,战争的残酷性决定了土家族对尚武精神的极度重视。同时又由于他们长期受到强健彪悍之民风遗俗的熏陶,"蛮"对他们的性格来说也就是在情理当中的事情了。很显然,对土家族人来说,"柔美"和"文雅"相对于"勇猛"和"力量"而言就显得那么微不足道了。故此,严酷恶劣的自然生存环境、频繁征战的社会历史背景及其强健彪悍的民风遗俗等造就了土家族豪放野蛮、刚猛坚毅、崇武尚勇性格品性的形成。

---

① 周兴茂:《土家族的传统伦理道德与现代转型》,中央民族大学出版社1999年版,第173页。

② 马克思、恩格斯:《德意志意识形态》,人民出版社1961年版。

# 第八章

# 社会变迁视域下土家族武术文化的
# 传承与发展

## 第一节　社会变迁背景下土家族武术
## 文化的生态危机

　　一个民族所赖以生存的自然人文环境制约着其生产方式，而生产方式又进而决定了这个民族的文化模式。土家族作为一个典型的山地民族，自秦汉时期以来，就一直生活于湘鄂渝黔接壤的武陵山区，千百年来，他们以大山为依托，一直延续着半农半猎的山地经济生活形态。恶劣的自然生存环境及其频繁征战的历史人文背景促使其民族浓郁的尚武精神得以延续，崇力尚勇也一直是其民族性格的鲜明写照。然而，随着人类文明的发展与进步，社会变迁的不断加剧，土家山寨人们的生产生活方式发生了巨大的变化。

　　自清代以来，在土家族的历史上，其社会文化领域共计出现过三次较为重大的变革，而这三次变革均对土家族人民的生产生活产生过重要影响。首先是清代雍正年间改土归流政策的实施，打破了长期以来"蛮不出境，汉不入峒"的政治禁令，加深了土汉民族间的交往，从而使得汉族文化得以进入土家族地区，并对土家族本土文化进行了一次较大的洗礼，从客观上推动了土家族地区经济社会文化的发展；其次是新中国成立以后，土家族作为单一的少数民族得到识别和确认，在党和国家民族政策的指引下，广大土家族人民的生产生活面貌发生了翻天覆地的变化，其经济形态则从半农半猎的自然经济形态逐渐向农业经济形态转变；最后是 20 世纪 70 年代以来，在我国社会整体由传统社会向现代社会转轨的大的历史背景下，土家族地区逐渐完成了由农业社会向工业社会，由自然经济向半自然经济和商品经济的过渡，加快了现代化的步伐。

社会的变迁与发展极大地改善了土家山寨人们的生活条件，提高了生活质量。然而，社会文化领域的这种现代化变迁又发挥着双刃剑的效果，因为它在改变广大土家族人生产生活方式的同时，也对其传统文化的传承与发展带来了前所未有的挑战，而脱胎于军事战争和原始狩猎活动的土家族传统武术文化更是不能幸免，随着现代化变迁的纵深发展，其文化场域逐渐式微，生存空间越来越狭窄，处于一种越武越寂寞的尴尬境地。

## 一 场域衰微：土家族武术文化生存土壤的不断缺失

传统文化的产生绝非偶然，任何一种传统文化均有其特定的生存土壤，如若失去了其赖以生存的文化土壤，就会失去存在的依托，其自身的发展也就会失去平衡。"万物存在皆有因，生存土壤就是深刻的经济、政治和文化等动因。"① 从文化发生学的视角而言，土家族武术是在长期的狩猎活动、频繁的战争中萌生与发展的，而当这种原始的搏斗技能形成以后，又逐渐延伸到各种宗教祭祀和民俗活动领域之中。故此，土家族传统武术文化是以战争、狩猎和宗教祭祀活动为原始文化土壤的。

历史上，土家族传统武术文化以战争和狩猎为生存土壤，在频繁的征战与日常狩猎活动中，作为必备生存技能的土家族武术得以产生，并以其旺盛的生命力不断地传承和发展，在土家山地民族的生存与繁衍中发挥着重要的功用。但人类文明的发展进程最终由野蛮走向了和平的历史阶段，冷兵器时代金戈铁马、兵戎相见的历史一去不复返了，土家族人所擅长的军事武艺和各种搏杀技能业已失去了用武之地，已不可能再

---

① 李延超：《民族体育的生态与发展——南方喀斯特地貌区域的调查》，博士学位论文，上海体育学院，2011 年，第 138 页。

用于战场上杀敌建功，其实用性也在慢慢淡化。与此同时，随着农业经济和商品经济的发展，土家族聚居地区的经济形态发生了根本性的变化，土家族人亦不再需要以狩猎来维持生计了。而随着地方政府为保护生态环境不受破坏而制定的一系列禁猎措施的出台，土家族延续了千百年的狩猎文化也已基本上退出历史的舞台，成为土家族人记忆中的文化事象，只能在其民族文化的遗存诸如摆手舞、毛古斯舞等传统舞蹈中窥见端倪。没有了狩猎文化土壤的滋润，土家族武术文化的生存与传承也就失去了依托，例如以往在土家族地区广泛流传的由设卡捕猎的狩猎技术演变而来的"十二埋伏拳"、稀有武术器械"板楯枪"等，也渐渐淡出了人们的视野。此外，随着土家族民众认知水平的提升以及价值观念的转变，曾经与武术活动依附关系密切的宗教祭祀活动已不再像过去那般受到人们的重视，其文化活动场域也逐渐呈现出衰微的景象。由此可见，土家族传统武术文化赖以生存之原始文化土壤的不断消失，直接导致了其生存空间的萎缩，成为土家族武术文化不断弱化的直接原因。

## 二　文化断层：土家族武术文化代际传承的脆弱无力

传承是对传统惯性的保持和继承，是传统文化得以世代沿袭的根本保证。没有了传承，传统文化将会被割裂，而传统文化的传承过程又离不开传承者与被传承者，二者共同维系着传承链条的正常运转。然而随着社会变迁的加剧，土家族传统武术文化的传承出现了较为严重的代际缺失和文化断层现象。突出地表现为一方面广大青少年对承袭土家族武术文化显得积极性不高，而另一方面精通土家族武术的一批老艺人又难以寻觅到心仪的传承对象来继承其技艺，从而使得土家族武术的代际传承处于一种两难的尴尬局面。笔者 2014 年 6 月在恩施土家族苗族自治州咸丰县调研过程中，土家族板凳拳省级非物质文化遗产代表性传承人陈俊法很无奈地谈到，现在的年轻人大多追求时髦，他们对老祖宗留下来的东西不怎么感兴趣了，细娃们（土家语指小孩）学习负担重，而乡里年龄稍大的年轻人差不多都外出打工赚钱去了，这就直接导致了大批学员的流失，板凳拳的练功场面再也没有了昔日的气势与辉煌。

虽然土家族创造出了种类繁多的武术文化，拥有丰富的传统武术文化储备量，但目前除了那些已经被收录入各级非物质文化遗产名录的武术拳械外，其他武术则大多已经失传或濒临失传。同时那些曾经十分流行，富含丰富武术文化元素的土家族民间技艺诸如绕棺、打廪、跳武丧、三棒鼓、上刀梯、踩地刀等绝活也逐渐呈现出后继无人的迹象，而梯玛（巫师）的角色在年轻人的眼中已不再具有吸引力，土家族传统武术文化的传承正面临着严重的文化断层危机。"传统"与"现代"对话的结果使得"传统"渐行渐远。究其原因主要有二：其一是就业结构的改变，使得自然经济状态下特有的农忙与农闲之分渐渐消失，人们尤其是青壮年，无论是在家务农还是出门务工者，都是全年工作，完全不同于过去那种农忙和农闲的两极分明，"忙时耕田、闲时练拳"的自然状态被打破，因此也就不可能像过去那样有大量的空闲时间去"耍拳弄棒"了，过去曾经习武多年的拳师之中，也只有极少数人在闲暇时间会伸展一下拳脚，以求锻炼身体，民间习武的环境也渐渐消失了。[1] 其二主要是社会的变迁导致了人们价值观念的转变，而随着经济的不断发展，土家山寨的生活方式、思想理念在不断地异化，广大土家族人们开始认同并迷恋上现代化的生活方式，进而对传统文化则渐渐失去了往日的激情与冲动，失去了文化传承的积极性和主动性。在现代社会物质文化的诱惑下，大部分的土家族青壮年最终义无反顾地加入了"农民工"的大军，选择外出打工挣钱。正是这部分人群的离乡离土最终导致了土家族武术后继无人和传承断代现象的发生，使得土家族武术文化传承的链条发生了断裂。

【田野调查】

访谈对象：土家族板凳拳非物质文化遗产省级代表性传承人陈俊法

访谈主题：土家族板凳拳的传承情况

访谈地点：恩施土家族苗族自治州咸丰县尖山乡小水坪村陈俊法家中

---

① 陈威、赵先卿、王舜：《近代以来社会变迁下的武术活动——基于一个武术之乡的研究》，《体育科学》2011年第6期，第12—14页。

访谈时间：2014 年 7 月 26 日下午

（L：笔者　C：陈俊法）

L：陈师傅，您好！上午在小学旁边观看了您教授学生习练土家族板凳拳的情景，为您对传统文化的这份执着表示由衷的敬佩，现在想和您谈谈这些学员的基本情况。

C：呵呵，谢谢！

L：目前您招收的学员共计有多少人呢？

C：目前长期跟随我一道练习板凳拳的共有 9 人，今天上午只来了 7 人，前些年要多些，最多时有三十几人呢，板凳舞起来的时候十分的壮观，前面那个小学的操场几乎都要占去一半了。

L：那是什么原因导致学员流失严重呢？

C：现在的年轻人没几个对老祖宗的东西感兴趣了哦，细娃们（土家语指小孩）学习负担重，家长不想让他们浪费太多的学习时间，而乡里稍大点的年轻人则大多都外出打工赚钱去了，你看今天上午没来的两个下个月也准备去浙江嘉兴服装厂打工去的，他们昨天来练拳的时候就已经告诉我了。唉！（长叹了一口气）

L：那有什么折中的办法没有，地方政府不是很重视传统文化的保护与传承吗？

C：唉，时代不一样了，毕竟不能当饭吃，徒弟们要出去打工我也不能强行阻拦，他们也是要养家糊口的。就拿我自身来说吧，前年上半年我也去福建打工了，在一家个体公司当司机，没办法，要养家啊，后来县里面打电话通知说要申报板凳拳省级非物质文化遗产我才回来的。跟你说句实话，虽然现在政府重视传统文化的保护和传承，并出台了相关的一些政策与措施，同时给予我们省级非物质文化遗产传承人一定的经济补助，但光靠这完全是杯水车薪，不足以养家啊。

L：陈师傅，这些年您所教授的徒弟中有没有特别中意的呢？

C：哦对了，提起这事我倒想起来了，五年前我曾经带过一个徒弟，名叫吴桂权，重庆黔江人，小伙子身体非常结实，最主要是悟性极高，又能够吃苦，隔天下午就从黔江赶到咸丰，每次来都是晚上 8 点多，我不仅教了他板凳拳，还传了他五虎下溪等祖传的土家拳法。但可惜的是小伙子最终还是没能坚持下来，跟随他两个哥哥一道外出打工去了。

L：那陈师傅您会一直坚持下去吗？

C：呵呵，只要还有一个学员在，我想我还是会坚持走下去的，我可不想让祖传的技艺传到我这里就消失了。在这里，我也希望你们这些学者文人能够帮我们宣传宣传，反映一下民间艺人的真实生存状况。

L：呵呵，一定会的，今天非常地感谢您，同时也衷心地祝您能够心想事成！

## 三　空间萎缩：土家族传统武术文化生存空间的边缘化

全球化浪潮的席卷，本质上是一场全球范围内强势文化对弱势文化的侵入与解构的文化占领运动，它表现为从国际强弱角力到一国之内的"强"进"弱"退。[①] 在全球化的张力下，少数民族传统武术文化遭遇到现代西方体育文化的强劲冲击，逐渐呈现出生存力不彰、传播力不足的短板。

随着社会的变迁与全球化的推进，人们生活质量的提升，现代化的生活方式和生活节奏不断蚕食着人们对传统文化的记忆，同时也带来了与之相适应的休闲和健身方式。上网冲浪、网络游戏、旅游远足等现代人的休闲娱乐方式对土家族人来说已不再是遥不可及的事物。与此同时，越来越多的外来体育项目，诸如篮球、羽毛球、健美操、滑板、旱冰、广场舞等在土家山寨生根发芽，成为广大土家族人们健身休闲的首选。相比之下，曾经被视为不同阶层和不同年龄阶段人所钟爱的传统武术项目则逐渐失去了其文化的主体地位，并悄然淡出了人们的视线。土家族人们在闲暇之时更多的则是以看电视、上网甚或是聚在一起打麻

---

① 吴永存、张振东：《全球化场域下我国少数民族传统武术文化的传承与发展》，《北京体育大学学报》2016 年第 1 期，第 41 页。

将、斗地主等方式来消遣时间。大规模的外出打工、经商使人们经济收入有了很大改善，生活水平得到了很大的提高，也使得原本简陋的"竹楼"变成了青砖瓦房，原本悠扬的芦笙声变成了电视节目主持人纯正的普通话，整个村寨充满了现代气息。同时，伴随现代气息而来的是，原本热闹的村寨变得安静了，原本充满生气的节日活动少了年轻人的身影，原本能歌善舞的孩子却成了动画片的忠实观众。[①] 而在城市的广场上，一些热衷于健身的大爷大妈们则对动感的广场舞更是趋之若鹜，很难捕捉到从事传统体育或是武术健身活动的踪影。在笔者所走访的一些土家族民族学校中，学生所接受的体育技能除了学校规定的几项少数民族传统体育项目诸如竹马、毽球、板鞋和跷旱船以外，大多都以现代体育项目为主，例如健美操、滑板、街舞、各种球类项目等，而土家族传统武术则处于一种逐渐被边缘化的状态。总体来看，伴随着时代的变迁，人们价值观念的转变，在各种现代体育项目的强势冲击下，土家族传统武术文化的生存空间越来越狭窄，其传承与发展正面临着内外部环境的巨大挑战。

## 第二节　土家族武术文化的传承与发展

现代化与全球化是不可逆转的时代潮流，在文化全球化的大背景下，如何保护与传承我们的传统文化，这是一个时代的命题，同时也是广大学人当认真思考的课题。作为土家族优秀传统文化重要组成部分的土家族武术文化，在现代化与文化全球化的进程中正经受着巨大的冲击与洗礼，其保护、传承与发展工作已是迫在眉睫。

### 一　保护土家族武术的文化空间

"文化空间"是联合国教科文组织在保护非物质文化遗产时使用的一个专用名词，它是指"定期举行传统文化活动或集中展现传统文化表现

---

① 白永生、方征、马辉：《论经济全球化形势下我国少数民族传统体育文化的保护及发展》，《中央民族大学学报》（哲学社会科学版）2006 年第 6 期，第 95 页。

形式的场所，兼具空间性和时间性"①。而武术文化空间则是指"某个集中展示武术文化活动或武术文化元素的地点，或确定在某一周期举办与武术文化有关的一段时间"②。对照武术文化空间的界定，土家族武术的文化空间主要包括土家族地区的各种乡村庙会、传统节日、宗教祭祀仪式以及传统体育运动会等，它们是展示土家族武术文化的平台，成为土家族武术文化得以存在的时空场域。

庙会又称"庙市"或"节场"，一般多指在寺庙附近集会，进行各种祭神、娱乐和购物等活动，多在春节和元宵节等节日内举行。形形色色的乡村庙会为各种民俗活动提供了展演的舞台，而在土家族传统庙会中，各种杂耍、玩罗汉、舞狮子、传统武术展演等是最能吸引眼球的活动。例如庙会上舞狮掷绣球者，往往都要表演"四门架子""苏公背箭""猛虎跳涧""白虎拳"等土家族武术拳术，庙会为土家族传统武术提供了独特的文化空间场域；传统节日是各族人民为适应生产、生活、交往和信仰等方面需求而创造出来的约定俗成的民俗文化活动。③ 土家族的传统节日众多，诸如舍巴节（摆手节）、土地节、牛王节、龙袍节、女儿会等，不一而足。其中在传统的舍巴节、龙袍节等节日中，往往都会有精彩绝伦的武艺展示，或者是富含武术技击动作的传统舞蹈展演，传统节日成为了土家族武术文化的寄存方式之一；土家族的祭祀仪式主要包括巫傩祭仪、丧葬祭仪等，其中巫傩祭仪现场巫师梯玛所表演的各种师刀、竹马鞭、上刀梯和踩地刀，以及丧葬仪式中为悼念亡灵而进行的各种武丧、打廪、绕棺表演等，不乏武术文化的踪影；而传统体育运动会是政府为弘扬少数民族传统体育文化而定期举办的体育赛事，它是现阶段土家族武术得以生存和展示的主要文化空间场所。

土家族武术的文化空间是土家族武术文化的依托，为土家族武术提

① 郭玉成：《武术传承的文化空间》，《搏击·武术科学》2007 年第 2 期，第 2 页。

② 吉灿忠：《传统武术"文化空间"委顿与雄起》，《武汉体育学院学报》2011 年第 9 期，第 51 页。

③ 吉灿忠：《武术"文化空间"论绎》，博士学位论文，上海体育学院，2011 年，第 38 页。

供了生存和展演的平台。但不可否认的是，随着社会的变迁，商业经济的发展，在多元型现代文化的冲击下，土家族武术的文化空间已渐趋委顿，其体现出的文化内涵也逐渐式微。因此，自觉保护土家族武术的文化空间乃是土家族武术得以传承与发展的根本。

## 二　拓展土家族武术的生存空间

土家族武术文化的传承与发展，除了保护其固有的文化空间以外，同时还应积极开辟新的生存领域，拓展出新的生存空间。土家族武术文化生存空间的拓展，需要高度重视诸如学校教育传承空间、传统体育运动会空间、非物质文化遗产空间、民俗文化活动空间及其全民健身和公共服务体系的生存空间，多措并举地促进土家族武术文化的传承与发展。

### （一）土家族武术文化的学校教育传承空间

学校体育教育是传承与发展民族体育文化的中介，同时也是原始体育形态走向科学化、规范化和普及化的必由之路。与此同时，广大青少年学生正值世界观、人生观和价值观的形成时期，他们对某种事物的认同与接收往往会对其以后的学习与生活产生根深蒂固的影响。因此，传统体育文化的传承只有通过学校教育来发挥辐射功能，才能真正扩大群众基础。

土家族传统武术是在土家族地区独特的自然与历史人文环境中产生并发展起来的，具有浓郁的民族特色和鲜明的地域特色。在土家族地区中小学尤其是民族学校中开展土家族武术教学，不仅可以拓宽校本课程资源，弥补贫困山区体育教学器材不足的缺憾，更为重要的是将有助于学生了解传统文化，提升学生的民族认同感，增强民族凝聚力。对此，相关学校和地区教育行政主管部门要因地制宜地编制教学大纲，制定教学计划，拟定教学内容，钻研教学方法，有计划有目的地将土家族武术引入学校体育课堂。同时还可聘请相关土家族拳师来校传授技艺，教授一些简单实用且学生感兴趣的武术内容，例如土家族余门拳非物质文化遗产传承人丁耀庭为了让余门拳在学校推广，就专门创编了余门拳武术操和简化余门拳套路，并在当地学校试点推广，收到了较好的效果。只有真正让土家族武术在学校教育中生根发芽，其传承才能落到实处。

土家余门拳武术操

1. 起势，2. 平胸冲拳，3. 云手冲拳，4. 挑挂断捶，5. 上步劈掌，6. 横推正击，7. 冲拳架掌，8. 反背劈砍，9. 变步扩胸，10. 迎来松去，11. 抓扯勾踢，12. 上下靠手，13. 格挂双推，14. 沉掌舀拦，15. 挑肘抛膝，16. 马步逼桩，17. 顶肘补手，18. 收势

简化土家族余门拳

1. 起势，2. 左右云手撩燕手，3. 并步砍掌，4. 马步反背捶，5. 双探捶，6. 左弓步砍掌，7. 抛膝，8. 侧踹腿，9. 马步插掌，10. 左弓步挑掌，11. 挑肘抛膝，12. 弓步冲拳，13. 滚肘，14. 扫堂腿，15. 右弓步双推掌，16. 四造捶，17. 左右擂拱手，18. 拍掌，19. 削掌，20. 里合腿，21. 右弓步双合掌，22. 仆步断捶，23. 收脚并步，24. 刹脚三股跟探捶，25. 上步并步削掌，26. 马步逼桩，27. 弹桩单掌，28. 弓步冲拳，29. 仆步大花手，30. 收势

图 8-1　少年儿童是土家族武术文化传承与发展的希望

（二）重视少数民族传统体育运动会的空间

少数民族传统体育运动会是党和国家为弘扬民族文化，振奋民族精神，促进各民族团结进步和共同繁荣而举办的以少数民族为主体的

图8-2　湘西土家族苗族自治州桑植民族文武学校

体育盛会，它为广大少数民族同胞进行文化交流和技艺展示提供了绝佳的平台。就赛会规模来看，我国的少数民族传统体育运动会包括全国和各省市地区举办的少数民族传统体育运动会。其中全国少数民族传统体育运动会由国家民委和国家体育总局主办，各省市地方承办，一般每隔4年举办一届，截至目前，全国少数民族传统体育运动会已成功举办了10届（详见表8-1）。作为国家民族政策的重大举措，全国少数民族传统体育运动会已经写入了《国务院实施〈中华人民共和国民族区域自治法〉若干规定》，被以法规的形式确定了下来。与此同时，为发展地方民族文化体育事业，推动民族地区经济社会快速发展，各省市民宗委和体育局根据实际情况也可举办相应的省市少数民族传统体育运动会，例如以土家族、苗族为主要少数民族成分的湖北省、湖南省和贵州省，截至目前均先后成功举办了八届省级少数民族传统体育运动会。

表 8 – 1　　　　　历届全国少数民族传统体育运动会举办一览

| 届次 | 举办时间 | 举办省、市、自治区 | 举办城市 |
|---|---|---|---|
| 1 | 1953 年 11 月 8—12 日 | 天津市 | 天津 |
| 2 | 1982 年 9 月 2—8 日 | 内蒙古自治区 | 呼和浩特 |
| 3 | 1986 年 8 月 10—17 日 | 新疆维吾尔自治区 | 乌鲁木齐 |
| 4 | 1991 年 11 月 10—17 日 | 广西壮族自治区 | 南宁 |
| 5 | 1995 年 11 月 5—12 日 | 云南省 | 昆明 |
| 6 | 1999 年 9 月 24—30 日 | 北京市 | 北京 |
| 7 | 2003 年 9 月 6—13 日 | 宁夏回族自治区 | 银川 |
| 8 | 2007 年 11 月 10—18 日 | 广东省 | 广州 |
| 9 | 2011 年 9 月 10—18 日 | 贵州省 | 贵阳 |
| 10 | 2015 年 8 月 9—17 日 | 内蒙古自治区 | 鄂尔多斯 |

　　在全国以及各省市少数民族传统体育运动会的赛制设置中，武术都是正式比赛项目，且作为大项在其中占据着举足轻重的地位。"在历届全国民运会上，武术项目是参赛运动员最多、竞争最激烈的竞赛项目之一。"[①] 少数民族传统体育运动会作为各少数民族武术文化交流的重要载体，为少数民族武术搭建了一个自我展示的平台，例如在第九届全国少数民族传统体育运动会上，就有《回乡石锁》《鱼尾剑》《回族踏脚》《仡佬族武术》《蒙古刀术》《东羌族拨棍》等精彩绝伦的少数民族武艺展演。而在湖北省第八届少数民族传统体育运动会上，土家族运动员所表演的土家白虎拳、土家板凳拳、土家扁担拳、土家降魔棍等原生态的武术拳械，其原始古朴的技术风格让人耳目一新，对传播与推广土家族武术文化起到了积极的作用。因此少数民族武术文化要获得充足的发展动力，就必须充分利用少数民族传统体育运动会这个平台，将本民族优秀的武术文化展现出来，这样才能使人们接触它、认识它、肯定它并最终接纳它。

---

　　① 姜霞：《全国少数民族传统体育运动会武术竞赛项目的设置和分类研究》，《西安体育学院学报》2013 年第 4 期，第 444 页。

图 8 - 3　土家族运动员王四萍在湖北省第八届少数
民族传统体育运动会上表演土家族传统武术白虎拳

图 8 - 4　土家族运动员田宇璐在湖北省第八届少数民族
传统体育运动会上表演土家族传统器械板凳

（三）依托政府非物质文化遗产的生存空间

为推进社会主义先进文化建设，继承和弘扬优秀传统文化，我国政府十分重视非物质文化遗产的保护与传承工作。截至目前，我国已基本建成国家、省、市、县四级非物质文化遗产名录体系，为各类非物质文化遗产的保护与传承带来了前所未有的机遇。在"保护为主、抢救第一、合理利用、传承发展"的方针指导下，一批传统武术拳种先后被收录到了国家级非物质文化遗产名录当中，例如"少林武术""武当武术""回族重刀武术""沧州回族武

图 8-5　土家族运动员吴佳佳在湖北省第八届少数民族
传统体育运动会上表演土家族传统器械扁担

术""永年和焦作的杨氏、陈氏太极拳""邢台梅花拳"六项即被列入了我国
第一批国家级非物质文化遗产名录之中。

　　面对非物质文化遗产这一大的语境的来临，土家族武术的保护与传
承同样要积极争取国家非物质文化遗产的政策，依托非物质文化遗产的
路径来拓展生存空间。有鉴于此，相关部门首先需要摸清家底，做好资
源普查工作，对于那些文化意蕴浓厚且符合申报条件的土家族武术拳种
应给予重点关照，优先纳入议事日程，并逐级进行申报。而对于已经申
报成功的土家族武术项目，则应采取动态保护与静态保护相结合，以动
态保护为主、静态保护为辅的原则进行保护，同时要深刻地认识到作为
非物质文化遗产的少数民族武术并非用来膜拜和瞻仰的，如此便失去了
保护的意义，应当秉承传承是最好的保护的理念，重视土家族武术非物
质文化遗产的活态传承保护，要"充分调动传统武术非物质文化遗产传
承人的主观能动性，引导、调动传承者与习练者'在场'，调动其传承的
自觉、自为意识"①。目前，土家族武术的非物质文化遗产申报业已取得

---

　　①　王林、虞定海：《传统武术非物质文化遗产传承的困境与对策》，《上海体育学院学报》
2009 年第 4 期，第 88 页。

一定的成效，例如以陈俊法为代表性传承人的土家族板凳拳和以丁耀庭
为代表性传承人的土家族余门拳都已成功申报省级非物质文化遗产，而
土家族余门拳目前正积极冲击国家级非物质文化遗产名录。

图8-6　陈俊法入选省级非物质文化遗产代表性传承人

图8-7　丁耀庭入选国家级非物质文化遗产代表性传承人

（四）开拓全民健身与公共服务体系的空间

我国《全民健身计划纲要》实施计划明确规定，要组织开展好民族
传统体育活动，做好民族、民间传统体育和中华传统养生健身项目的挖

掘、整理和推陈出新工作。<sup>①</sup>从总体上为我国民族传统体育的发展指明了方向。土家族武术作为一种包含民族文化意蕴的身体展演方式，作为土家山寨土生土长的少数民族传统体育，理当成为土家族地区全民健身的项目，在土家山寨全民健身中发挥出应有的功用。文化来源于生活，文化又必然服务于生活，而文化最好的传承方式便是生活化。融入大众的日常生活之中，使之成为一种自觉的文化生活习惯，也就自然而然地实现了对文化的传承，土家族武术如果真正走进了全民健身，融入土家山民的日常生活并成为一种生活习惯，那么其传承与发展将不再是需要苦苦探索的问题。

在社会变迁的过程中，传统体育必须依附和服务社会才能找到生存空间。<sup>②</sup>近年来，随着国家公共服务体系建设的纵深推进，体育公共服务体系建设也获得了快速的发展。但相比城市而言，受制于二元经济结构的影响，广大农村及其边远山区体育公共服务需求与供给之间矛盾突出。鉴于其经济社会发展的现实境遇，土家族聚居地区同样面临着体育公共服务体系滞后的现状。因此，为拓展进一步的生存空间，土家族武术文化的传承与发展当跻身于土家族地区体育公共服务体系之中，成为体育公共服务的重要产品输出内容，为地区经济社会发展服务。为此要以传统文化的传承为基础，依托地方政府部门加大对土家族传统武术文化的宣传、舆论引导，同时加强对社会体育指导员的培训与指导，并组织相关专家对技术动作进行评估和改编。所有这些将对土家族文化及其土家族武术文化的传承与传播产生重要的推动作用。

## 第三节　本章小结

变迁是人类社会发展的常态，是不可阻挡的历史潮流，但社会变迁往往在一定程度上也起着双刃剑的作用。就土家族而言，社会文化领域

---

① 汤立许：《我国民族传统体育项目分层评价体系及发展战略研究》，博士学位论文，上海体育学院，2011年，第152页。

② 郑国华：《禄村变迁中的传统体育流变研究》，《体育科学》2010年第10期，第80页。

的现代化变迁，在改变广大土家山寨人们生产生活方式的同时，也对其
传统文化的传承与发展带来了前所未有的挑战，而脱胎于军事战争和原
始狩猎活动的土家族武术文化更是首当其冲。

　　社会变迁对土家族武术文化所带来的冲击主要体现在三个方面，其
一是土家族武术生存土壤的缺失，由于部族战争、原始狩猎及其宗教祭
祀活动等生存土壤的缺失，直接导致了其生存空间的萎缩，成为土家族
武术文化不断弱化的直接原因。其二是文化断层，代际传承的脆弱无力，
突出地表现为一方面广大青少年对承袭土家族武术文化显得积极性不高，
而另一方面精通土家族武术的一批老艺人们又难以找到合适的传承对象，
从而使得土家族武术的代际传承处于一种两难的尴尬局面。其三是随着
社会的变迁与全球化的推进，现代化的生产方式和生活节奏不断蚕食着
人们对传统文化的记忆，同时也带来了与之相适应的休闲与健身娱乐方
式，在各种现代体育项目的强势冲击下，土家族武术逐渐被边缘化，从
而导致了其生存空间变得越来越狭窄。

　　为使土家族武术文化得到有效的传承与发展，首先应该保护其日趋
委顿之文化空间，诸如乡村庙会、传统节日、宗教祭祀仪式等。同时要
着力拓展出新的生存空间，为其传承与发展提供新的机遇与平台。为此
要高度重视民族地区学校教育传承空间，利用好少数民族传统体育运动
会的平台，依托政府非物质文化遗产的生存空间，并跻身于全民健身与
公共服务体系的生存空间。发动地方政府与社会民众的双驱动联合力量，
充分发挥政府牵头、民众参与的机制，多措并举有效推动土家族武术文
化的传承与发展。

# 结论与研究展望

## 一　结论

土家族武术作为一种历史遗存，是土家族在特定的时间与空间的文化表达，是其民族文化记忆的重要组成部分。本书以土家族武术文化为研究对象，尽可能多方位、多角度、多层次地对土家族武术进行文化透视，力求全面论述土家族武术文化形成的历史文化源流，深入探究土家族武术文化存在的时空场域，深层次地总结与提炼土家族武术文化的理论特色等，以期为中国少数民族武术文化贡献一份理论成果，通过研究得出以下结论。

（一）土家族武术文化概念的界定

土家族武术文化是广大土家族人民在其民族的发展历程中，在适应与改造自然的实践中所创造的一切与武术相关的物质与精神产品的总和。就其内容体系而言，土家族武术文化又由本体武术文化和相关武术文化两部分组成，其中本体武术文化包括土家族所创造的各种武术套路、稀有拳械、练功方法、搏斗技巧等技术与文化内涵；而相关武术文化则包括其民族长期以来所氤氲而成的尚武精神，以及土家族传统文化中所蕴含的各种武术文化因子。

（二）土家族武术萌生于土家先民的生产生活实践，战争与民族碰撞成为土家族武术文化发展的根源与动力

从文化发生学的角度来看，土家族武术的萌生是多方面因素协同作用的结果，除了原始狩猎等生产实践活动以外，原始舞蹈、模仿巫术、部族战争等都在土家族武术的发生发展过程中起到了一定的促进作用。

原始舞蹈和模仿巫术使得土家族武术的萌芽状态从狩猎和生产实践活动
中脱离出来，而部族战争与各种军事活动则更是对土家族武术的发展起
到了直接的推动作用。随着时间的推移，朝代的更迭，土家族武术的发
展代有兴废，其间虽屡遭统治阶级的严厉禁止，但禁而不绝，土家族地
区始终保持着浓郁的尚武风气，土家族武术也始终以其顽强的生命力向
前发展。中华人民共和国成立以后，土家族武术更是在地区教育、竞赛、
健身等各个领域发挥出它的功用。

（三）土家族传统武术历史悠久、种类繁多、特色鲜明，其典型拳种
拥有较为完备的理论体系和宏富而深邃的文化内涵

在自然历史环境及其传统文化的长期积淀下，土家族人民创造出了
种类繁多、特色鲜明的武术拳种体系。据调研统计显示，与土家族相关
的武术拳械套路共计 119 套，其中包括拳术套路 51 套，器械套路 36 套，
另外还有稀有器械套路 32 套，构成了蔚为壮观的土家族武术拳械套路体
系。就其文化特色而言，土家族武术突出地体现为浓郁的民族性、鲜明
的地域性、文化的交融性、独特的技击性以及武德的制约性，是其区别
于其他民族武术文化的显著特征。在土家族武术的发展历程中，也先后
涌现出了一大批武术名家好手，他们不仅武技精湛，而且武德崇高，大
都拥有着不平凡的武术人生，并以其实际行动为土家族武术文化的传承
与发展做出了积极的贡献。

（四）土家族的传统文化中蕴含着丰富的武术文化元素，土家族的民
风遗俗为土家族武术文化提供了独特的文化空间场域

历史上土家族的先民巴人由于长期受到中央王朝的高压统治，政治
地位的特殊性和生存环境的严酷性造就了其民族崇武善战的性格，而这
种性格又会集中体现在其民族所创造的传统文化之中。从这个意义上来
说，土家族的传统文化为土家族武术文化提供了广阔的生存空间。因此，
反映其民族传统文化的民风民俗诸如图腾崇拜、巫傩祭仪、丧葬习俗、
神话传说、神歌戏曲以及传统舞蹈等民俗文化事象中都深深地纹刻着武
术文化的印迹，土家族武术文化作为土家族传统文化的重要组成部分，
体现了其民族尚武精神的内核与实质。

（五）土家族的历史是一部尚武的历史，崇武尚勇、贵兵轻死是巴人

到土家一以贯之的民族性格，尚武精神是其民族生命发展的神经中枢

土家族人锐气喜武，在历史上曾先后参与了一系列的民族自卫之战和抵御外侮的国家正义之战，彰显了其民族刚烈的武风和赤诚的爱国情怀；早期巴人的兵器文化发达，他们创制了巴式剑、巴式戈、巴式钺、巴式铜箭镞和板楯等武器，并掌握了精湛的射技和精妙的剑术本领。土司制度时期，由于实行全民皆兵的军事体制，土家族地区习武之气蔚然成风，严酷的武艺训练使得土家族土兵具有空手搏虎之本领，土兵所创制的钩镰枪弩武技、灵活多变的战斗阵法及其独特的武艺训练手段等，为土家族武术文化添加了浓墨重彩的一笔，成为研究土家族武术文化的重要历史素材。与此同时，在土家族的历史上也涌现出了一大批可歌可泣的英雄人物，成为土家族武术人文精神的生动实录。

（六）严酷恶劣的自然环境，动荡不安的社会环境和频繁征战的历史背景，及其强健彪悍之民风遗俗是土家族崇武尚勇民族性格形成的现实归因

土家山地民族崇尚武勇民族性格的形成与其民族生活的自然人文环境紧密相关。就自然环境而言，土家族世代生活在严酷而险恶的山地自然环境之中，要想征服和改造自然，在险峻的高山大川中生息繁衍，就必须具备强健的体魄和百折不挠的勇武精神。就社会环境来说，土家族作为偏隅一方的少数民族，其历史上始终摆不脱受压迫、被剥削和被征调的命运，故而土家族的历史是与军事战争相生相伴的，而战争是性命攸关的大事，战争的残酷性决定了土家族对尚武精神的极度重视。同时又由于他们长期受到强健彪悍之民风遗俗的熏陶，"蛮"对他们的性格来说也就是情理之中的事情了。故此，严酷恶劣的自然生存环境、频繁征战的社会历史背景及其强健彪悍的民风遗俗等造就了土家族豪放野蛮、刚猛坚毅、崇武尚勇性格品性的形成。

（七）社会变迁与文化全球化的背景下，土家族传统武术文化遭遇到了前所未有的生存危机。保护土家族武术的文化空间，拓展土家族武术的生存空间是土家族武术传承与发展的关键

社会文化领域的现代化变迁，在改变广大土家山寨人们生产生活方式的同时，也对其传统文化的传承与发展带来了前所未有的挑战，而脱

胎于军事战争和原始狩猎活动的土家族武术文化更是首当其冲。由于生存土壤的缺失和代际传承的脆弱无力，在现代体育的强劲冲击下，土家族武术逐渐被边缘化，从而导致了其生存空间变得越来越狭窄。为使土家族武术文化得到有效的传承与发展，首先应当保护其日趋委顿之文化空间，诸如乡村庙会、传统节日等。与此同时还要着力拓展出新的生存空间，为其传承与发展提供新的机遇与平台。

## 二　研究展望

我国疆域广阔、民族众多，每个民族在其历史进程中都或多或少地保存有自己民族独特的武术文化事象，例如回族的查拳、弹腿、八极拳、劈挂拳、回回十八肘、心意六合拳等都是享誉海内外的优秀武术拳种，而其他民族的武术，诸如苗族的蚩尤拳、连枷刀，傣族的孔雀拳等亦都是少数民族武术文化中的精品。与此同时，各民族所生活的自然地理环境与人文背景的差异性又决定了其武术文化的丰富性与多样性。以族群为视角，以田野工作为手段，置身少数民族独特的文化空间场域，从文化发生学的视角解析少数民族武术文化发展脉络，以文化三层次理论梳理少数民族武术文化内容，从民族性格特征和地域文化特征的层面提炼少数民族武术文化特征，遵循技术反映文化的原则进行少数民族武术文化的个案解析等，必将开辟出武术文化研究新的视野与领域，从而打开一扇研究少数民族武术文化的学术窗口。

# 参考文献

**一 书籍类**

周兴茂：《土家族的传统伦理道德与现代转型》，中央民族大学出版社1999年版。

蒋立松：《文化人类学概论》，西南师范大学出版社2008年版。

庄孔韶：《人类学概论》，中国人民大学出版社2006年版。

全国体育院校教材委员会：《武术理论基础》，人民体育出版社1997年版。

郭玉成：《中国武术传播论》，复旦大学出版社2008年版。

杨铭：《土家族与古代巴人》，重庆出版社2002年版。

郭志禹：《武术文哲子集——基本理论与思维的探新》，现代教育出版社2010年版。

石亚洲：《土家族军事史研究》，民族出版社2003年版。

曹毅：《土家族民间文学》，中央民族大学出版社1999年版。

董珞：《与猛虎有不解之缘的土家族》，湖北教育出版社2006年版。

向柏松：《土家族民间信仰与文化》，民族出版社2001年版。

黄洁：《民间口传文学的珍贵遗产——重庆土家族民歌》，中国文史出版社2004年版。

萧国松：《土家族文学原创丛书》，长江文艺出版社2009年版。

黄柏权：《土家族白虎文化》，中国文联出版社2001年版。

王效平：《周易》，蓝天出版社2007年版。

赵武宏：《新说文解字》，大众文艺出版社2009年版。

庄子：《庄子·逍遥游》，吉林文史出版社2009年版。

张岱年、方克立：《中国文化概论》，北京师范大学出版社2004年版。

何晓明、曹流：《中国文化概论》，首都经济贸易大学出版社2011年版。

梁启超：《饮冰室文集》，北京燕山出版社2009年版。

胡适：《我们对西洋近代文明的态度》，《胡适文存》卷1。

［英］雷蒙德·威廉斯：《文化与社会》，吴松江等译，北京大学出版社
　　1991年版。

韩红雨：《燕赵武术文化的系谱与生产——兼论慷慨悲歌的人文精神传
　　承》，河北人民出版社2012年版。

旷文楠：《中国武术文化概论》，四川教育出版社1990年版。

韩雪：《中州武术文化研究》，人民体育出版社2006年版。

［德］恩格斯：《家庭私有制和国家的起源》，中央编译局译，人民出版社
　　2003年版。

《土家族简史》编写组：《土家族简史》，民族出版社2009年版。

田敏：《土家族土司兴亡史》，民族出版社2000年版。

宋濂：《元史》，中华书局2000年版。

陈高华等：《元典章》，中国书店1990年版。

秦可国、李小平：《湘西民族传统体育》，中央民族大学出版社2009
　　年版。

谭国清：《四书五经·礼记》，西苑出版社2003年版。

秦可国、傅冠群：《中国土家族武术》，国际展望出版社1992年版。

民国《宣汉县志》。

四川省武术遗产挖整组：《四川武术大全》，四川科学技术出版社1989
　　年版。

《中国武术大辞典》编辑委员会：《中国武术大辞典》，人民体育出版社
　　1990年版。

全国体育院校教材委员会：《中国武术教程》，人民体育出版社2003
　　年版。

康戈武：《中国武术实用大全》，中华书局2004年版。

蔡龙云：《琴剑楼武术文集》，人民体育出版社2007年版。

涂绍生、向鸣坤:《土家族民间体育》,中央民族大学出版社 2000 年版。

黄德君、秦可国:《张家界民族武术》,湖南人民出版社 2014 年版。

陈斌、赵云生:《苗族文化论》,云南民族出版社 1999 年版。

程大力:《中国武术——历史与文化》,四川大学出版社 1995 年版。

杨昌鑫:《土家族风俗志》,中央民族学院出版社 1989 年版。

[英] 马林诺夫斯基:《巫术科学宗教与神话》,李安宅译,中国民间文艺
    出版社 1986 年版。

刘长贵、彭林绪:《土家族民间故事》,重庆出版社 1986 年版。

湘西土家族苗族自治州文化馆编印:《湘西民间文学资料》,1980 年。

宋玉鹏、彭林绪、肖田:《土家族民歌》,四川人民出版社 1987 年版。

张馨:《尚书》,中国文史出版社 2003 年版。

《明熹宗实录》,"中央研究院"历史语言研究所,1962 年。

左丘明:《左转》,蒋冀骋点校,岳麓书社 2006 年版。

《六韬》,徐玉清、王国民注译,中州古籍出版社 2008 年版。

童恩正:《中国西南民族考古论文集》,文物出版社 1990 年版。

银雀山汉墓竹简整理小组编:《孙膑兵法》,文物出版社 1975 年版。

南炳文:《南明史》,南开大学出版社 1992 年版。

李德洙:《中国少数民族文化史》,辽宁人民出版社 1994 年版。

孙敬明:《巴渝文化》,重庆师范大学出版社 1994 年版。

田荆贵:《中国土家族历史人物》,民族出版社 1993 年版。

鲍正鹄:《鸦片战争》,新知识出版社 1954 年版。

鹤峰县史志编纂委员会编纂:《鹤峰县志》,湖北人民出版社 1990 年版。

郑勤、田云清:《神奇的武术》,广西人民出版社 1991 年版。

王承尧、罗午、彭荣德:《土家族土司史录》,岳麓书社 1991 年版。

王承尧、罗午:《土家族土司简史》,中央民族学院出版社 1991 年版。

胡朴安:《中华全国风俗志》,岳麓书社 2013 年版。

马克思、恩格斯:《德意志意识形态》,人民出版社 1961 年版。

张林、李延超等:《中国民族民间体育赛事研究》,人民体育出版社 2012
    年版。

(汉)戴圣:《礼记》,王学典编译,蓝天出版社 2007 年版。

（晋）常璩：《华阳国志》，严茜子点校，齐鲁书社 2010 年版。

（唐）段成式：《酉阳杂俎》，上海古籍出版社 2012 年版。

（东汉）班固：《汉书·地理志》，中华书局 1962 年版。

（西汉）司马迁：《史记》，中州古籍出版社 1996 年版。

（明）沈德符：《万历野获编》，中华书局 1959 年版。

（清）顾彩：《容美纪游》，吴柏森校注，湖北人民出版社 1998 年版。

（清）蒋良骐：《东华录》，中华书局 1980 年版。

（明）郑若曾：《筹海图编》，李志忠点校，中华书局 2007 年版。

（清）陈梦雷：《古今图书集成》，中华书局 1988 年版。

（宋）范晔：《后汉书·南蛮西南夷列传》，中华书局 2007 年版。

（东汉）王充：《论衡》，上海人民出版社 1974 年版。

（汉）韩婴：《韩诗外传集释》，许维遹校释，中华书局 1980 年版。

（汉）应劭：《风俗通义》，上海古籍出版社 1990 年版。

（清）魏源：《圣武记》，中华书局 1984 年版。

（清）张廷玉等：《明史·湖广土司》，中华书局 1974 年版。

（明）程开祜：《筹辽硕画》，商务印书馆 1937 年版。

（明）王在晋：《三朝辽事史录》，上海古籍出版社 2002 年版。

（清）张廷玉等《明史》，中华书局 1974 年版。

（明）吴殳：《手臂录》，山西科学技术出版社 2006 年版。

（明）茅元仪：《武备志》，国家图书馆出版社 2013 年版。

（清）夏燮：《明通鉴》，上海古籍出版社 1991 年版。

（东汉）许慎：《说文解字》，（清）段玉裁注，中国戏剧出版社 2008 年版。

（清）严如熤：《苗防备览·风俗考研究》，贵州人民出版社 2011 年版。

Edward Burnett Tylor, *The Origins of Culture*, New York: Harper and Row, 1958.

## 二　期刊论文及其他（文史资料、报纸、网络资料等）

季羡林：《中国古史应当重写》，《科技文萃》1993 年第 4 期。

刘尧峰、蔡仲林：《少数民族武术文化研究探微》，《贵州民族研究》2014

年第 12 期。

郭玉成：《武术传承的文化空间》，《搏击·武术科学》2007 年第 2 期。

吉灿忠：《传统武术"文化空间"委顿与雄起》，《武汉体育学院学报》
　　2011 年第 9 期。

吉灿忠、邱丕相、李世宏：《传统武术"文化空间"所遭遇的抵牾及其理
　　论调试》，《天津体育学院学报》2010 年第 6 期。

王建斌：《新疆博湖托茂人的社会文化变迁》，《北方民族大学学报》（哲
　　学社会科学版）2009 年第 5 期。

邱丕相：《对武术概念的辨析与再认识》，《上海体育学院学报》1997 年
　　第 2 期。

蔡仲林、汤立许：《对武术概念的再认识》，《湖北大学成人教育学院学
　　报》2004 年第 1 期。

杨建营：《武术概念之研究》，《西安体育学院学报》2008 年第 4 期。

温力：《试论武术的概念》，《体育科学》1998 年第 8 期。

郭志禹：《武术理论的辩证思维论析》，《上海体育学院学报》1997 年第
　　4 期。

刘尧峰、夏德明：《民国武术多元化价值体系探骊》，《搏击·武术科学》
　　2008 年第 6 期。

范振兴：《我对于国术的所见》，《体育杂志》1935 年第 3 期。

王永生、赵岷、李翠霞：《传统武术价值取向的文化学思考》，《搏击·武
　　术科学》2004 年第 3 期。

徐香梅：《传统武术价值取向的现代化走向》，《搏击·武术科学》2005
　　年第 7 期。

谷晓红：《对传统武术价值和功能的再认识》，《茂名学院学报》2008 年
　　第 1 期。

陈光玖：《构建武术价值系统的理论研究》，《武汉体育学院学报》2008
　　年第 3 期。

徐德正、徐明全：《武术文化中的道德规范》，《武汉体育学院学报》2000
　　年第 1 期。

石华毕：《浅析现代武德的内涵》，《吉林体育学院学报》2004 年第 3 期。

黄佑琴：《论大学生武德教育与和谐社会的构建》，《搏击·武术科学》2008 年第 9 期。

程啸斌、盛敏：《传统武德与人文精神》，《江西社会科学》2005 年第 2 期。

费孝通：《从反思到文化自觉和交流》，《读书》1998 年第 11 期。

刘尧峰：《影视传媒——武术发展道路上的一柄双刃剑》，《搏击·武术科学》2005 年第 10 期。

梁斌：《网络传播对武术发展的影响及对策研究》，《搏击·武术科学》2009 年第 5 期。

蔡仲林、汤立许：《武术文化传播障碍之思考——以文化软实力为视角》，《天津体育学院学报》2009 年第 5 期。

虞定海、郭玉成、李守培：《武术国际传播研究综述》，《体育文化导刊》2011 年第 2 期。

金春霞：《关于中国武术传承的思考》，《成都体育学院学报》2012 年第 11 期。

牛爱军、虞定海：《非物质文化遗产保护视野下传统武术传承制度研究》，《体育文化导刊》2007 年第 4 期。

牛爱军、虞定海：《非物质文化遗产视野下传统武术保护问题》，《文化遗产》2007 年第 3 期。

牛爱军、虞定海：《对传统武术的保护问题的探讨——以非物质文化遗产名录中的传统武术为例》，《中国体育科技》2008 年第 3 期。

牛爱军、虞定海：《传统武术的知识产权保护——从非物质文化遗产的视角》，《山东体育学院学报》2008 年第 3 期。

张云崖、牛爱军：《传统武术的非物质性传承研究——从非物质文化遗产的视角》，《成都体育学院学报》2008 年第 7 期。

王林、虞定海：《传统武术非物质文化遗产传承的困境与对策》，《上海体育学院学报》2009 年第 4 期。

栗胜夫：《论我国传统武术的传承与发展》，《武汉体育学院学报》2007 年第 4 期。

徐向东：《从武术的本质特点看中国传统武术的发展策略》，《沈阳体育学院学报》2005 年第 4 期。

刘建国：《传统武术的发展思路与对策研究》，《湖北体育科技》2006 年第 3 期。

郭志禹、郭守靖：《中国地域武术文化研究策略构想》，《体育科学》2006 年第 10 期。

张胜利：《中国地域武术文化的研究模式构建》，《武汉体育学院学报》2011 年第 4 期。

申国卿：《中国地域武术文化的发展规律及其转型机制》，《中国体育科技》2011 年第 6 期。

张延庆、蒙华：《浅议少数民族传统武术的文化内涵》，《搏击·武术科学》2004 年第 1 期。

汤明伟、王辉：《论少数民族武术的本源与区域特征》，《体育与科学》2013 年第 1 期。

周松贤、郭振华：《云南少数民族舞蹈中的武术文化探微》，《沈阳体育学院学报》2011 年第 4 期。

徐烈、丁丽萍：《关东少数民族武术文化探微》，《上海体育学院学报》2011 年第 6 期。

张延庆：《西南少数民族武术文化阐析》，《体育文化导刊》2009 年第 1 期。

张延庆、王玉斌、王晓芳：《从少数民族传统武术生存的社会文化背景管窥其内在特点和形式体现》，《山西体育科技》2006 年第 1 期。

张延庆、方征、王晓芳：《从回族武术文化现象透析我国少数民族武术的传承与发展》，《体育文化导刊》2006 年第 11 期。

郭振华、白晋湘：《滇黔武术特征分析》，《体育文化导刊》2014 年第 4 期。

吴永存、张振东：《全球化场域下我国少数民族传统武术文化的传承与发展》，《北京体育大学学报》2016 年第 1 期。

肖清、朱瑞琪：《湖南西部少数民族传统武术的挖掘与发展研究》，《搏击·武术科学》2006 年第 1 期。

鲁林波、龙佩林、赵立勇等：《我国少数民族传统武术文化遗产现状与保护博弈》，《四川体育科技》2012 年第 6 期。

么加利、郝少平：《社会转型期西南少数民族民间武术传承与发展的教育
　　学分析》，《民族教育研究》2011 年第 4 期。

罗辑：《少数民族武术中"物"的在场、脱域与出场——以贵州少数民族
　　武术为例》，《体育科学》2014 年第 3 期。

左文泉：《云南少数民族武术文化旅游可行性研究》，《运动》2010 年第
　　9 期。

陈振勇、姚孔运：《回族武术促进民族文化认同的指标体系构建与实证研
　　究——以兰州回族武术为个案》，《体育科学》2012 年第 9 期。

王希辉：《近十年国内土家族研究综述》，《西南民族大学学报》（人文社
　　会科学版）2009 年第 8 期。

彭继宽：《土家族原始宗教述略》，《民族论坛》1996 年第 3 期。

邓红蕾：《论"土家道教化"与"道教土家化"的文化流变及其意义》，
　　《江汉论坛》2000 年第 3 期。

尹发艳：《土家族音乐史上的华彩乐章——下里巴人之歌〈竹枝歌〉探
　　析》，《民族音乐》2008 年第 4 期。

熊笃：《竹枝词源流考》，《重庆师范大学学报》（哲学社会科学版）2005
　　年第 1 期。

李若岩：《文学视域下土家族哭嫁民俗》，《重庆师范大学学报》（哲学社
　　会科学版）2012 年第 6 期。

熊晓辉：《土家族文学、艺术研究的回顾与反思》，《重庆三峡学院学报》
　　2013 年第 5 期。

熊晓辉：《土家族土司制度与土家族音乐文化》，《南京艺术学院学报》
　　2013 年第 2 期。

游俊：《土家族传统禁忌的文化寻绎》，《广西民族学院学报》（哲学社会
　　科学版）2001 年第 1 期。

孙国正：《熔铸民族性：土家族饮食禁忌的人类学考察》，《广西民族学院
　　学报》（哲学社会科学版）2001 年第 6 期。

刘文俊：《改土归流后土家族婚俗中的宗法性因素》，《广西师范学院学
　　报》（哲学社会科学版）2005 年第 4 期。

罗鹏：《一份关于土家族丧葬习俗的田野调查》，《湖北民族学院学报》（哲学社会科学版）2001 年第 2 期。

万义：《村落少数民族传统体育发展的文化生态学研究——"土家族第一村"双凤村的田野调查报告》，《体育科学》2011 年第 9 期。

李海清、李品林：《鄂西土家族舍米湖村摆手舞田野调查——兼论民俗体育在村寨人社会化中的社会功能》，《武汉体育学院学报》2012 年第 11 期。

徐泉森、卢俊：《土家族武术文化价值阐析》，《搏击·武术科学》2009 年第 11 期。

吴湘军、白晋湘、钟海平：《湘西巫傩文化与湘鄂渝黔桂边土家族武术》，《吉首大学学报》（社会科学版）2000 年第 2 期。

向鸣坤：《茅古斯与土家族武术》，《吉首大学学报》（社会科学版）1991 年第 4 期。

刘尧峰、蔡仲林、倪东业：《土家族民俗民风中武术文化探微》，《武汉体育学院学报》2014 年第 5 期。

谢建平：《近十年来武术文化研究的综述》，《体育文史》2000 年第 5 期。

陈征平：《南诏社会性质新探》，《云南民族大学学报》（哲学社会科学版）2003 年第 3 期。

夏志刚：《南朝刘宋免官制度初探》，《贵州文史丛刊》2008 年第 3 期。

韩玉斌：《少数民族狩猎文化保护区的制度设计》，《内蒙古民族大学学报》（社会科学版）2010 年第 2 期。

周伟良：《析中华武术中的传统武德》，《上海体育学院学报》1999 年第 3 期。

郭志禹：《中国武术发展模式研究》，《上海体育学院学报》2005 年第 2 期。

康戈武：《古代武术演进的文化结构研究》，《体育文史》1998 年第 5 期。

徐香梅：《竞技武术套路的动作结构特点》，《搏击·武术科学》2008 年第 12 期。

杨新：《论竞技武术套路演练的节奏》，《北京体育大学学报》2005 年第 12 期。

王家忠：《荆楚地域民俗武风的历史寻绎》，《北京体育大学学报》2011年第11期。

杜帮云：《"撒尔嗬"及其民族伦理意蕴》，《理论界》2009年第1期。

周兴茂：《论土家族神话中的特殊伦理精神倾向》，《土家学刊》1997年第2期。

李继国：《对土家族民间体育文化瑰宝——毛古斯的研究》，《辽宁体育科技》2004年第4期。

王岗：《同源与殊途：武术与舞蹈的文化之路》，《搏击·武术科学》2007年第6期。

张云涯、杨中平：《论武术与舞蹈的同源性、交融性、影响性》，《上海体育学院学报》2000年第3期。

卫聚贤：《巴人文化》，《说文月刊》1941年第4期。

冯汉骥等：《四川古代的船棺葬》，《考古学报》1958年第2期。

江章华：《巴蜀柳叶形剑研究》，《考古》1996年第9期。

吕建昌：《先秦巴蜀青铜兵器研究》，《军事历史研究》1997年第2期。

幸晓峰：《四川境内出土或传世錞于述略》，《四川文物》1996年第2期。

曾超：《巴人体育简论》，《北京体育大学学报》2005年第11期。

彭官章、朴永子：《土家族土兵在嘉靖年间抗倭斗争中的重大贡献》，《广西民族研究》1986年第4期。

邓辉：《论土家族土司制度下的兵制"旗"》，《中南民族学院学报》（人文社会科学版）2000年第3期。

叶健：《近六十年秦良玉研究综述》，《重庆三峡学院学报》2014年第1期。

陈致远：《东汉武陵"五溪蛮"大起义考探》，《中南民族学院学报》2000年第1期。

陈威、赵先卿、王舜：《近代以来社会变迁下的武术活动——基于一个武术之乡的研究》，《体育科学》2011年第6期。

白永生、方征、马辉：《论经济全球化形势下我国少数民族传统体育文化的保护及发展》，《中央民族大学学报》（哲学社会科学版）2006年第6期。

姜霞：《全国少数民族传统体育运动会武术竞赛项目的设置和分类研究》，《西安体育学院学报》2013 年第 4 期。

郑国华：《禄村变迁中的传统体育流变研究》，《体育科学》2010 年第 10 期。

梅兴无：《鄂西神兵起义纪略》，《江汉论坛》1985 年第 1 期。

中国人民政治协商会议湖北省宣恩委员会文史委员会编印：《龙卷风——"龙"系神兵挥戈记》，《宣恩文史资料》第 1 辑，1968 年。

中国人民政治协商会议湖北省五峰委员会文史资料委员会编印：《五峰神兵起义》，《五峰文史资料》第 2 辑，1990 年。

中国人民政治协商会议湖北省宣恩委员会文史资料委员会编印：《"神兵联英会"的成立及其活动》，《宣恩文史资料》第 1 辑，1968 年。

中国人民政治协商会议贵州省德江委员会文史资料委员会编印：《潮砥区神兵情况的调查》，《德江县文史资料》第 3 辑，1988 年。

中国人民政治协商会议四川省秀山委员会文史资料委员会编印：《芭蕉湾神兵活动一百天》，《秀山文史资料》第 1 辑，1984 年。

崔燃：《铁改余姓：成吉思汗后裔的传奇》，《华西都市报》2014 年 5 月 10 日。

张涛：《巴式戈上的图语和商戈上的甲骨文》，《都市热报》2005 年 6 月 15 日。

党的十八大报告：新华网（http：//www. xj. xinhuanet. com/2012 – 11/19/c_ – 113722546. htm）。

习近平：《建设社会主义文化强国，着力提高国家文化软实力》，新华网（http：//news. xinhuanet. com/politics/2013 – 12/31/c _ 118788013. htm）。

实录：《习近平总书记在党的十九大的报告》，中国青年网（http：// news. youth. cn/sz/20171018 – 10888424 – 4. htm）。

王新荣：《中国少数民族武术》（http：//www. zhuangquan. net/read. php？tid = 311）。

中国政府网：《土家族》（http：//www. gov. cn/test/2006 – 04/14/content_ 254042. htm）。

读书人：《宋史》（http：//www. reader8. cn/data/20131122/1195495.
　　html）。

南宫海：《鬼谷神功传人龙家雄展硬气功，三世同堂卧虎藏龙》（http：//
　　www. hinew. cn）。

湖光秋水：《极为罕见的土家族神秘舞蹈毛古斯》（http：//travel. si-
　　na. com. - cn/Wujing guang114）。

戴楚洲：《土家武术精华》（http：//blog. sina. com. cn/wuling638）。


### 三　学位论文

焦佳凌：《中国反贫困行动中国际资源利用问题研究》，硕士学位论文，
　　复旦大学，2008 年。

谢建平：《二十世纪太极拳的变迁之研究》，博士学位论文，上海体育学
　　院，2004 年。

张振中：《武术影视对我国武术运动的影响及发展对策研究》，硕士学位
　　论文，西北民族大学，2010 年。

郑艺：《恩施土家族民歌研究》，硕士学位论文，华中师范大学，2006 年。

曾超：《巴人尚武精神研究》，博士学位论文，中央民族大学，2005 年。

张萌：《土家族婚嫁风俗研究》，硕士学位论文，南京理工大学，
　　2012 年。

韩雪：《中州武术文化研究》，博士学位论文，上海体育学院，2005 年。

王家忠：《荆楚武术文化研究》，博士学位论文，上海体育学院，2009 年。

田海军：《漠南武术文化研究》，博士学位论文，上海体育学院，2013 年。

李里：《湘鄂川黔神兵研究（1920—1953）》，博士学位论文，华中师范大
　　学，2011 年。

王明建：《武术发展的社会生态与社会动因研究——以村落武术为研究个
　　案》，博士学位论文，上海体育学院，2013 年。

张万东：《酉阳、石砫土司与明朝关系考论》，硕士学位论文，吉林大学，
　　2013 年。

李延超：《民族体育的生态与发展——南方喀斯特地貌区域的调查》，博
　　士学位论文，上海体育学院，2011 年。

汤立许:《我国民族传统体育项目分层评价体系及发展战略研究》,博士
　学位论文,上海体育学院,2011年。

吉灿忠:《武术"文化空间"论绎》,博士学位论文,上海体育学院,
　2011年。

# 后 记

　　光阴荏苒、白驹过隙，三年的博士生涯转瞬即逝。往事历历在目，心中更是百感交集。首先要感谢母校上海体育学院的培养，上体古朴的校风、浓郁的学风、海纳百川的学术氛围深深地感染着我，其"身心一统，兼蓄竞攀"的校训成为我人生的坐标，激励着我不断前行，在上体所收获的一切将使我终身受益。

　　饮水思源，导师蔡仲林先生不弃学生鲁钝之质，给予机会让我能够在学术的殿堂汲取营养。求学三载，先生那渊博的学识、谦和的为人、严谨的治学态度无不让学生钦服。从论文题目的选定、研究思路的形成、调研内容的拟定，直到论文的撰写、修改与最终成稿的每一个环节，无不浸透着导师的心血。特别是在论文的写作过程中，大到对论文整体结构的把握，小到一字一句的推敲乃至对标点符号的斟酌，都要求做到一丝不苟，精益求精。每当我感到迷惘与困顿之时，导师及时的启发与诱导都会让学生醍醐灌顶、茅塞顿开，每一句鼓励的话语，都给了学生无比的自信与无穷的动力，正是先生的鼓励与指导才使我能够顺利完成学业。先生对学生既严格要求，又关爱有加，不仅传授知识，还教会学生做人的道理。作为我人生的指路人，先生躬身治学的典范，宽容谦让的品性，兢兢业业的工作作风，将成为弟子终生效仿的楷模。师恩如海，难以为报，唯恩师之谆谆教诲，当铭记于心！

　　师母严光华女士对学生关爱有加，在我遇到困难的时候，严阿姨曾多次安慰我、鼓励我，帮助我在压力面前保持良好的心态。

　　感谢硕士研究生导师刘树军教授对我的悉心培养，是他开启了我的学术之旅。读博三年，刘老师一直关心、支持、鼓励着我，我的点滴成长与进步无不渗透着刘老师的殷切期望。刘老师严谨的治学态度、诲人不倦的品格、谦和的生活作风以及对事业的执着追求等，都堪当表率，使我受益匪浅。

感谢赵光圣教授、虞定海教授、郭志禹教授、戴国斌教授、刘同为教授、郭玉成教授、姜传银教授、张云崖教授、朱东教授、刘静教授、丁丽萍副教授、王震副教授、蔡刚副教授在课堂上的传道解惑以及对论文提出的宝贵意见和建议。感谢赵晓晗书记，董文侠老师、刘双云老师、刘佳瑜老师在学习和生活上给予的关怀与帮助。

在论文调研过程中，湘西自治州体育局秦可国副局长，不仅给我提供了大量的第一手资料与信息，并亲身演练土家族稀有武术拳械套路；土家余门拳掌门人丁耀庭先生，在得知晚辈前去调研之际，不辞辛劳，专程驱车从开县赶回宣汉，为晚生讲解并示范土家余门拳之玄奥；铁木拳名家余运红先生，在百忙之中抽出时间与我谈论武道，毫无保留地展示铁木拳之精髓，使我受益匪浅，在此给予真诚的感谢！

感谢湖北民族学院谭志满教授、湖北大学刘勇教授、中南民族大学黄银华教授、吉首大学龙佩林教授对论文的指导与启迪。感谢在调研过程中提供无私帮助的各民宗委、文体局的领导和朋友，正是得益于你们的帮助才使论文的调研变得格外的顺畅与方便，在此深深地感谢你们！

感谢湖北民族学院各级领导与同事对我的支持与关怀，尤其要感谢体育学院院长向政教授、书记倪东业教授、副院长张有平教授、副院长何斌副教授、主任刘侠老师、教学科长胡庆华副教授以及体育学院其他老师的鼎力支持与帮助，使我能够专心致力于学术研究，在此表示深深的谢意！

感谢博士同门师兄汤立许、刘轶、唐芒果、师姐孟涛以及硕士同门师兄张胜利给予的帮助与鼓励，每一次与你们的交谈都令我受益匪浅，每一次的鼓励，都使我信心倍增，从你们的身上我不仅学到了许多的知识，更感受到了浓浓的同门之情；感谢2010级师兄刘靖、李文鸿、周维方、殷小林、田海军、王明建，2011级师兄花家涛、张平安、曹华等对我的帮助与关怀；感谢同窗好友唐文兵、刘祥友、张峰、吉洪林、韩红雨、吴攀文、唐韶军、陶朔秀、鲁允久、米大伟、陆青等的共勉前行；感谢同乡师兄王国军博士给予的帮助，感谢高访学者孙耀华先生、陈星潭先生，感谢所有曾给予我帮助与支持的同学和朋友。

感谢我慈祥、善良的父母，正是他们的理解和支持更坚定了我不懈的努力；感谢岳父岳母替我分担家庭的重担，为我解除了后顾之忧；特别要感谢我的贤内助尚金红女士，在我风雨兼程的求学生涯中，正是她无悔的付出与倾尽全力的支持，才使我得以顺利完成学业！

寥寥数语难表感恩之情，愿每一位恩师、家人、朋友、同事好人一生平安！

刘尧峰

2018 年 3 月于湖北民族学院